Lucien Bély
Professeur à l'Université Paris-Sorbonne. Paris IV.

Histoire de France illustrée

Sauf mention contraire : photographies éditions Gisserot

Éditions Jean-Paul Gisserot
www.editions-gisserot.com

Du même auteur

Le Mont Saint-Michel, monastère et citadelle, Rennes, 1978.

Espions et ambassadeurs au temps de Louis XIV, Paris, 1990
(Prix d'Histoire Madame Eugène Colas de l'Académie française).

Les Relations internationales en Europe, XVIIe-XVIIIe siècles,
Paris, 1992, 2e éd. 1996, 3e éd. 2001.

La France moderne, 1498-1789, Paris, 1994, 5e édition, 1999,
nouvelle édition, 2003.

Dictionnaire de l'Ancien Régime (direction de l'ouvrage), Paris, 1996, nouvelle édition 2002, 2003.

Connaître l'Histoire de France, Paris, 1997, nouvelle édition, 2008.

L'Invention de la diplomatie (direction, avec le concours d'Isabelle Richefort), Paris, 1998.

La Société des princes, Paris, 1999 (Prix Joseph du Teil de l'Académie des Sciences morales et politiques).

L'Europe des traités de Westphalie. Esprit de la diplomatie et diplomatie de l'esprit
(direction, avec le concours d'Isabelle Richefort), Paris, 2000.

L'Information à l'époque moderne (coordination de l'ouvrage), Paris, 2001.

La Présence des Bourbons en Europe, XVIe-XXIe siècle (direction de l'ouvrage), Paris, 2003.

« Les Temps modernes », *in Histoire de la diplomatie française*, Paris, 2005.

Dictionnaire des ministres des Affaires étrangères (co-direction de l'ouvrage), Paris, 2005.

Louis XIV, le plus grand roi du monde, Paris, 2005.

L'hiver Venise, Paris, 2005.

Rome, l'éternité au quotidien, Paris, 2006.

Paris, Paris, 2006.

L'Art de la paix en Europe. Naissance de la diplomatie moderne, XVIe-XVIIIe siècle,
PUF, Paris, 2007 (Prix Albert Thibaudet du Centre Thucydide et Prix Thiers de l'Académie française).

La France au XVIIe siècle. Puissance de l'État, contrôle de la société, PUF, Paris, 2009
(Prix Laurain Portemer de l'Académie des sciences morales et politiques).

Nef de l'abbatiale Saint-Germain-des-Prés (Paris).

Introduction

La France est le fruit de son histoire qui est d'abord une rencontre entre des données naturelles et le travail millénaire des hommes.

L'isthme français

Situé à l'extrémité occidentale du continent européen, ce territoire est un carrefour des itinéraires terrestres, un isthme, entre l'Europe du nord-ouest et le monde méditerranéen. Il a pu bénéficier d'influences, de peuplements et de langues, qui, venus de tous les horizons, ont fait la diversité et la richesse de sa culture. La domination romaine a permis à la Gaule de profiter des acquis des civilisations orientales et méridionales. En devenant la France, ce pays a ensuite occupé une position centrale dans la chrétienté, donc dans l'Europe, tout en fixant peu à peu, et non sans drames, ses frontières, et le territoire prit ainsi la forme approximative d'un hexagone. Lorsque le grand commerce international, puis la révolution industrielle ont transformé l'économie des pays septentrionaux, la France a suivi leur exemple.

Ce que la nature a donné

Le pays disposait d'atouts naturels qui ont facilité l'installation et le succès des hommes. Alors que ceux-ci vivaient déjà sur cette terre et connaissaient de terribles périodes froides, le climat tempéré s'est imposé peu à peu. Doux et humide à l'ouest, sec et chaud au sud, il offre un été et un hiver marqués, et est favorable à l'activité humaine.

L'eau n'est pas rare, même si elle est toujours à conquérir et à dompter. Les villages se sont développés lorsque l'eau était présente : la source et la fontaine restèrent longtemps comme le cœur de la communauté rurale, dont l'église était l'âme. Il est aussi des paysages où l'eau est reine par la volonté et le travail des hommes : le paysage de la Dombes est parsemé d'étangs et a été dessiné par les moines - les oiseaux migrateurs en ont fait une de leurs haltes. Les sources qui jaillissent de la terre ont aussi des vertus médicales, reconnues depuis l'Antiquité romaine, et ont fait naître des « villes d'eaux ».

Ce pays a des fleuves le long desquels il s'est, pour une bonne part, construit. La circulation des hommes, des idées et des marchandises s'est faite

Le lavabo du cloître du Thoronet (Var).

en les suivant, tant les routes furent mal entretenues de la fin de l'Empire romain jusqu'au XVIIIe siècle. Les villes se sont installées souvent sur le bord des rivières, en particulier au débouché d'un pont, car il est vrai que, pendant des siècles, il fut difficile d'en édifier sur les larges cours d'eau.

Comme la mer faisait peur, les populations paysannes lui tournaient le dos, et la France n'a pas toujours eu une vocation maritime. Pourtant elle dispose de trois fenêtres sur le large, la Manche, l'Atlantique et la Méditerranée. La mer est aussi un lien avec les autres terres et les ports français ont largement contribué à l'essor du commerce, et surtout du grand commerce international. Depuis le XIXe siècle enfin et la naissance des « bains de mer », les côtes sont des lieux de villégiature.

La France a de hautes montagnes : les Pyrénées sont une barrière vers la péninsule ibérique, mais les Alpes sont percées de larges vallées qui permettent le passage vers l'Italie. Ce furent longtemps des milieux hostiles : le XXe siècle et les sports d'hiver ont réussi à domestiquer les sommets inaccessibles.

Les Alpes (Haute-Savoie).

Le vignoble d'Hunawihr (Haut-Rhin).

L'histoire des paysages

Des terres souvent fertiles, dans un pays de plaines, de collines ou de plateaux, ont permis une agriculture active qui, à son tour, a nourri des populations importantes - longtemps la France a été le pays le plus peuplé d'Europe. Aujourd'hui, il l'est nettement moins que ses voisins, sa densité étant inférieure à 100.

Nos paysages ont une histoire, sont notre histoire, que les paysans ont sculptés. La France, ou si l'on veut la Gaule, s'est dégagée de ses forêts. Les rois en ont conservé de très belles pour leurs chasses, qui sont restées des poumons pour les grandes villes. La gastronomie est le signe le plus clair et le plus délicieux de cette vieille alliance des hommes et de la nature : elle renvoie à la diversité de la production agricole que favorisaient le climat et la terre. Le vin fait partie de cette histoire : la France a fait de la culture de la vigne une science et un art.

Les mutations de l'agriculture moderne, l'évolution de l'industrie, l'importance des villes, le développement des transports, les loisirs enfin, ont transformé parfois sans précaution ces paysages, et ont alors suscité des inquiétudes pour leur préservation, mais aussi des initiatives pour les conserver intacts.

Introduction

La nation

Ayant depuis le Moyen Age une langue, issue du latin, les Français ont eu aussi comme point commun d'être des sujets du roi de France. C'est à travers lui que se sont forgées l'unité et l'identité du pays, la France étant le territoire sur lequel le monarque exerçait sa souveraineté, c'est-à-dire avant tout sa justice. A l'ombre de la monarchie, un État, donc une administration, s'était aussi élaboré. Au fil du temps, le lien juridique entre le prince et son peuple s'est accompagné du sentiment d'appartenir à un ensemble d'hommes et de femmes qui avaient le même passé et le même destin, bref à une « nation ». Longtemps le roi s'est confondu avec elle et a voulu l'incarner seul. Mais lorsqu'une fracture s'est instaurée entre le souverain et son peuple, qui a conduit à la mort du roi et à la disparition de la monarchie, la nation a survécu. La souveraineté a été attribuée au peuple français. Quant à l'État, déjà centralisé et puissant, il s'est renforcé encore. Cet État-nation a été conduit à s'affirmer et à se défendre face aux autres nations qu'il avait contribué à faire naître.

Les Français

Le peuple et la nation sont des notions abstraites et générales. Elles recouvrent pourtant tout l'effort de générations qui ont travaillé et souffert, espéré et innové. Cet effort collectif et anonyme ne doit pas être oublié, car c'est lui qui porte, soutient et favorise l'action des hommes et des femmes qui ont fait l'histoire de France, dont le nom est parvenu jusqu'à nous et qui n'auraient pu inventer, construire, créer, sans ces forces obscures que leur ont données les Français.

La singularité française

La France n'a jamais été isolée : elle a vécu au contact d'autres peuples, d'autres civilisations, d'autres nations. Elle s'inscrit, aujourd'hui comme autrefois, dans une Europe qui se construit. Elle est ouverte aux influences du monde. Mais, en Europe et dans le monde, elle a peut-être tenu une place singulière, sans rapport avec l'importance de sa population ou ses richesses naturelles, apportant à l'humanité quelques idées qui exaltent ou qui consolent, quelques inventions qui fortifient ou qui secourent, quelques chefs d'œuvre qui étonnent. C'est cette singularité aussi qu'il convient d'esquisser.

LES ORIGINES

Tautavel

Même si c'est en Afrique que les primates semble-t-il, se sont peu à peu transformés en hominidés qui annonçaient l'homme, ces derniers furent très tôt présents sur le territoire de ce qui fut plus tard la Gaule, puis la France. L'abondance même des preuves archéologiques est un trait caractéristique de l'Hexagone dont bien des sites ont servi à désigner des époques préhistoriques.

Au Paléolithique ancien, les hommes préhistoriques ne connaissaient pas le feu et chassaient les animaux, comme éléphants ou hippopotames, la faune correspondant alors à un climat très chaud (vers 1,9 millions d'années). C'est à Chilhac, dans le Massif central qu'ont été trouvés pour la France les plus vieux habitats humains. Ces chasseurs se réfugiaient volontiers dans des grottes aménagées, comme celle du Vallonet à Roquebrune-Cap-Martin. Outils et armes étaient créés avec des galets éclatés, d'où le nom de Paléolithique, ou âge de la pierre, qui désigne ce premier temps de l'homme. Le plus ancien des crânes de Tautavel, dans les Corbières, près de Perpignan, daté de - 450 000 ans, correspondrait à l'*Homo erectus,* l'hominidé qui a réussi à se tenir debout.

La glace et le feu

Mais le climat, en se refroidissant, changea tout, et d'abord la flore, et la faune, avec l'apparition du mammouth et du renne. Les périodes glaciaires auxquelles ont été donnés les noms d'affluents du Danube - Gunz, Mindel, Riss, Würm - contraignirent l'homme à s'adapter à un nouvel environnement. Il inventa l'art du feu, c'est-à-dire qu'il apprit à le maîtriser. Une théorie veut qu'il ait ainsi transformé son propre corps, la viande cuite ne demandant pas des mâchoires aussi fortes que la viande crue, et cette mâchoire moins lourde permettant à l'homme de se tenir plus droit et facilitant ainsi le développement de son cerveau. A Terra Amata, près de Nice, un habitat saisonnier de plein air a été découvert : de grandes huttes ovales étaient

En bas : crâne d'ours fossile.
Photo Bertrand Cabrol.

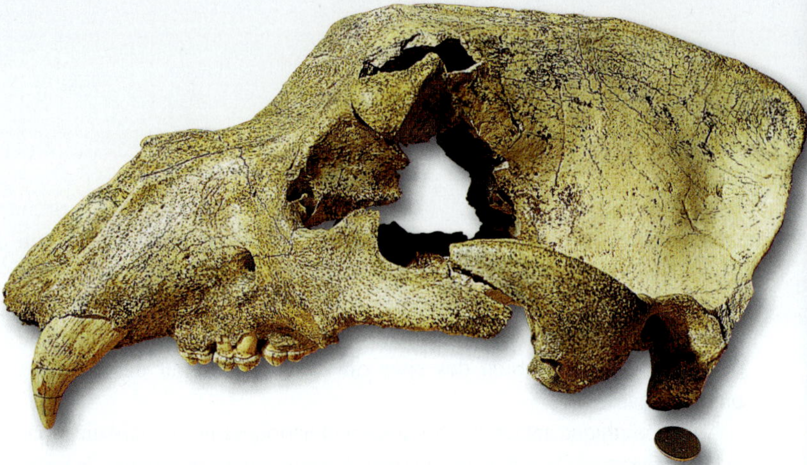

dressées sur une plage, à l'aide de branchages piqués dans le sol, et parfois consolidées avec des pierres. Là, vers 380 000 av. J.C., la présence du feu est attestée par des foyers. Il fallait aussi conserver et transporter ce feu et cela nécessitait une organisation sociale. Elle était également indispensable pour la chasse aux grands animaux. Le feu était utile là aussi, pour les effrayer ou les traquer, ou pour durcir les épieux destinés à les tuer. L'outillage se faisait plus élaboré avec l'art de tailler la pierre, en particulier le silex : la cassure de cette roche, plus dure que l'acier, donnait des arêtes tranchantes pour des armes ou des outils. Les bifaces furent les chefs d'œuvre de cet artisanat dûs à l'homme de Néanderthal. Lorsque ces silex ne furent plus regardés comme de simples pierres, mais furent considérés comme un signe et un produit de l'habileté humaine, les savants prirent conscience qu'il y avait eu une vie des hommes avant l'histoire, et l'étude de la préhistoire put naître.

Cro Magnon

La chasse contraignait l'homme à se déplacer : c'était donc un nomade. Conscient de l'espace, il le fut aussi du temps et de la mort. En enterrant les morts, en leur donnant une sépulture, l'homme

Racloir
Photo Bertrand Cabrol.

préhistorique prenait conscience de la vie. La plus ancienne trace de ce souci d'éternité se trouve, pour la France, à La Chapelle-aux-Saints (Corrèze) dans une tombe où se trouvaient des offrandes alimentaires.

Vers 35 000 ans avant J.C., l'homme de Cro Magnon, retrouvé aux Eyzies-de-Tayac, en Dordogne, avait une grande taille, et la capacité crânienne de l'homme d'aujourd'hui dont il est proche. C'est *l'Homo sapiens sapiens*. Des restes d'autres hommes ont été retrouvés, l'homme de Chancelade, en Dordogne, ou l'homme de Grimaldi, près de Menton. Sur le site de Pincevent près de Montereau, passaient des chasseurs de rennes. A Solutré, il est probable que des groupes de chevaux sauvages étaient rabattus vers l'escarpement, la roche, d'où ils se précipitaient dans le vide. Les armes qui étaient utilisées étaient des bifaces très aplatis, dits feuilles de laurier ou feuilles de saule.

Tête de la figure féminine dite « dame à la capuche » en ivoire de mammouth (Brassempouy, Landes) Musée des Antiquités Nationales, Saint-Germains-en-Laye (Yvelines).

Lascaux

Cet homme préhistorique fut aussi un artiste : il s'est efforcé de donner des représentations du monde qui l'entourait. Les « Vénus aurignaciennes » sont des statuettes de femmes aux formes étonnantes qui évoquaient la sexualité et la fécondité et qui avaient sans doute un rôle religieux. La Dame à la capuche, la Dame de Brassempouy (dans les Landes) montre aussi le souci de laisser l'image d'un beau visage. Dans les abris et les grottes, c'est l'art animalier qui domina et qui est un trait singulier de l'ouest européen, avec un centre incontestable : le Périgord. La maîtrise du trait ne s'imposa que peu à peu. Ce furent d'abord des représentations maladroites d'animaux, puis ceux-ci furent schématisés, mais ils se reconnaissaient mieux. La troisième étape vit des animaux stylisés avec des corps volumineux et des pattes courtes, et l'homme apparaissait. Enfin les proportions des animaux furent exactes au moment même où cette création picturale disparut.

La grotte de Lascaux (vers - 15 500) est le meilleur témoignage de cet art : des couleurs étaient préparées et choisies avec soin, le trait était sûr, pour célébrer des biches et des bouquetins, des chevaux ou des taureaux. Même s'il est délicat d'interpréter cet ensemble qui illustre le chasseur et le transcende à travers son gibier, il est facile d'y discerner un regard attentif porté sur la nature, le désir de la maîtriser, enfin le goût des formes et des couleurs. Peut-être ces grottes ornées étaient-elles des sanctuaires et ces représentations d'animaux avaient-elles une signification magique. L'homme imprimait aussi « au pochoir » la trace de ses mains. A Gargas certaines phalanges manquent : plutôt que des mutilations, ce seraient des signes de chasse, obtenus avec des doigts repliés.

Tête de grand taureau. Grotte de Lascaux. Photo Ray Delvert.

Haches néolithiques.
Photo Bertrand Cabrol.

Les premiers villages

Le climat, en devenant plus doux, permit la réapparition de la forêt qui fut peuplée de cerfs et de sangliers. C'est au Proche-Orient qu'eurent lieu les changements majeurs. Les hommes apprirent à cultiver la terre et à domestiquer les animaux. Agriculture et élevage permettaient de dominer la nature au lieu de la subir, de produire de la nourriture au lieu de chasser ou de pêcher - même si chasse et pêche furent toujours pratiquées. L'homme ne fut plus un nomade qui suivait le gibier, il se sédentarisa. Il y eut un partage des tâches et les hommes se regroupèrent en villages, puis en villes. Ces nouveaux modes de vie se diffusèrent par le Danube et par la Méditerranée : le plus ancien village connu à ce jour pour la France est Courthézon, dans la vallée du Rhône et il est daté de 4650 av. J.C.. Les habitants vivaient dans de petites cabanes et cultivaient des céréales. Pour conserver la nourriture, l'homme modela l'argile qu'il fit sécher, puis qu'il sut cuire : la céramique naissait. La laine du mouton fut filée et le tissage apparaissait avec des métiers encore rudimentaires. Si la pierre taillée fut toujours utilisée, le polissage de la pierre permit de fabriquer les haches dont les bûcherons avaient besoin. L'âge de la pierre polie est désigné comme le Néolithique. Le bois devint très fréquent dans les outils et les armes, et l'arc fut l'arme privilégiée.

Le néolithique, en permettant de rassembler des céréales et de la nourriture, a favorisé la concentration des richesses. Il a établi des différences durables entre les hommes et cette organisation sociale aurait favorisé l'émergence d'une autorité politique et religieuse, avec des rois et des prêtres.

Les mégalithes

Les hommes du Néolithique mirent tout leur soin à édifier des sépultures impressionnantes. Les dolmens correspondaient à des salles funéraires qui étaient couvertes de terre - les pluies ont dégagé ces tables de pierre. Ces grottes artificielles étaient parfois groupées dans une construction de pierres sèches ou « cairn » : celui de Barnenez (Finistère) comportait des chambres auxquelles on accédait par un couloir étroit et, de l'extérieur, le cairn était un monument en gradins. De telles constructions supposaient que des hommes nombreux fussent mobilisés pour transporter des pierres parfois très lourdes. Si ces sépultures servaient pour plusieurs générations, elles étaient aussi réservées aux plus riches et aux plus puissants. Les pierres dressées, les menhirs, restent plus mystérieuses, d'autant plus qu'elles sont parfois rassemblées et alignées, comme à Carnac (Morbihan). En les érigeant, voulait-on représenter des idoles ou bien fixer des repères pour connaître les astres ? En effet, avec l'agriculture, c'étaient sans doute les cycles du ciel, le retour des saisons, qui intéressaient l'homme plus que les mystères des grands animaux.

Les alignements de Kermario à Carnac (Morbihan).

Les palafittes

Une forme singulière d'habitat est à noter, les maisons à pilotis de la civilisation « palafittique », présente le long des Alpes. Longtemps l'image poétique des « cités lacustres » s'est imposée. Il semble que ces maisons aient été en réalité installées sur les bords des lacs et construites de façon à résister à des crues. Mais la montée des eaux a permis de conserver, en les engloutissant, bien des objets de la vie quotidienne. C'est le cas à Charavines, sur le lac de Paladru, près de Lyon, où les pieux sont datés de 2700 av. J.C. et où ont été retrouvés des tissus, des cordes et même de l'ambre.

Cette humanité, en devenant plus nombreuse et en s'organisant, souffrit des rivalités pour le contrôle des terres ou des réserves de blé. La guerre fut plus présente et les squelettes retrouvés sont nombreux à porter des blessures de flèches.

Le Bronze

Mais les grandes mutations techniques eurent lieu encore en Orient avec l'utilisation des métaux, même si le silex était encore utilisé. Le bronze, alliage de cuivre et d'étain, apparut en Occident vers 4000 av. J.C. L'âge du Bronze a privilégié les pays où l'étain était présent. Il l'était en Cornouaille et en Bretagne, et les échanges de ces métaux précieux se firent désormais sur de grandes distances. La fusion des minerais exigeait de hautes températures, des fours, et la maîtrise d'une technologie déjà élaborée. Ainsi des outils très variés furent forgés pour tous les métiers, et des armes redoutables aussi. Toutes les techniques furent améliorées : déjà l'araire était connu dont le soc était en bois et il permettait de creuser des sillons; désormais la roue servit pour des chars qui étaient tirés par des bœufs, ainsi que par des chevaux. L'outillage nouveau était utilisé afin de construire des maisons plus solides aussi. Les princes guerriers profitèrent d'un armement impressionnant. Ils se faisaient enterrer avec armes et bijoux sous des buttes de terre (ou *tumulus*). D'autres populations se faisaient incinérer, et leurs cendres étaient déposées dans des urnes, rassemblées dans de vastes nécropoles souterraines, ou « champs d'urnes », et cette civilisation a précédé le monde des Celtes.

Ailleurs, en Méditerranée, l'homme avait inventé l'écriture, et en même temps l'histoire. Il pouvait garder la trace du passé en le racontant. La préhistoire prenait fin.

Le cône d'Aventon (Vienne), Musée des Antiquités Nationales, Saint-Germain-en-Laye (Yvelines).

Histoire ancienne

Les Celtes

La Gaule a précédé la France. Mais ce sont les Romains qui ont appelé Gaule ce territoire qu'ils étaient sur le point de conquérir et désigné comme les Gaulois ce peuple qu'ils voulaient soumettre après l'avoir redouté. Selon Jules César, ceux-ci se disaient eux-mêmes des Celtes. La Gaule, telle que les Romains la définirent, appartenait donc à un monde celtique beaucoup plus vaste qui s'étendait au nord des brillantes civilisations méditerranéennes.

Ce monde est source de légendes, de récits fabuleux, d'hypothèses, car il ne nous est connu qu'indirectement à travers les textes de Grecs et surtout de Romains, bref des documents venus de peuples ennemis qui voyaient Celtes et Gaulois comme des barbares. Pendant des siècles, les Français n'ont-ils pas appris la première histoire de leur pays à travers le récit qui annonçait la fin de l'indépendance gauloise, la *Guerre des Gaules* de Jules César ? L'archéologie est venue compléter la vision que les historiens offrent du monde celtique et de la Gaule. Des traits de la civilisation celtique ont pu aussi être conservés dans les épopées anciennes de la littérature irlandaise.

Statuette à la lyre de Paule (Côtes-d'Armor).
Photo Hervé Paitier, S.R.A. Bretagne.

L'Âge du Fer

La présence celtique pourrait coïncider avec ce qu'il est convenu d'appeler l'âge du Fer, à partir de 800 av. J.C.. Ce que les archéologues ont constaté, c'est l'existence (de - 800 à - 450) d'une civilisation dite de Hallstatt (du nom d'un site en Autriche) qui se caractérisait par des tombes de chefs, avec des chars à quatre roues et des armes en fer. Les Celtes, qui étaient déjà installés en Europe, auraient participé, à l'ouest de notre continent, à cette civilisation.

Marseille

Le grand commerce méditerranéen se tournait alors vers l'ouest, car il avait besoin de l'étain des îles Britanniques. Les Phéniciens avaient longtemps dominé ces échanges, et c'est à eux qu'il faut attribuer l'écriture avec alphabet que les Grecs, les Etrusques et les Romains n'eurent qu'à adapter. Les Grecs cherchèrent, eux, à s'installer durablement et à établir des comptoirs sur la côte de la Méditerranée occidentale et Phocée, ville d'Asie mineure, créa la colonie de Massalia ou Massilia (Marseille) en 620 av. J.C., et autour d'elle d'autres cités naquirent : Nice, Antibes, Arles et Agde. Désormais cette présence hellénique influença les peuples voisins, car Marseille fut l'intermédiaire entre le monde grec et le monde celtique.

Le vase de Vix

Une des routes commerciales essentielles gagnait la Bretagne pour aller y chercher le précieux étain. En 1952, sur le mont Lassois, à Vix, près de Châtillon-sur-Seine, a été retrouvée la tombe d'une princesse de 33 ou 35 ans, et près d'elle un cratère grec haut de 1,65m et pesant 209 kg. Ce grand vase précieux (daté de 525 av. J.C.) montrait l'importance de cette position géographique, et de ceux qui la contrôlaient, à la jonction du bassin de la Seine - là où la rivière cesse d'être navigable - et du sillon rhodanien. Les Grecs vendaient surtout leur vin que les élites consommaient, laissant aux autres la boisson à base d'orge, l'ancêtre de la bière. Toutes les fouilles révèlent la présence d'innombrables amphores, qui sont nombreuses aussi dans les épaves retrouvées dans la mer le long des côtes.

Les invasions celtiques

Vers le milieu du Ier millénaire av. J.C., commença le second âge du Fer, la civilisation de La Tène (de 450 à 50 av. J.C.) : dans des tombes dites des « chefs guerriers », sont retrouvés des chars, non plus à quatre roues, mais à deux roues, des chars de combat. L'armement en fer se diffusait dans la population où les guerriers étaient plus nombreux. C'était un monde de la guerre. Nombre de Celtes ou de Gaulois servirent ainsi comme mercenaires dans le monde méditerranéen et des troupes de « Gaulois » se mettaient au service du plus offrant. Mais ce furent aussi des peuples entiers qui se lancèrent à l'assaut des pays méditerranéens.

Brennus à Rome

Ainsi quand les Romains parlaient des Gaulois, les Grecs des Celtes ou des « Galates », c'était avec crainte. Car les premiers se souvenaient de la prise de Rome par Brennus et ses guerriers vers 390-383 av. J.C. et son *Vae victis* disait assez l'humiliation des vaincus. Les seconds avaient en mémoire les expéditions en Macédoine, à Delphes en 279 et en Asie mineure - des Galates s'y fixèrent et créèrent ainsi une Galatie. La crainte était proche de l'effroi, car ces guerriers, forts de leur armement, se jugeant invincibles et combattant nus, portaient les têtes coupées de leurs ennemis à leur ceinture ou au cou de leur cheval. Le monde celtique s'étendait alors sur une bonne partie de l'Europe et tous ces peuples avaient le même mode de vie, et sans doute les mêmes croyances. Ce qui reste mystérieux, c'est la raison de ces expéditions contre les civilisations de la Méditerranée. Les Celtes furent-ils poussés par d'autres peuples venus de l'Est ou bien par des mouvements sociaux internes ?

L'or

Mercenaires et conquérants rapportaient de l'or de leurs expéditions car ce métal était très recherché par les Gaulois qui lui donnaient une valeur sacrée : c'était le bien des dieux et les bijoux étaient des talismans. Le torque,

Torque de Mailly-le-Camp (Marne). Enterré comme offrande cultuelle, il porte des inscriptions gauloises en caractères grecs. Musée des Antiquités Nationales, Saint-Germain-en-Laye (Yvelines).

ce collier torsadé que portaient les guerriers dans les combats, les protégeait de la mort. Mais cet or devait être rapporté aux dieux et les Gaulois le leur offraient sous forme d'objets. En s'emparant de la Gaule, Jules César fit main basse sur les trésors des temples gaulois, ce qui facilita sa future carrière mais ce qui fit aussi baisser le prix de l'or en Italie. L'influence hellénique continuait à s'exercer sur ce monde celtique qui, par exemple, utilisa l'alphabet grec. L'écriture était utilisée pour les affaires publiques et privées; en revanche, selon César, les druides refusaient de rédiger leur savoir.

La Narbonnaise

Des Gaulois s'étaient installés en Italie du nord. Les Romains, après avoir constaté qu'ils s'étaient alliés à Hannibal le Carthaginois lors de la guerre punique, cherchèrent à les contrôler. C'était chose faite vers 225 av. J.C. : la Gaule cisalpine était placée sous l'autorité romaine qui s'exerça aussi sur l'Espagne. Entre Italie et Espagne, les colonies grecques faisaient la jonction. Mais les Gaulois faisaient sentir leur présence dans cette région et se mêlèrent aux populations indigènes, les Ligures - l'on parle ainsi de Celto-Ligures. Les colonies grecques menacées demandèrent de l'aide aux Romains qui intervinrent volontiers et qui, face à Entremont, cité celto-ligure détruite en 124, fondèrent Aix-en-Provence (*Aquae Sextiae)*. Ils s'installèrent dans cette Gaule transalpine qu'ils transformèrent en province romaine - la Provence bien sûr qui lui doit son nom, mais aussi les Alpes et le Languedoc actuel. Narbonne fut capitale de cette Narbonnaise (118) et la voie Domitienne qui la traversa permit de relier l'Italie à l'Espagne. Cette province romaine fermait aux Celtes l'accès à la Méditerranée.

Les Belges

La situation était devenue d'autant plus difficile que des populations venues de l'est, les Belges, de langue celtique, avaient franchi le Rhin au IIIe siècle (*Atrebates* qui donnèrent leur nom à Arras et à l'Artois, *Ambiani* s'installant à Amiens, *Bellovaci* à Beauvais, *Remi* en Champagne et à Reims), puis au IIe siècle (Nerviens et Eburons dans l'actuelle Belgique), obligeant des peuples gaulois, à se réfugier en Angleterre. C'est bien cette présence des Belges dans une partie de la Gaule que constata César dans sa *Guerre des Gaules*. La naissance de cette Belgique signifiait aussi l'établissement d'une zone frontière, face aux Germains.

Casque de Berru (Marne). Bronze. Ve s. av. J.-C. Musée des Antiquités Nationales. Saint-Germain-en-Laye (Yvelines).

Les Gaulois

En Gaule, il y avait une soixantaine de peuples. L'ensemble de la population gauloise a été l'objet d'évaluations fluctuantes, de 3 ou 5 millions jusqu'à 20 ou 25, mais peut-être plus sûrement autour de 10 millions. Au IIe siècle av. J.C., certains peuples exercèrent une large influence comme les Arvernes au centre de la Gaule, mais ils furent vaincus par les Romains en 121 av. J.C., ou les Eduens (dans la Bourgogne actuelle) qui nouèrent des liens politiques avec Rome. Jusqu'à la fin du IIe siècle av. J.C., des royautés existèrent chez les peuples les plus importants, mais elles laissèrent la place à des oligarchies. Les peuples étaient divisés en tribus que dirigeaient quelques familles de guerriers, des « chevaliers » aux yeux des Romains car ils faisaient la guerre à cheval, qui dominaient le commerce et l'exploitation minière. Des assemblées de guerriers désignaient un chef, le « vergobret ». Les Romains n'eurent aucun mal, plus tard, à en réunir de semblables. Ces peuples conservaient l'habitude de se déplacer et n'étaient pas définitivement fixés. Ce fut Rome qui se chargea de les stabiliser.

La vente des esclaves

Ces peuples s'affrontaient volontiers entre eux et selon César, avant son arrivée, il n'y avait pas une année sans conflits. Ceux-ci permettaient de faire des prisonniers qui étaient revendus dans le reste de la Méditerranée, en particulier aux Romains. Ce commerce d'esclaves invitait ainsi à faire de nouvelles guerres. Lors de la révolte de Spartacus (72 av. J.C.), il fut fait état de milliers d'esclaves gaulois. Ce trafic était, avec le vin, une des principales composantes du commerce avec la Méditerranée, et l'un des éléments de tension dans le monde gaulois. S'il y avait des affrontements entre les différents peuples, il y avait aussi, selon C. Goudineau, des conflits à l'intérieur même des populations entre les partisans de la royauté, de l'indépendance, du retour aux valeurs traditionnelles, sans doute « anti-romains », et les partisans des grandes familles, ouvertes aux autres peuples, au grand commerce, donc « pro-romains ».

Les oppida

Les Gaulois vivaient de l'exploitation de la terre et de l'élevage, surtout des porcs, pour les jambons, et des chevaux, chasse et pêche n'occupant qu'une place limitée. Ils avaient défriché de vastes clairières dans les forêts et des villages s'y étaient installés avec des maisons de bois et d'argile, aux toits de chaume. Habiles artisans, ils avaient inventé nombre d'outils qui restèrent longtemps en usage, parfois pendant plusieurs siècles, depuis les faux jusqu'aux outils du cordonnier ou du bûcheron. Ils fabriquaient de belles épées et des lances, mais aussi des socs en fer pour les charrues à deux roues, bien supérieures à l'araire du monde méditerranéen. En cas de danger, les populations se réfugiaient dans des *oppida,* vastes espaces protégés par des fortifications. Chacun des peuples avait un *oppidum* qui servait de capitale. Ces places protégées devinrent des lieux de marchés et de commerce. Bibracte était ainsi la capitale des Eduens et les fouilles ont prouvé que la cité gauloise, après avoir été assimilée à la ville d'Autun, se trouvait en réalité au mont Beuvray, à une vingtaine de kilomètres.

Les druides

Les prêtres étaient au cœur de la société gauloise, entourés de crainte et de respect, et poutant ils nous restent mystérieux. Ils avaient élaboré toute une vision du monde, sans doute en étudiant les astres et leurs mouvements. Ils s'efforçaient de connaître les secrets de la nature, mais s'occupaient aussi de droit et de morale. Ils enseignaient, selon César, que les âmes ne périssent pas, mais qu'après la mort elles passent d'un corps dans un autre. Ils conservaient tout ce savoir, qu'ils ne confiaient pas à l'écriture et qu'ils transmettaient oralement, insistant sur l'art de la mémoire. Pour cela, les croyances et les idées des Gaulois nous échappent en grande partie. Les jeunes gens, toujours selon César, affluaient donc auprès des druides pour partager ces connaissances. Il fallait ainsi apprendre un nombre considérable de vers, des poèmes conservant la sagesse séculaire, et pour les initiés, les futurs druides surtout, les études pouvaient durer vingt ans.

La forêt des Carnutes

Les prêtres formaient aussi la jeunesse de l'aristocratie et, par cet enseignement, leurs liens étaient étroits avec le monde des princes et des guerriers que les druides guidaient de leur autorité morale. Selon César, ils tranchaient presque tous les conflits entre États ou entre particuliers. Ils étaient aussi un élément fédérateur pour les Gaulois, en se réunissant, chaque année, dans la forêt des Carnutes, entre Orléans et Chartres qui était ainsi considérée comme le centre de la Gaule. Ils furent, pour toutes ces raisons, l'âme de la résistance à la présence romaine.

Les dieux

Les dieux étaient nombreux. Lug était le dieu des artisans. Des dieux étaient souvent associés à des fontaines, des arbres, des roches ou à des phénomènes naturels : le dieu des cieux, « dieu à la roue », Taranis, le dieu au bois de cerf, Cernunnos, mais aussi le dieu de la guerre, Esus, le dieu de la guerre et des peuples, Teutatès. Les chênes étaient vénérés et les druides étaient des « hommes aux chênes » : selon Pline, le prêtre, vêtu d'une robe blanche, montait à l'arbre et coupait le gui qui était recueilli dans un linge blanc. Le gui aurait servi de remède contre tous les poisons. Intermédiaires entre les hommes et les dieux, les druides étaient chargés des sacrifices, car en Gaule le culte des dieux supposait l'immolation de victimes humaines qui étaient étouffées, pendues ou brûlées pour obtenir la bienveillance de la divinité. La guerre suscitait aussi des sacrifices rituels : les prisonniers de guerre étaient découpés et décapités, puis leurs cadavres étaient exposés longuement, leurs armes étaient détruites et les sacrifices étaient suivis de ripailles collectives. A côté des druides, les devins s'occupaient de prédire l'avenir et les bardes étaient des poètes lyriques qui chantaient, en s'accompagnant d'instruments, des hymnes ou des satires.

L'influence grecque et romaine s'était insinué déjà dans cet univers religieux, mais ce fut la conquête romaine qui le transforma totalement, d'abord en mettant fin au sacerdoce des druides, tout en conservant les dieux gaulois.

LA GAULE ROMAINE

JULES CÉSAR

Ce jeune ambitieux était le neveu de Marius qui était venu à bout des invasions de Germains, les Cimbres et les Teutons, et il fit cause commune avec deux autres ambitieux, Pompée et Crassus. Il reçut du Sénat le proconsulat de la Gaule transalpine et de la Gaule cisalpine, avec comme mission de soutenir les Eduens, amis de Rome. Or les Helvètes, installés en Suisse, refoulés par les Germains, voulaient gagner le pays des *Santones* (notre Saintonge). Les Eduens, inquiets, firent appel à Rome et César repoussa les Helvètes vers la Suisse. Ainsi commençait cette stabilisation des peuples gaulois qui s'enracinèrent et formèrent les *pagi* de la Gaule, les « pays » de la France, auxquels ils donnèrent leurs noms.

LA FRONTIÈRE DU RHIN

Toujours à la demande des Eduens, César se porta contre les Suèves, un peuple germain, commandé par Arioviste. Il battit les envahisseurs. Le général romain considéra que le Rhin qu'il avait atteint servirait désormais de frontière entre ce qu'il appela la Gaule d'un côté, et la Germanie de l'autre : César a donc créé la « nation gauloise ». Il a imposé le nom de « Gaule » qui remonte à l'extrême fin de l'époque préromaine, avec sa limitation par le Rhin » (Karl-Ferdinand Werner). De l'autre côté du Rhin, il y avait encore des Celtes. Mais les Romains eurent avant tout le souci de fortifier cette frontière le long du Rhin et du Danube, pour en faire le *limes*.

Dans cette Gaule qui fut parfois qualifiée de « chevelue » (*comata*) ou de « porteuse de braies » (*braccata*), César distingua, à côté des Belges, les Aquitains au sud de la Garonne (qui n'étaient pas celtes), et les Gaulois ou Celtes à proprement parler.

Jules César. Jardin des Tuileries (Paris).

La conquête

Une fois en Gaule, l'armée romaine y demeura et en quelques années en fit la conquête. En 57, les Belges étaient soumis et César pouvait annoncer au Sénat de Rome la conquête d'une nouvelle province. Néanmoins, en 56, les Vénètes se révoltèrent et furent châtiés durement. En 55, César fit une incursion au-delà du Rhin et aussi au-delà de la Manche, ce qu'il fit de nouveau en 54 : ces campagnes étonnèrent les contemporains. L'année suivante, il écrasa une révolte des Eburons et des Trévires dans le nord.

Vercingétorix

Bartholdi, *Vercingétorix*.
Photo Daniel Massacrier - Service Communication – Ville de Clermont-Ferrand.

En 52, l'insurrection gauloise devint sinon générale, en tout cas généralisée. Les Arvernes furent à la tête du mouvement car ils avaient réussi à restaurer la royauté et s'étaient donné un chef, Vercingétorix. Ce noble Arverne avait non seulement le courage, mais aussi le sens de l'organisation et du commandement, et face à César et à ses légions, il adopta une redoutable tactique : il refusa la bataille rangée, harcela les Romains par des attaques de la cavalerie gauloise et ravagea les pays où ses ennemis devaient se ravitailler. Sa stratégie visait à attirer les légions romaines sur une ville et à les attaquer pendant le siège. Il réussit à vaincre César qui pensait prendre par surprise Gergovie. Vercingétorix eut la confiance des druides de la forêt des Carnutes et imposa son autorité à l'ensemble des insurgés gaulois. Bien des peuples gaulois, y compris les Eduens, se dressèrent alors contre l'occupant.

Alésia

En revanche, César réussit à battre la cavalerie gauloise et Vercingétorix alla s'enfermer dans Alésia. L'armée romaine vint en faire le siège, mais elle fut elle-même attaquée par les forces gauloises coalisées. Pour permettre à César de tenir, il fallut le talent des Romains en matière de fortifications, et une double enceinte, face aux assiégés et face à l'armée de secours. Finalement le Romain mit en fuite l'armée gauloise et força Alésia à la

Gaulois blessé, vers 200 av. notre ère. Musée du Louvre (Paris).

capitulation. Vercingétorix proposa de se livrer à César et il le fit en jetant ses armes aux pieds du général. Les défenseurs d'Uxellodunum dans le Quercy durent aussi capituler et eurent le poing tranché (51 av. J.C.). César montra une grande indulgence à l'égard des révoltés, mais fit figurer Vercingétorix à son triomphe à Rome avant de le faire exécuter. Ce triomphe annonçait la fin de la République romaine et la naissance prochaine de l'Empire - où un empereur aurait presque toute l'autorité sur l'immense domaine conquis autour de la Méditerranée.

L'EMPRISE ROMAINE

La Gaule appartenait à ce puissant empire et à une admirable civilisation. Le latin, illustré par d'admirables écrivains, était une langue universelle et le demeura bien après la disparition de la civilisation antique. Le droit romain s'enracina dans une grande partie de la Gaule. Les réalisations de Rome inspirèrent de l'admiration pour des siècles et furent inlassablement imitées. Mais l'installation romaine fut aussi celle d'un envahisseur. Les légions avaient montré leur efficacité face à la bravoure gauloise. La culture romaine écrasait en grande partie tout ce qui l'avait précédé, en particulier le savoir de ces druides qui étaient considérés avec crainte, méfiance et peut-être mépris par les nouveaux venus. L'histoire de la Gaule subissait les soubresauts de l'histoire romaine.

LA ROMANISATION

Les nobles gaulois conservèrent leurs droits et aspirèrent à devenir citoyens romains. La romanisation fut favorisée par la présence de la Narbonnaise au sud : des villes, cités romaines, furent créées où furent installés des vétérans des armées, et les cités gauloises, devenues cités latines, connurent aussi un développement exemplaire. Peu à peu, pour la Gaule chevelue, la carte administrative fut dessinée avec trois Gaules (*Aquitania, Celtica, Belgica*) qui se rejoignaient à Lyon, fondé en 43 av. J.C. : c'est là qu'en 12 av. J.C. fut inauguré le sanctuaire fédéral des Trois Gaules près du confluent du Rhône et de la Saône. Rome laissa vivre cette Gaule, se préoccupant surtout de défendre le Rhin avec la création de deux Germanies (Argentorate,

Strasbourg, en était une forteresse majeure). La romanisation s'accéléra sous le règne de l'empereur Claude (41-54) qui était né à Lyon et qui tint, dans un discours conservé dans cette ville grâce aux Tables claudiennes, à rappeler que la Gaule connaissait la sécurité et la paix, et avait été parfaitement fidèle à Rome. Désormais il y eut des sénateurs gaulois à Rome, et cette grande aristocratie devait durer plus longtemps que l'empire romain. Une seule cohorte, stationnée à Lyon, suffisait à maintenir l'ordre dans la Gaule désormais pacifiée.

LES VILLES

Rome avait élaboré une civilisation urbaine. Chaque peuple gaulois se regroupait autour d'une cité - *civitas* - et ces villes de Gaule adoptèrent le mode de vie romain. Un forum, au carrefour de deux rues principales, était le centre de la vie publique. Des aqueducs amenaient l'eau vers des thermes, centres d'art et de loisir, où la population pouvait se délasser. Le pont du Gard, qui était un aqueduc, rappelle que cet art de la construction demeura inégalé jusqu'au XVIIIe siècle. Le cirque ou les arènes étaient destinés aux combats de gladiateurs et aux courses de chevaux, à tous ces jeux dont les Romains pensaient qu'ils étaient, comme le pain, une nécessité. Les amphithéâtres et les théâtres pouvaient accueillir des milliers de spectateurs et offrir des représentations plus sérieuses, et à Lyon un odéon couvert était

Le pont du Gard.

Les arènes de Nîmes (Gard).

destiné au chant. Des monuments venaient orner les villes et les arcs de triomphe rappelaient les victoires de Rome, comme un discret rappel à l'ordre. Enfin ces villes défiaient le temps en adoptant les constructions en pierre de taille et bien des édifices romains ont survécu à toutes les destructions.

Les Gallo-Romains

Dans ces villes, s'installaient les agents de l'administration romaine et parfois des vétérans des armées, mais aussi des artisans et des commerçants. Par des mariages, les liens se renforcèrent entre Romains et Gaulois romanisés et ainsi s'élabora une société gallo-romaine. Cette symbiose se marqua aussi dans la religion. Si les Romains vénéraient leurs dieux, comme l'atteste la Maison carrée de Nîmes, ils respectaient aussi les dieux gaulois, et une véritable fusion fut réalisée à travers des dieux gallo-romains. Les cultes orientaux firent en Gaule des adeptes et le christianisme s'y répandit aussi. C'est à Lyon que furent sacrifiés des chrétiens en 177 et parmi eux sainte Blandine.

Les villae à la campagne

L'influence romaine marqua aussi les campagnes : les grandes familles gauloises ou les riches Romains s'y constituèrent de vastes domaines fonciers. Elles produisaient des charcuteries, du blé et du vin car la culture de la vigne s'étendait. Dans leurs demeures campagnardes, ces riches Gallo-Romains adoptaient le même mode de vie que dans leurs maisons en ville. Pour exploiter la terre, le propriétaire pouvait avoir des esclaves, mais il eut tendance à la distribuer en petits lopins à des colons. En 322, Constantin interdit à ces colons de quitter leur terre que le fils dut reprendre après son père : cette dépendance héréditaire du tenancier à l'égard du maître devait survivre lui aussi au monde romain. Tout ce que demandait l'État romain, c'était que l'impôt pût rentrer dans ses caisses, donc que la terre fût bien exploitée et cet impôt devint de plus en plus lourd. Les petits pays - *pagi* - vivaient autour d'un centre local, le *vicus* - bourg ou petite ville. Les cités et les *vici* constituèrent le réseau qui a structuré, pour une bonne part jusqu'à nos jours, la géographie française.

Les premières convulsions

Cet équilibre et cette paix ne durèrent que jusque vers la fin du IIe siècle. L'Empire, dont les faiblesses politiques, économiques et sociales apparurent avec le temps, subit dès la fin du IIe siècle les assauts de peuples venus de tous les horizons. Il souffrit aussi de troubles intérieurs. Les affrontements entre candidats au pouvoir suprême aboutissaient à des guerres civiles : Lyon, n'ayant pas choisi à temps le parti de Septime Sévère, fut pillée lorsque celui-ci devint empereur. Des bandes de bandits et de déserteurs montraient aussi l'exaspération des populations : un soldat valeureux, Maternus, choisit de déserter en 186 et il fallut une armée pour mettre fin au mouvement qu'il avait suscité.

Francs et Alamans au IIIe siècle

L'Empire romain dut défendre ses provinces lointaines, en particulier en Orient, et il utilisa les légions qui gardaient le *limes* de l'Occident. Les peuples germaniques furent alors tentés d'en profiter pour faire des incursions en Gaule. Installés sur la rive droite du Rhin, les Francs formaient une ligue de petits peuples comme les Bructères ou les Saliens-*frank* signifierait libre, donc libre de la domination romaine. Les Francs, comme une autre ligue, celle des Alamans, plus au sud, lancèrent des expéditions en Gaule.

Les légions du Rhin réagirent en choisissant leur propre empereur en 260. En reconnaissant cet empereur « gaulois », et ses successeurs, jusqu'à la déposition de Tetricus en 275, les habitants et les soldats de Gaule, mais aussi d'Espagne et de (Grande-) Bretagne, se sentant abandonnés par Rome, montraient leur volonté de se défendre eux-mêmes. C'est en 275-276 que les pillards purent submerger le pays et l'on estime à 60 le nombre de villes détruites, les trésors enfouis prouvent ce que fut alors la panique.

Constantin

La résistance aux envahisseurs et le redressement furent permis par la construction de belles murailles autour des villes, qui désormais pouvaient servir de refuge en cas d'alerte. Les empereurs romains, et d'abord Probus, réussirent à vaincre les barbares et à traiter avec eux, pour les utiliser dans les armées - bientôt ils accédèrent à des postes de commandement- ou pour les installer sur des territoires qui gardaient la frontière. L'Empire fut réorganisé avec des Augustes et des Césars : peu à peu deux domaines distincts renaissaient : d'un côté le monde latin, de l'autre le monde grec. La résurrection de l'Empire coïncidait avec une quête religieuse. Alors que Dioclétien avait laissé persécuter les chrétiens, un autre empereur, Constantin, leur fut favorable. Pour conquérir le pouvoir, il avait dû se débarrasser de ses rivaux et il réussit aussi à contenir Francs et Alamans. Par l'édit de Milan de 313, l'empereur accorda au christianisme la liberté de culte. Il offrit aux chrétiens des basiliques magnifiques avant de se faire baptiser avant la mort. Constantin liait l'Empire au Dieu du Christ et ce choix aboutissait à la conversion de l'ensemble du monde romain.

Le christianisme

Après avoir été en Gaule la croyance de quelques minorités venues d'Orient, le christianisme y devenait la religion de l'État, la religion officielle, avant d'être la seule autorisée. Au lieu d'une multitude de dieux, il imposait un Dieu unique à l'image de celui des juifs, mais il proposait aussi l'enseignement du fils de Dieu, le Christ. Les empereurs convoquèrent des conciles œcuméniques où furent discutés les principaux articles de foi : celui de Nicée en 325 fixa le *Credo* et

Saint Martin donnant la moitié de son manteau. Saint-Nicolas-de-Port (Meurthe-et-Moselle).

condamna une hérésie, l'arianisme. Une Église, c'est-à-dire une assemblée, se constituait dont les chefs étaient les évêques. L'évêque de Rome, le pape, considéré comme le successeur de saint Pierre, devait prendre une place à part dans la chrétienté. Saint Martin de Tours (317-397), un ancien soldat, se fit aimer pour sa charité -il coupa en deux son manteau pour le donner à un pauvre - et il fonda le premier monastère en Gaule, Ligugé, près de Poitiers, puis, élu évêque de Tours, il en établit un autre, Marmoutier. Ainsi une pratique orientale, le monachisme, s'imposait en Occident.

Les dernières réformes romaines

La société évolua mais les sénateurs, les *clarissimi,* conservèrent leur puissance car l'empereur intégrait au Sénat les notables de tout l'Empire et même des barbares passés à son service. Leurs *villae* étaient de véritables palais ruraux au IVe et Ve siècles comme la villa de Montmaurin : elles conciliaient un grand luxe avec le souci de la défense et le recrutement de petites armées privées. Cet ordre sénatorial survécut, en se renouvelant, à travers la noblesse médiévale. Ce qui subsista longtemps, ce fut l'impôt foncier qui fut réorganisé et qui pesait avant tout sur la population des campagnes. Une réforme administrative définit une nouvelle carte de la Gaule, et ces divisions furent reprises par l'Église : l'évêque siégeait dans une cité et à l'échelon d'une ancienne province résidait un « métropolitain ». Près de l'empereur, apparurent aussi des comtes (de *comes*, compagnon) qui avaient les plus hautes fonctions dans l'armée et l'État.

Julien l'Apostat

Les affrontements entre prétendants à la pourpre impériale affaiblirent l'Empire et en 355, Francs et Alamans purent pénétrer de nouveau dans l'Empire. La Gaule était désormais l'élément clef de la résistance aux invasions. Julien la sauva par plusieurs campagnes victorieuses. Il permit en 358 au peuple des Saliens tout entier, qui avait été vaincu, de s'installer sur la rive gauche du Rhin, avec l'obligation de servir dans les armées romaines, et ces Francs saliens étaient bien intégrés dans l'Empire quand plus tard il se désagrégea. Ainsi Julien avait rétabli la défense du Rhin. Il considéra que la nouvelle capitale de l'Occident, Trèves, était trop exposée et il séjourna de préférence dans la cité des Parisii, Paris. C'est là qu'il fut proclamé empereur par ses troupes, élevé sur le pavois, comme les rois barbares. Julien a reçu le surnom de « l'Apostat » car il rompit avec la foi chrétienne dans laquelle il avait été élevé et son règne correspondit à une renaissance du paganisme. Il partit guerroyer en Orient où il mourut (363).

Les Goths

Les Francs prirent une place de plus en plus grande dans les armées et dans les affaires de l'État, surtout dans l'entourage des empereurs. Mais ils avaient en face d'eux d'autres peuples. Venus de Scandinavie vers l'an 100, les Goths, les Vandales et les Burgondes s'étaient installés en Europe centrale et orientale et avaient surtout menacé l'est de l'Empire. Parmi eux, les Visigoths s'étaient mis au service de l'empereur d'Orient. En 406, une nouvelle vague d'envahisseurs, des Vandales, avec des Suèves et des Alains, franchissait le Rhin et elle ne trouva en face d'elle, pour lui résister, que des Francs qui apparaissaient ainsi comme des défenseurs de la Gaule elle-même. En 410, s'estimant mal récompensé

Puvis de Chavannes, *Sainte Geneviève*. Panthéon (Paris). En 451, la jeune femme aurait convaincu les Parisiens de ne pas abandonner leur ville aux Huns.

par l'empereur d'Orient, le Visigoth Alaric pilla Rome. Néanmoins, toujours au service de l'Empire, ces Visigoths allèrent s'installer en Aquitaine, avec Toulouse comme capitale, ainsi qu'en Espagne. Ces Goths avaient été christianisés, mais ils étaient ariens, c'est-à-dire qu'ils ne croyaient pas en la divinité du Christ : ils étaient donc regardés comme hérétiques par les évêques catholiques.

Aetius et les Huns

Aetius avait vécu chez les Huns et, devenu chef des armées de l'Occident, il utilisa leurs troupes pour vaincre les Burgondes, qu'il installa près du lac Léman, les Saliens et les Visigoths. Il apparaissait comme un nouveau sauveur de la Gaule. Mais les Huns, à leur tour, devinrent un danger. Leur roi, Attila, était le maître d'un vaste empire, dont le centre se trouvait dans les plaines de l'actuelle Hongrie. Peuple nomade, les Huns vivaient des tributs que leur payaient les princes terrorisés, comme l'empereur d'Orient. Attila décida d'obtenir la même soumission de l'Occident en frappant la Gaule. Il choisit comme cible les Visigoths d'Aquitaine et pénétra jusqu'à Orléans. Les Visigoths de Théodoric s'allièrent alors avec Aetius, pourtant ami des Huns, et ceux-ci affrontèrent les alliés lors de la bataille des Champs catalauniques, peut-être près de Châlons-sur-Marne (20 juin 451). Attila était vaincu et quitta la Gaule. Paris avait été sauvé. En revanche l'ambitieux Aetius fut assassiné par l'empereur Valentinien III lui-même en 453 : il avait été le dernier à maintenir l'unité de la Gaule, romaine et barbare à la fois.

CLOVIS ET LES MÉROVINGIENS

En 476, Romulus Augustule, ou « Petit Empereur », fut renversé par Odoacre qui avait été élu roi et qui envoya à l'Empereur d'Orient, installé à Constantinople, les insignes impériaux. C'était reconnaître son autorité et, en effet, l'Empire byzantin allait continuer à entretenir le souvenir de l'Empire, mais cet Empire était grec, et en matière de religion, s'éloignait de Rome et du catholicisme. Cette date de 476 a été retenue comme la fin de l'Empire romain qui disparaissait en Occident. En Gaule, Syagrius maintenait la tradition romaine : il commandait l'armée romaine entre Somme et Loire, aurait porté le titre de *Rex Romanorum* et il s'installa à Soissons.

La défaite de Syagrius

Mais, dès 486, ce Romain fut battu par un roi franc, Clovis. Cette victoire facile ne fut peut-être pas la rupture que l'on a longtemps décrite. Le roi franc prenait en main l'armée qui dominait une partie de la Gaule, comme d'autres chefs barbares l'avaient fait, avec l'approbation de Rome et des Romains, qui cherchaient à maintenir l'ordre et la paix. Simplement, désormais, il n'y avait plus lieu d'un accord de Rome, dont l'autorité avait disparu, et l'empereur d'Orient était bien loin pour intervenir. Les Francs se glissaient dans un vide politique. C'est après ce combat contre Syagrius que se situe l'épisode du vase de Soissons.

Le vase de Soissons

Clovis entendit la plainte d'un évêque qui réclamait un vase liturgique : cela signifiait qu'il respectait ces prélats et que sa conversion était proche. Le roi demanda le vase pour lui, comme sa part du butin, pour le rendre à l'Église. La résistance d'un de ses guerriers qui frappa le vase révèle aussi que les traditions franques se maintenaient, que le partage restait la règle pour des soldats pillards, que les Francs païens se moquaient des évêques catholiques et que le chef n'avait pas tous les droits. L'année suivante, lors d'une revue, Clovis en punissant le rebelle sous prétexte que ses armes

Gisant de Clovis dans la basilique de Saint-Denis (Seine-Saint-Denis).

étaient mal tenues, rappelait l'affront qu'il avait subi : « C'est ainsi que tu as fait à Soissons avec le vase » et par la violence il signifiait que son pouvoir ne pouvait être discuté. Il y avait bien là aussi la naissance d'un royaume.

Tolbiac

Pour les évêques de Gaule, cette bonne volonté des Francs était un signe d'espérance, car ce qu'ils craignaient avant tout, c'étaient les Visigoths qui, eux, étaient chrétiens mais avaient choisi l'arianisme, doctrine qui niait la divinité du Christ et que les évêques combattaient farouchement. Les Francs païens qui pouvaient se convertir semblaient moins redoutables que des hérétiques qui persistaient dans l'erreur. Le rapprochement fut progressif entre Clovis et les autorités de l'Église. La tradition a insisté sur le rôle de Clotilde, princesse burgonde et catholique, que Clovis épousa en secondes noces. Le biographe de Clovis, Grégoire de Tours, raconte que, lors d'une bataille contre les Alamans à Tolbiac, près de Cologne, peut-être en 496, le roi aurait promis de se convertir s'il était victorieux et Dieu lui aurait donné la victoire. C'était une façon de reprendre le récit de la conversion de Constantin et de placer Clovis dans le sillage de l'empereur qui avait lié le sort de l'empire romain au christianisme. En réalité, Clovis suivit la politique de son père et trouvait à travers les évêques des hommes capables d'appuyer son pouvoir et désireux d'obtenir sa protection militaire.

Le baptême de Clovis

Le baptême devenait l'acte essentiel, le signe de cette alliance entre l'Église catholique, qui conduisait et contrôlait les populations, et le roi franc, qui commandait l'armée et voulait étendre et stabiliser son influence. La date du baptême reste imprécise : il eut lieu entre 496 et 508 ! Mais il eut lieu. A Noël, à Reims. L'évêque Remi aurait encouragé et accompagné ce glissement vers la foi chrétienne ; il présida la cérémonie où sans doute Clovis fut immergé par trois fois dans un bassin, puis ensuite oint avec le chrême. La formule de l'évêque, qui a été longtemps traduite comme « Courbe la tête, fier Sicambre » signifierait en fait « Quitte tes amulettes », ces amulettes magiques symbolisant le paganisme. Tout aussi incertain est le nombre de ceux qui se convertirent avec Clovis. Ses compagnons sans doute, sinon tous les Francs. Mais désormais l'exemple était donné et les Francs se convertiraient.

Intérieur du baptistère de Riez (Alpes de Haute-Provence).

Le royaume des Francs

Cet acte fut-il fondateur ? En tout cas, la Gaule allait devenir peu à peu le royaume des Francs, pour être ensuite le royaume de France, enfin la France. Dès lors aussi, un nécessaire dialogue s'instaura entre le roi des Francs, puis le roi de France, et l'Église catholique, en particulier le successeur de Pierre, le pape, et ce dialogue se transforma parfois en affrontement terrible ou en lutte muette. Clovis était désormais le seul prince catholique d'Occident et il était soutenu par les évêques qui, dans les cités, étaient les héritiers des traditions romaines. Le roi franc se lança dans des opérations militaires : s'il échoua contre les Burgondes, il triompha des Wisigoths, lors de la victoire de Vouillé en 507, et s'empara de l'Aquitaine. Puis il se fit reconnaître comme le roi de tous les Francs à la fin de son règne en liquidant les autres chefs. Non seulement il avait réuni sous son joug presque l'ensemble de l'ancienne Gaule, mais il tenta de lui donner une cohérence en réunissant un concile national de tous les évêques, ceux du nord et ceux du sud. A terme, le catholicisme allait venir à bout de l'arianisme. Clovis rattachait cette Gaule au domaine des Francs, ce qui changeait le centre de gravité de l'ensemble, et le signe de ce changement fut le choix de Paris comme capitale. Enfin, par la rédaction de la loi salique, c'est-à-dire les traditions des Francs dits saliens, il imposait son empreinte à une société qui obéissait avant tout à la loi romaine et au droit romain qui resta très vivace au sud.

Histoire médiévale

Plaque de ceinturon provenant de La Roche-sur-Foron (Haute-Savoie), époque mérovingienne. Musée d'Art et d'Histoire de Chambéry (Savoie).

Frédégonde et Brunehaut

Les successeurs de Clovis se dirent désormais « rois des Francs », ce qui montrait bien qu'une idée monarchique s'était imposée. Cela ne signifiait pas une stabilité, car l'aristocratie des guerriers conservait son droit d'élire un chef en le « portant sur le pavois », mais les successeurs de Clovis furent choisis parmi ses descendants. Le partage entre les fils restait une règle héritée des traditions franques. Cela entraîna une histoire mouvementée, fertile en rebondissements chez ces rois, dits mérovingiens, parce que l'ancêtre mythique de Clovis se nommait Mérovée. Longtemps qualifiés de « rois fainéants », ces Mérovingiens nous sont mal connus, même si des récits terribles nous sont parvenus de ces intrigues de palais. Les partages conduisirent peu à peu à la constitution de trois ensembles, l'Austrasie à l'est, la Burgondie et la Neustrie à l'ouest, qui est à l'origine de la *Francia*. Ces trois « patries » séparées constituent ensemble le *regnum Francorum* Deux femmes s'affrontèrent à la fin du VIe siècle : Frédégonde, femme du roi de Neustrie, et Brunehaut, reine en Austrasie. Après des années de lutte, le fils de Frédégonde fit prisonnière la vieille reine Brunehaut et la condamna à être traînée, ses cheveux attachés à la queue d'un cheval fougueux.

Le roi Dagobert

Parmi les rois mérovingiens, Clotaire II (584-629) réussit à mettre un peu d'ordre chez les Francs, mais c'est surtout la figure de son fils, Dagobert Ier, qui se détache : son règne a duré de 629 à 639. Sa vie a été célébrée par les moines de l'abbaye de Saint-Denis qu'il a protégée et où il a choisi de se faire enterrer, ce que les rois de France firent après lui. Sa légende naissait. Près de Dagobert, saint Eloi, l'habile orfèvre, rappelle l'importance des trésors pour ces princes descendants de pillards, leur goût pour les objets d'or ornés de pierres précieuses et le souci d'en parer les églises. A côté de ces rois, émergeaient aussi les maires du palais. Le *major domus* était désigné pour administrer l'une des trois parties du royaume des Francs, mais, avec le temps, il devint, face au roi, le représentant des noblesses de Neustrie, de

Tombeau d'Agilbert (VIIe), crypte de Jouarre. (Seine et Marne)

Bourgogne ou d'Austrasie. Les maires du palais s'affrontèrent et tentèrent d'imposer comme roi leurs propres candidats parmi les descendants de Clovis. Une lignée de maires du palais finit par s'installer. Dagobert Ier avait réussi à contrôler le maire du palais d'Austrasie, Pépin, auquel il avait été confié dans sa jeunesse. Mais après la mort de Dagobert, le royaume, ayant connu bien des secousses, le petit-fils de ce Pépin, Pépin de Herstal, réussit à reconstituer l'unité du royaume franc, tout en conservant un roi mérovingien aux pouvoirs bien limités.

Saint Colomban et saint Ouen

Les historiens aujourd'hui ont tendance à réhabiliter les temps mérovingiens en insistant sur la floraison religieuse qui marqua ces temps-là. Le monachisme reçut une impulsion décisive grâce à l'influence de saint Colomban et de ses compagnons venus d'Irlande. Colomban fonda le monastère de Luxeuil dans les Vosges. En Normandie, l'influence de saint Ouen, proche de Dagobert, fut déterminante.

Le monachisme

Les moines avides de Dieu cherchèrent les marais au creux des vallées, les rochers battus par la mer, les montagnes inaccessibles. Ils apportaient le modèle d'une vie austère, consacrée à la prière et choisissaient la solitude. Néanmoins ce n'étaient pas des ermites et ils se regroupaient. A partir du VIIe siècle, nombre de moines trouvèrent dans la règle de saint Benoit une loi qui leur convenait : une communauté se rassemblait autour d'un père, l'abbé, qu'elle choisissait et auquel elle obéissait, la journée était précisément organisée selon un ordre rigoureux et immobile. Souvent la solitude des moines

Saint Colomban, Notre-Dame-du-Loc en Saint-Avé (Morbihan). Photo Royer-Bigot.

Mosaïque dans l'abside carolingienne de Germigny-des-Prés (Loiret).

ne fut que temporaire car ces âmes ardentes appelaient d'autres âmes ardentes, ou des cœurs simples qui avaient besoin d'être guidés. Les monastères furent le cœur de villages, voire de villes, et les communautés monastiques devenaient de grandes entreprises agricoles, des seigneuries collectives. Les moines ne restaient pas immobiles, ils voyageaient dans la chrétienté, ils convertissaient les hommes et faisaient circuler les idées et le savoir, en copiant et en transportant des manuscrits. Cette présence des moines, associée à la puissance des évêques, permit la christianisation des Francs. Les populations franques adoptaient l'héritage romain et ainsi s'opérait une romanisation linguistique et en même temps se réalisait une francisation des Gallo-Romains.

Charles Martel

Le royaume des Francs devait affronter bien des menaces, les Saxons à l'est, les Frisons au nord, les Basques et les Arabes au sud. Le fils de Pépin de Herstal, Charles sut d'abord se maintenir comme maire du palais, puis faire face à ces menaces en se révélant un redoutable chef de guerre. Après avoir écrasé les Frisons, Charles intervint au sud. En effet les musulmans s'étaient emparés de l'Espagne et menaient des incursions au-delà des Pyrénées. L'Aquitaine, qui avait acquis une forme d'indépendance, était menacée et Eudes d'Aquitaine dut faire appel à Charles qui arrêta le 25 octobre 732 les Arabes près de Poitiers. Cette victoire était limitée, puisqu'il ne poursuivit pas les vaincus, les laissant ravager l'Aquitaine. Néanmoins l'événement fut bientôt considéré et chanté comme l'arrêt de l'expansion arabe et comme un succès des chrétiens, même si les musulmans n'avaient pas jamais eu comme visée une installation sur ce territoire sur lequel ils s'étaient trop avancés. Charles acquit là un grand prestige qui fut confirmé par ses expéditions incessantes : elles lui permirent de s'emparer de la Provence, donnant au royaume franc un accès à la Méditerranée. Le Franc imposait sa loi avec rudesse, et il acquit au passage le surnom de Martel, le Marteau. Rome chercha à gagner la protection du vainqueur. Avec Charles Martel, c'est l'influence de l'est, une nouvelle germanisation, qui s'imposait. S'il n'était pas roi, Charles put gouverner un temps sans roi. Son fils Pépin dit le Bref choisit d'écarter en 751 Childéric III avec l'approbation du pape et le soutien des évêques qui, pour la première fois, pratiquèrent sur lui l'onction avec le chrême, donnant une sacralité nouvelle à la fonction royale.

CHARLEMAGNE ET LES CAROLINGIENS

Les fils de Pépin, Charles et Carloman, se partagèrent le royaume. Lorsque Carloman mourut, son frère Charles, qui s'était déjà distingué contre les Gascons et les Aquitains, s'empara de son domaine et fut le seul roi : l'histoire lui a donné le nom de Charlemagne, *Carolus Magnus*, Charles le Grand.

Le col de Roncevaux

Il se révéla un remarquable guerrier et élargit son royaume à une bonne partie de l'Europe. Pour soumettre les peuples, il n'hésita pas à utiliser la terreur. Il gagna l'Italie et s'empara du royaume des Lombards, enfermant leur roi Didier dans un monastère, tout comme les fils de Carloman qui s'étaient réfugiés chez les Lombards. Il mena des expéditions victorieuses contre les Saxons, et, après bien des péripéties, il força le chef Widukind à se convertir, et les Saxons reconnurent le pouvoir du roi franc. S'étant tourné vers l'Espagne arabe, il échoua d'abord. Alors qu'il rentrait de cette expédition au-delà des Pyrénées, son arrière-garde commandée par son neveu Roland fut attaquée par les Basques à Roncevaux et anéantie (15 août 778). Cet épisode tragique où Roland montra son héroïsme allait inspirer les poètes qui lui consacrèrent la

Ci-dessus : gisant de Carloman (867-884). Basilique de Saint-Denis (Seine-Saint-Denis).

Ci contre : Charlemagne. Groupe de 1882. Parvis de Notre-Dame (Paris).

première chanson de geste connue, la *Chanson de Roland*. Plus tard, Charlemagne fit de son fils Louis un roi d'Aquitaine et put créer, au nord de la péninsule ibérique, une « Marche d'Espagne ». Charlemagne fut omniprésent dans l'immense domaine qu'il contrôlait et ses succès firent taire toute révolte et toute résistance.

AIX-LA-CHAPELLE

Le roi sut être aussi un administrateur pour asseoir son pouvoir : il s'appuyait sur les évêques et sur les comtes dont les fidèles soldats assuraient l'ordre ; il contrôla l'ensemble en envoyant ses représentants personnels, les *missi dominici*. Charlemagne fit édifier à Aix-la-Chapelle un palais qui était relié à une chapelle. C'était un octogone parfait avec une coupole où le Christ était représenté. Le trône de Charlemagne était au-dessus d'une galerie, comme un intermédiaire entre la terre et le ciel. Les séjours royaux furent fréquents à Aix qui devint résidence permanente et capitale à partir de 807. Une seconde Rome, une seconde Byzance naissait. L'action de Charlemagne visa à créer une cour autour de lui, et il chercha à y attirer des lettrés venus de tous les horizons. Une académie du palais se dessinait, surtout autour d'Alcuin. Son programme, précisé en 789, était d'ouvrir des écoles « pour apprendre à lire aux enfants ». Il faut, disait-on, « que dans chaque monastère, dans chaque évêché, on enseigne les psaumes, les notes, le chant, le comput, la grammaire, et qu'on corrige soigneusement les livres pieux, car souvent, alors que certains désirent prier Dieu, ils ne le peuvent pas du fait des fautes qui encombrent les livres ». La cour devait être aussi une école, les jeunes seigneurs y étaient nourris et c'est parmi eux que Charlemagne choisirait les comtes qu'il allait mettre à la tête des *pagi* - les « pays ». Une renaissance culturelle s'opéra dont le symbole fut une écriture plus soignée, claire et régulière, la « caroline ». Elle fut marquée aussi par la construction de chapelles et d'abbayes. L'église de Germigny construite par l'évêque d'Orléans en est un beau témoignage.

Ci-dessus : Verrière de l'histoire de Charlemagne.
Cathédrale de Chartres (Eure-et-Loir).

Un Empereur d'Occident

La réussite militaire et administrative déboucha sur une mutation politique. Le pape Léon III ayant été attaqué en personne, il se réfugia auprès du puissant roi des Francs. Celui-ci apparaissait aux yeux de ses fidèles comme l'unique guide du peuple chrétien. Il permit au pape de se réinstaller à Rome et lui-même gagna bientôt l'Italie. Le pape lui accorda le titre d'empereur, se plaçant sous sa protection, d'autant plus qu'à Byzance c'était une femme, Irène, qui s'était déclarée impératrice, et cette usurpation semblait signifier la vacance du trône impérial. Le jour de Noël de l'an 800, le pape couronna à Saint-Pierre Charlemagne qui fut ensuite acclamé par l'assistance. C'est une « rénovation » de l'Empire - *renovatio imperii*. L'Empereur se trouvait en mesure de contrôler l'Église de Rome, qui, en échange, avait trouvé le moyen de reprendre l'initiative par rapport à Byzance. Après la chute d'Irène, l'Empereur d'Orient accepta l'avènement de ce nouvel empereur à l'Occident.

La faillite de Louis le Pieux

Cette construction impériale, qui avait donné une organisation et une administration à une bonne part de l'Europe de l'ouest, était liée à la forte personnalité et à l'activité de Charlemagne. L'empereur avait prévu le partage de ses royaumes à sa mort, mais le hasard voulut qu'il n'ait alors, en 814, qu'un seul fils vivant, Louis, qui récupéra ainsi le titre d'empereur et l'essentiel de l'empire carolingien. Mais Louis dit le Pieux ne sut pas arbitrer entre ses proches, et bientôt il devint la cible de ses propres fils - Lothaire, Pépin Ier d'Aquitaine, puis son fils Pépin II, Louis, duc de Bavière, et Charles le Chauve, fils d'un second mariage.

Le partage de Verdun

Lorsque Louis le Pieux mourut, Lothaire fut empereur, mais ses frères refusèrent de se soumettre à lui. Charles le Chauve, qui dominait une petite Neustrie autour du Mans s'allia à Louis dit le Germanique. Les deux princes se rencontrèrent à Strasbourg le 14 février 842 et jurèrent de ne pas se séparer jusqu'à la victoire commune. Charles prêta serment en langue germanique pour se faire comprendre des soldats de son frère et Louis en langue romane, et c'est ainsi le plus ancien texte connu dans une langue qui annonçait le français. Finalement l'aristocratie franque finit par imposer un partage qui fut rendu plus facile grâce aux efforts menés pour mieux connaître l'empire carolingien. Ce fut le partage de Verdun d'août 843. Les possessions étaient

LE PARTAGE DE VERDUN EN 843

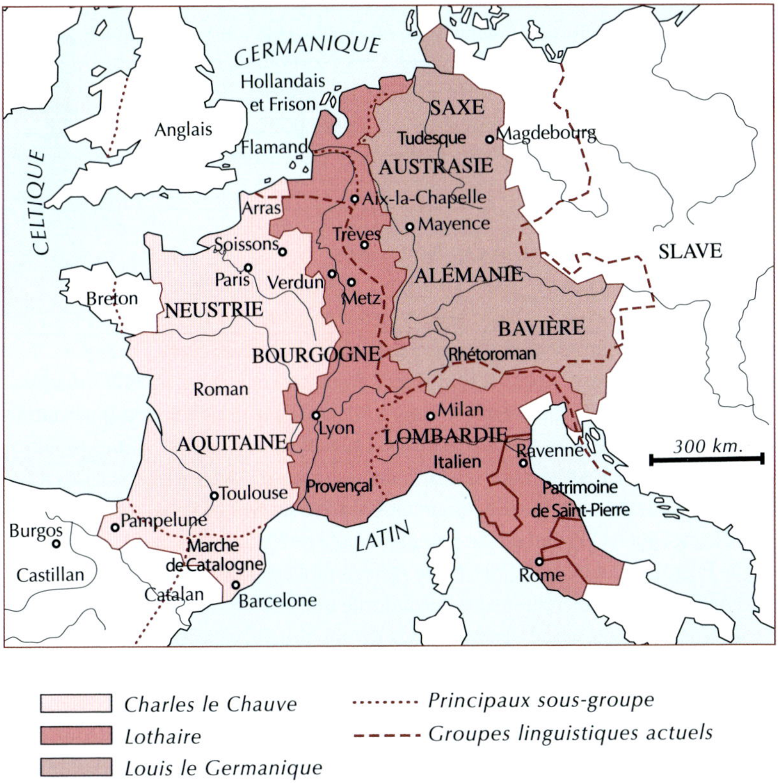

organisées à partir de l'Italie pour Lothaire, de la Bavière pour Louis et de la Neustrie pour Charles. Entre Louis le Germanique et Lothaire, la frontière était le Rhin, entre Lothaire et Charles le Chauve, c'était l'Escaut, la Meuse, la Saône et le Rhône, non sans de nombreuses enclaves. La Lotharingie correspondit donc à un axe médian de l'Europe qui allait de l'Italie à la région d'Aix-la-Chapelle, et Charles recueillait quant à lui l'héritage de Clovis et de Dagobert.

Les Robertiens

Certains nobles n'acceptèrent pas le partage. Ainsi Robert le Fort quitta la région rhénane et demanda la protection de Charles le Chauve : il reçut un grand commandement face aux Bretons qui, sous la houlette de Nominoë, avaient constitué un large duché indépendant, comprenant Rennes et Nantes, mais aussi contre les Normands, redoutables marins qui venaient du nord et dont la présence devint une perturbation supplémentaire dans ces crises politiques. Il est à l'origine de cette lignée des Robertiens qui furent plus tard appelés Capétiens.

Charles le Chauve.

Le siège de Paris par les Normands

Charles le Chauve réussit à triompher de toutes les intrigues et, après la mort de Lothaire, il parvint à s'emparer de l'Italie et à se faire couronner empereur par le pape, le jour de Noël 875. En revanche il délaissa ses propres domaines, attaqués par les Normands. Après la mort de Charles le Chauve, des rois carolingiens continuèrent à régner, mais, à côté d'eux, de plus en plus d'autres princes s'imposaient. Ainsi Hugues l'Abbé, abbé laïc de Saint-Germain d'Auxerre, domina des rois faibles ou malades. Gozlin, qui avait l'abbaye de Saint-Denis, joua aussi un rôle essentiel. C'est lui qui fit nommer comte de Paris Eudes, le fils de Robert le Fort, c'est son ami Thierry de Vermandois qui demanda à l'empereur Charles le Gros de réunir sous son autorité une fois encore - ce fut la dernière - l'ensemble du monde franc. Eudes devint alors l'homme de confiance de l'empereur à l'ouest et il conduisit la défense héroïque de Paris face aux Normands - Gozlin, qui était devenu évêque de Paris, mourut pendant ce siège en 885-886. Eudes reçut tout l'héritage de Hugues l'Abbé et de Gozlin : en particulier il devint l'abbé laïc de Saint-Martin de Tours, de Saint-Germain des Prés, de Saint-Denis, de Saint-Amand. Le 29 février 888, Eudes se fit couronner roi : c'était d'abord pour défendre le royaume occidental contre les Normands et l'empereur carolingien Arnoul reconnut ce roi, mais, après lui, ce fut un roi carolingien qui lui succéda, Charles le Simple, petit-fils de Charles le Chauve.

Le duché de Normandie

C'est alors que se sont constituées de larges principautés dont les « princes » prirent peu à peu le titre de ducs : l'Aquitaine, la Bourgogne, la Gascogne, Toulouse et la Septimanie-Gothie, et surtout la Neustrie qui échut au frère du roi Eudes, Robert. C'est sur ce modèle que fut résolue la question normande en 911. L'aristocratie franque et les princes avaient commencé à réagir et à

Le château de Gisors (Eure), construit par les ducs de Normandie, sur une motte.

s'adapter aux formes de combat imposées par les pillards du nord. L'un d'eux, Rollon, s'était installé à l'embouchure de la Seine. C'est avec lui que fut conclu l'accord, connu sous le nom de traité de Saint-Clair-sur-Epte. Rollon devenait comte de Rouen, la seule autorité reconnue par le pouvoir royal de Charles le Simple. Rollon devait s'imposer aux autres Normands, en particulier ceux qui dominaient la Loire : pour assurer la paix contre ces Normands et aussi contre les Bretons, la Normandie s'étendit peu à peu. Rollon devenait Robert, se faisait chrétien et sa religion devenait celle de ses compagnons, et cette christianisation fut rapide. Il adoptait la langue latine et les Normands reprirent à leur compte l'administration carolingienne.

Le duc des Francs

Charles le Simple mena une ambitieuse politique et s'empara de la Lotharingie, le cœur du monde carolingien. En réalité, il était le maître de la région de Laon avant tout, et se contentait pour le reste de reconnaître le pouvoir des ducs, comtes et marquis, et l'hérédité de leur pouvoir, ce qui lui permit de régner longtemps. Néanmoins il finit par indisposer l'aristocratie de son royaume, ce qui provoqua sa destitution par les grands. Ils choisirent alors comme roi Robert de Neustrie, Robert Ier. Ce dernier perdit la vie dans une bataille contre Charles le Simple qui fut vaincu pourtant et dut s'enfuir (923). Le gendre de Robert Ier, Raoul de Bourgogne, fut alors désigné comme roi (923-936). Mais le règne de Raoul fut difficile, et à sa mort, le fils de Robert de Neustrie, Hugues le Grand, favorisa l'avènement d'un carolingien, Louis, le fils de Charles le Simple, Louis IV d'Outremer, ainsi appelé parce que sa mère l'avait alors conduit en Angleterre. Hugues, qui désormais était le duc des Francs, *dux Francorum*, promena le nouveau roi à travers les terres robertiennes. Le jeune Louis IV tenta de se dégager de cette lourde protection, et sa vie fut une suite de guerres et d'alliances contre Hugues. C'est au cours de ces luttes que le mot « France » fit son apparition pour désigner le royaume occidental des Francs. Le puissant duc des Francs conserva son pouvoir et l'imposa encore au successeur mineur de Louis IV, Lothaire.

L'État robertien

Les Robertiens dominaient donc les comtés importants de Neustrie, autour de Paris, mais aussi dans la vallée de la Loire, et ils s'appuyaient sur des « vicomtes ». Ils possédaient en outre de grandes abbayes, surtout Saint-Martin de Tours, dont ils étaient les abbés laïques - le comte-abbé ou *abbacomes*. Le manteau coupé en deux de saint Martin, la *cappa*, avait déjà été une relique pour les Mérovingiens et les Carolingiens - elle donna son nom à la « chapelle » du palais. Le fils de Hugues le Grand lui doit son nom, Hugues Capet, tout comme la dynastie qui est issue de lui, les Capétiens. Les biens de ces abbayes permettaient au prince d'une part de soutenir son train de vie, d'autre part de récompenser ses fidèles. De tels pouvoirs administratifs et ecclésiastiques permirent la naissance d'un véritable État robertien, où la paix intérieure régnait et qui apparut comme un modèle dans une période de troubles.

Le temps des abbayes

Les Robertiens surent profiter du renouveau monastique. Il s'affirma autour de l'abbaye de Cluny fondée en 910. Les bénédictins obéissaient à la règle de Saint Benoît, réformée au temps de l'empereur Louis le Pieux par Benoît d'Aniane. Les abbayes étaient organisées autour de l'abbé, le père des moines sur lesquels il avait pleine autorité. Les Robertiens bénéficièrent aussi du rôle grandissant des évêques. Six d'entre eux devinrent comtes (Reims, Laon, Châlons, Beauvais, Noyon, Langres) - ce furent plus tard les six pairies ecclésiastiques du royaume.

La renaissance de l'Empire

L'Empire revivait à l'est où Othon, roi de Germanie, était devenu empereur en 962. C'est peut-être grâce à son appui que le roi carolingien Lothaire reprit quelque puissance et quelque initiative, retardant ainsi, à la mort de Hugues le Grand, l'investiture de son fils, Hugues Capet. D'un autre côté, Hugues eut aussi à souffrir de l'ambition des vicomtes qui avaient obtenu le titre de comtes et construisirent de nouvelles principautés, ainsi autour de Blois. Les événements allaient renverser cette évolution. Une guerre éclata entre Lothaire et l'empereur Othon II pour des questions d'honneur bafoué. Lothaire gagna Aix-la-Chapelle et ravagea le palais impérial (978). L'empereur lança une contre-attaque et le roi carolingien dut se réfugier sur les terres de Hugues Capet, qui se défendit bien. Lothaire ayant continué ses intrigues, peu à peu Hugues Capet se rapprocha du pouvoir ottonien et il gagna l'appui d'Adalbéron, archevêque de Reims, que le roi carolingien voulait accuser de haute trahison.

L'avènement de Hugues Capet

Lorsque Lothaire mourut en 986, bientôt suivi par son fils en 987, la situation était favorable à Hugues Capet. Adalbéron invita les grands à choisir Hugues Capet comme roi - sa maison avait déjà donné deux rois à la France - et le sacra le 3 juillet 987. Hugues Capet fit aussi sacrer son fils peu après, et il réussit à se débarrasser du frère de Lothaire, Charles de Lorraine, qui pouvait être un rival dangereux.

La France est née autour de ce royaume occidental qui a émergé de l'empire carolingien, puis s'est enracinée dans ce domaine que tenaient les Robertiens autour de Paris. Même si sa puissance et son territoire étaient limités, le roi carolingien avait maintenu son pouvoir longtemps, auréolé du prestige ancien de Charlemagne, reconnu comme suzerain par les princes lointains. Peu à peu le duc des Francs s'inséra dans ce paysage politique. Le passage fut lent et progressif vers une nouvelle dynastie, celle des Capétiens qui finalement remplirent une place vide. En même temps, le royaume occidental s'était dégagé de l'empire ottonien.

Élection de Hugues Capet, en 987.

LA FRANCE DES PREMIERS CAPÉTIENS

L'AUTORITÉ DES PREMIERS ROIS - Hugues Capet, Robert II le Pieux, Henri Ier et Philippe Ier - demeura très faible. En effet les populations étaient encadrées, contrôlées et guidées par des seigneurs et des moines.

LE POUVOIR DU ROI CAPÉTIEN

Le pouvoir du roi dépendait donc de ses relations avec les princes - ducs et comtes - et il pouvait tout au plus jouer de leurs rivalités. Son autorité s'exerçait sur un territoire très limité, autour de Paris, le domaine royal. Les Capétiens eurent surtout le souci de conserver dans leur lignée la fonction royale et ils y réussirent. Ils n'hésitèrent pas aussi à multiplier des mariages, au grand scandale de l'Église, pour s'assurer une descendance mâle. Ils firent couronner de leur vivant leur fils aîné, afin qu'il pût recueillir sans contestation la succession à la couronne. En assurant cette continuité, la dynastie capétienne s'enracina et finit par s'imposer aux autres autorités de la Francie.

LE SACRE MIRACULEUX

L'alliance avec l'Église est marquée par le sacre. Comme les rois d'Israël, le roi était oint du chrême et ainsi sacré, il devenait comme un roi-prêtre. Les hommes d'Église avaient la tentation d'affirmer que c'était cette onction qui donnait la dignité royale, car alors elle dépendait d'eux. Au temps des Capétiens, se répandit peu à peu l'idée que le roi était capable de faire des miracles et qu'il avait des pouvoirs thaumaturgiques, c'est-à-dire qu'il pouvait guérir d'une maladie des glandes du cou, les écrouelles. A l'origine, de telles guérisons avaient lieu dans le sanctuaire de Corbeny, consacré à saint Marcoul et situé dans le domaine royal. Si la réputation de Robert le Pieux (996-1031) lui avait déjà attribué le pouvoir de guérir des malades en les touchant, ce fut avec Philippe Ier (1060-1108) que le miracle s'accomplit avant tout pour les écrouelles. Des légendes, pieusement rassemblées, avaient sans doute suscité cette croyance qui devenait ainsi l'un des attributs singuliers de la dynastie capétienne.

La hiérarchie féodale

Au temps des carolingiens déjà, il avait été nécessaire d'accorder une part de la puissance publique à des comtes, en leur accordant l'honneur d'une charge publique, un pouvoir de commandement et de justice. Ils s'enracinèrent et laissèrent à leur tour leur pouvoir à leur descendance. Lorsque les menaces extérieures se multiplièrent, avec de nouvelles invasions, les populations trouvèrent plus de secours auprès d'eux qu'auprès d'un roi lointain. C'est ainsi que des comtes créèrent de véritables principautés en rassemblant des *pagi*. A la suite de cette promotion, des vicomtes devinrent comtes à leur tour. Cette évolution allait caractériser l'Occident médiéval et toucher toute l'épaisseur de la société, comme une fragmentation et une privatisation légale de l'autorité publique. En même temps, par le jeu des mariages, tout un ensemble de liens se constituait entre ces princes et ces comtes, qui tour à tour s'alliaient ou s'opposaient. Le roi de France put ainsi jouer de la rivalité entre le duc de Normandie et le comte de Flandre, mais aussi de celle, permanente, entre le comte d'Anjou et le comte de Blois.

Les liens personnels

Une autre préoccupation du pouvoir, romain ou mérovingien, avait été de s'assurer d'une aide militaire par un engagement fort, soit un contrat pour les Romains, soit un compagnonnage pour les Francs. Pour le temps des carolingiens, apparaît le premier témoignage d'un serment, prêté sur des reliques, où un vassal donne sa foi à son seigneur (*senior*, plus âgé). Ainsi se dessinait un lien personnel, d'homme à homme. Il allait se développer de haut en bas de l'échelle sociale à travers le monde des seigneurs, des hommes d'armes surtout. Toute une hiérarchie sociale nouvelle se mettrait en place, le roi étant au sommet de la pyramide le seigneur des seigneurs. Des gestes allaient marquer ce rituel social, en plus du serment, ainsi le baiser (*osculum*). Ces gestes symbolisaient la paix et instauraient une apparence de parenté entre le seigneur et son vassal.

Le fief

A cet échange spirituel, s'ajoutait, comme garantie matérielle, le don d'un bénéfice, d'un fief, *feodum*, et ce mot a servi aux historiens à désigner tout le système, la féodalité. Ce fief devenait lui aussi héréditaire, tout comme le pouvoir sur les populations, hérité du pouvoir royal. Bientôt, à

Nogent-le-Rotrou (Eure-et-Loir).

leur tour, les seigneurs cherchèrent à se gagner des fidèles en accordant des bienfaits, et ainsi la construction féodale, en même temps qu'un écheveau d'engagements personnels, fut aussi une imbrication d'intérêts matériels, de droits complexes. Le vassal devait l'aide à son suzerain dans trois cas au moins : pour payer une rançon en cas de captivité, pour la chevalerie du fils aîné et pour la dot de la fille aînée.

Les châteaux

Le roi capétien ne pouvait exercer son autorité qu'à travers ces princes, qui, eux-mêmes, durent tenir compte d'une fragmentation du pays en plusieurs centaines de châtellenies. Longtemps, l'érection d'un château fut une prérogative du roi, et au moins des comtes, jusqu'au début du XIe siècle. Les incursions normandes ou hongroises favorisèrent ce souci de défense. Peu à peu les remparts se renforcèrent aussi pour les villes et les abbayes, et des tours s'y dressèrent. Puis, après l'an mil, des seigneurs (les « sires ») - des vicomtes, des cadets de grands lignages, des fidèles des princes - érigèrent des châteaux ou s'emparèrent de ceux qui existaient et que parfois ils gardaient au nom d'un comte. Ainsi la France fut un pays dominé par des châtelains qui se reconnaissaient à leur mode de vie et à leurs étranges demeures.

La motte féodale

Avec le temps, la motte féodale, le point fort de la forteresse, devint aussi le signe d'une puissance, alors que l'autorité royale se délitait. D'une part l'affaiblissement de l'autorité centrale conduisait les plus forts ou les plus entreprenants à s'emparer du pouvoir en cherchant à l'asseoir à travers un château - une motte et la tour qui la surmontait. D'autre part l'absence d'autorité forte conduisit à un déclin de l'ordre public, à un climat de violence et à des guerres privées, ce qui favorisa la création de refuges fortifiés. C'est tardivement que les mottes féodales abandonnèrent leurs fortifications de bois pour se doter de murailles et de tours de pierre, et les guerriers choisissaient volontiers des sites imprenables. Les châteaux-forts sont les veilleurs de pierre de nos paysages. La nature venait au secours de l'homme qui révélait et relevait à son tour les beautés de la nature. Une telle entreprise servait aussi l'orgueil des lignages : ces nids d'aigles ont favorisé la reproduction de grands rapaces. La citadelle féodale était à la fois le refuge naturel vers lequel se tourner en cas de danger et le signe de l'obéissance, voire de la servitude, à l'égard du chevalier.

L'enceinte fortifiée de Coucy-le-Château (Aisne).

Nobles, hommes d'armes et chevaliers

Ainsi se constituait le groupe des nobles (*nobiles*) qu'il est bien difficile de définir. Les définitions de cette noblesse face à la chevalerie ou confondue avec elle a engendré des controverses importantes entre les historiens. A l'origine, la noblesse signifiait sans doute un statut d'homme libre et la possession d'un alleu, la possession de la terre ancestrale. Les réalités évoluèrent et la noblesse se confondit avec la capacité à porter des armes et à posséder un cheval : la fonction militaire l'emportait. Elle s'imposa dans les distinctions classiques que présenta Adalbéron de Laon entre ceux qui prient, ceux qui combattent et ceux qui travaillent. La noblesse s'élargit donc à tous ceux qui portaient des armes et qui servaient les seigneurs - les *milites* : ils allaient former le groupe des barons et des chevaliers. Ils eurent à leur tour une maison forte avec des tours. L'adoubement solennel du chevalier fut la cérémonie qui marquait l'entrée du jeune homme dans ce monde des armes.

Cavaliers normands sur la Tapisserie de Bayeux. © ville de Baye

La seigneurie

L'époque carolingienne avait vu aussi se multiplier les inventaires de biens, appelés polyptyques. Celui de Saint-Germain des Prés, la grande abbaye aux portes de Paris, montre la division entre la réserve, et des manses, confiés à des paysans libres. Les historiens s'interrogent sur la naissance de ces grands domaines qui pourraient être souvent le prolongement des *villae* gallo-romaines et pourraient en avoir hérité le mode d'exploitation, les esclaves - *servi* - laissant la place à des paysans dépendants - les serfs. L'esclavage avait ainsi peu à peu disparu. Ce qui importait, c'était de lier le paysan à la terre, pour permettre au propriétaire de tirer de bons revenus de cette terre et d'en vivre. La logique du système était que l'exploitant ne pût pas facilement décamper, mais aussi qu'il tirât assez de ressources pour ne pas avoir envie de le faire et pour être en état de bien exploiter son champ. Néanmoins un peu partout, surtout au sud, il existait une paysannerie libre qui possédait des terres libres ou « francs-alleux ».

La communauté paysanne

L'affirmation des seigneurs signifia un poids plus grand imposé sur les paysans, libres et non-libres étant soumis à la même pression, le ban, d'où le nom de « seigneurie banale » qui s'est imposé. Des exigences nouvelles s'imposèrent, bientôt intégrées sous le nom de « coutumes ». La collectivité paysanne était solidaire, face à ces redevances qui étaient surtout versées en nature, parfois en argent, et face aux services demandés par le seigneur. Les monastères qui étaient aussi des seigneuries collectives suivirent cet exemple, et une véritable concurrence put exister entre les seigneurs laïcs et les monastères. Face à eux, ou grâce à eux, les villages s'affirmaient. Ce sont les seigneurs, les sires ou les moines, qui furent aussi les créateurs des bourgs ou des castelnaux dans le Midi, pour mieux rassembler les familles.

D'après *Les Très Riches Heures du duc de Berry* - Paysans au travail.

L'essor monastique

Les moines consacraient leur vie à la prière qui était destinée au salut de tous les chrétiens. Ils renonçaient à leurs biens personnels. A l'origine élu, l'abbé était souvent désigné par le seigneur dont les ancêtres avaient fondé l'abbaye. Les bénédictins, qui portaient un froc noir, s'imposèrent et ils attirèrent les vocations. La règle de saint Benoît était à la fois humaine et rigoureuse. Les moines noirs surent conférer une grande beauté aux cérémonies religieuses auxquelles ils donnèrent un cadre architectural grandiose. Le travail recommandé par la règle fut consacré avant tout à la quête des manuscrits et à la copie des textes anciens, dans le cadre du *scriptorium* ou chauffoir. C'était une façon de sauver l'héritage ancien de l'Occident, mais c'était aussi l'occasion d'une réflexion intellectuelle. Les abbayes furent des écoles pour les jeunes moines, et c'est là que se formaient nombre de futurs évêques ou prélats. Les moines donnèrent une dimension esthétique à ce travail intellectuel en enluminant les manuscrits et en en faisant des chefs d'œuvre.

Le rôle des moines

Les princes, qui avaient renoncé à être des abbés laïques, firent appel aux bénédictins, surtout à ceux issus de la réforme de Cluny, pour réformer ou fonder des établissements religieux. Le duc de Normandie Richard II confia à un Italien, Guillaume de Volpiano, le soin de reprendre en main les monastères de son duché. Au Mont Saint-Michel fut installée une communauté de bénédictins qui remplacèrent non sans heurts les chanoines qui y étaient installés. Guillaume le Conquérant trouva dans les abbayes normandes des cadres pour l'Église d'Angleterre. Les princes donnaient des terres et faisaient des présents aux moines qui constituèrent ainsi de larges domaines dont l'abbé était le seigneur et dont l'exploitation était parfois exemplaire. Certains historiens ont insisté sur le lien étroit qui liait le monde chevaleresque et le monde monastique. S'ils priaient pour tous, les moines le faisaient d'abord pour le fondateur de leur abbaye et pour le généreux donateur. Ils étaient eux-mêmes issus du monde de la noblesse et leur prière allait aussi vers leurs familles et leurs parents. Des seigneurs, à la fin de leur vie, se réfugiaient dans le monastère, ou lui demandaient un lieu de sépulture.

Ambrogio da Fossano dit Borgogne, *Saint Benoît répare le crible brisé* (XVe), Musée des Beaux-Arts de Nantes (Loire-Atlantique).

Cluny (Saône-et-Loire).

Cluny

Cluny en Bourgogne fut au centre de ce renouveau monastique. Des personnalités fortes comme Odilon (994-1049) ou Hugues de Semur (1049-1109) établirent un réseau d'établissements - un millier dans toute la chrétienté - qui constitua finalement un « ordre de Cluny » et un véritable « empire monastique ». En effet l'abbé exerça son autorité sur les autres monastères, les moines passaient d'abbaye en abbaye et les liens étaient multiples entre l'abbaye-mère et ses filiales qui étaient exemptes, c'est-à-dire qu'elles ne dépendaient que de Rome sans subir le contrôle d'un évêque. L'abbé de Cluny était comme le second personnage de la chrétienté, et à Canossa en 1077 il joua le rôle de médiateur entre le pape et l'empereur.

Dortoir des convers, Clairvaux, (Aube).

Cîteaux et Bernard de Clairvaux

Les moines noirs apparurent bientôt aux âmes ardentes comme trop riches et de nouveaux ordres naquirent, soucieux de pureté et d'austérité. A l'abbaye de Cîteaux, fondée par Robert de Molesme, s'imposa un nouvel idéal : les moines devaient être des travailleurs manuels. Le futur saint Bernard (1091-1153) quitta Cîteaux en 1115 pour s'installer à Clairvaux d'où il fonda un grand nombre de monastères. Polémiste engagé dans son temps, saint Bernard se posait comme un guide de la chrétienté : il condamnait les hérétiques, soutenait le pape, prêcha la seconde croisade à Vézelay en 1146. L'austérité cistercienne multiplia les réussites architecturales où un même plan, toujours répété, dit un même souci de simplicité et de grandeur. Dans son vallon fermé, c'est Sénanque au bout d'un champ de lavande. Dans le pays cathare, c'est Fontfroide dont la pierre dorée semble oublier que là fut lancée la lutte contre les hérétiques et que là s'esquissa la rude Inquisition.

L'ART ROMAN

L'art roman, né au XIe siècle, marqua cet épanouissement de la chrétienté. C'est avant tout un art monastique et Cluny fut longtemps le plus grand monument du monde chrétien. L'Europe se couvrit alors d'un blanc manteau d'églises, selon la formule de Raoul Glaber. Pour ces églises robustes furent construites des voûtes de plein cintre, en pierre, ce qui nécessitait des murs épais, des contreforts et des colonnes. Afin de multiplier et d'embellir les cérémonies, des chapelles nombreuses étaient aménagées où étaient gardées les restes, « reliques », des saints. Les portails et les chapiteaux des colonnes étaient sculptés souvent avec exubérance. Cet art fut d'abord désigné comme « normand » par les historiens avant de devenir roman, et la Normandie offre de beaux exemples d'abbayes romanes : celle de Jumièges a gardé son immense façade blanche. A Caen, la façade de Saint-Etienne avec son massif carré, surmonté de deux hautes tours symétriques, fixa une norme, une harmonie architecturale, que les Normands imposèrent dans les îles Britanniques et que les cathédrales ensuite reprirent sans fin dans une bonne part de l'Occident.

Reliquaire roman du trésor de Sainte-Foy de Conques (Aveyron). Crédit : P. Poitou / L. Kruszyk © Inventaire Général.

« La Fuite en Égypte », Chapiteau de l'abbatiale, Saint-Benoît-sur-Loire (Loiret).

La réforme grégorienne

Les moines furent aussi des instruments de la réforme engagée par les papes -pour l'Église et le clergé, cette réforme appelée « grégorienne » du nom de Grégoire VII, pape de 1073 à 1085, mais commencée avant même son avènement. Il s'agissait d'imposer comme évêques et comme prêtres des hommes à la conduite plus conforme aux règles de l'Église, et ainsi combattre le trafic autour des bénéfices ecclésiastiques et des sacrements religieux (la « simonie ») et le mariage des prêtres (le « nicolaïsme »). Il s'agissait aussi d'interdire la mainmise des laïcs sur les biens de l'Église et leur contrôle sur les clercs.

Paix et trêve de Dieu

Ce sont les moines qui favorisèrent un mouvement engagé par les évêques, la paix de Dieu. L'idée était de condamner tous ceux qui s'en prenaient aux biens et aux hommes d'Église ou qui s'emparaient des biens des paysans. Odilon, abbé de Cluny, proposa aux seigneurs bourguignons un serment solennel en 1016. Il s'agissait de combattre la violence privée et la paix de Dieu débouchait sur une simple « trêve de Dieu » imposée aux combattants. Même si la guerre demeurait légitime, les religieux s'efforçaient d'en limiter les effets, et tentaient d'interdire les combats pour les grands moments liturgiques, comme le dimanche, voire du vendredi au lundi, mais aussi l'Avent et le Carême. Ce mouvement fut soutenu par l'ordre de Cluny et par les évêques, mais se répandit surtout dans le Midi. En revanche dans le nord de la France, les princes puissants et les évêques bien installés dans leur ville n'étaient guère tentés pas ces engagements nouveaux. Paix et trêve de Dieu furent surtout des idéaux, mais ils marquaient l'intervention des autorités spirituelles dans le domaine politique, pour assurer un ordre public lorsqu'il n'était plus garanti.

Les croisades

C'est bien le pape Urbain II, un ancien clunisien, qui allait rassembler toutes ces évolutions. Pour imposer la paix entre les seigneurs, il proposa aux chrétiens, à Clermont le 8 novembre 1095, une mission nouvelle qui devait plaire à Dieu, celle de partir au loin, pour libérer Jérusalem de la présence des musulmans. En mettant une croix sur son vêtement, le croisé marquait cet engagement sacré. En effet la présence des Turcs rendait de plus en plus difficiles les pèlerinages en Terre sainte. Contre l'Islam, la croisade était l'affaire du pape, et les princes en étaient écartés. Le pape songeait à une expédition militaire pour libérer les Lieux saints, mais son appel fit surgir une armée de simples chrétiens, convaincus par Pierre l'Ermite, un marginal de l'Église. Cette croisade des pauvres gens partit la première, sans attendre les hommes de guerre, car elle ne fit pas de préparatifs. Elle fut dramatique, et après avoir gagné Byzance où ils furent ravitaillés mais où ils ne furent pas autorisés à entrer par crainte de pillages, ces premiers croisés furent dispersés par les Turcs en Asie mineure en octobre 1096.

Les chrétiens en Orient

La croisade des seigneurs, organisée par le légat du pape, fut conduite par Godefroy de Bouillon, duc de Basse-Lorraine, et son frère Baudoin, par le fils de Guillaume le Conquérant, et par le comte de Toulouse, Raymond de Saint-Gilles, en qui la papauté avait vu le chef de la croisade. Après un passage à Byzance, les croisés s'emparèrent d'Antioche (1098), puis de Jérusalem (1099). Godefroy de Bouillon tint Jérusalem au nom du Saint-Siège, et son frère, en lui succédant, en devint roi en 1100. D'autres croisades allaient suivre.

Le Saint-Sépulcre à Jérusalem qui abrite le tombeau du Christ. Photo Lucien Bély.

LE ROI FACE AUX PRINCES ET AUX CHÂTELAINS

Louis VI (1108-1137) s'appuya sur son ami Suger, abbé de Saint-Denis. Il s'efforça de mettre au pas les chevaliers qui, dans le domaine royal même, résistaient à l'autorité du roi : le temps des châtellenies était fini, tant cette fragmentation politique gênait les échanges commerciaux qui se développaient. Ce mouvement était également sensible dans toutes les principautés où les

princes s'efforcèrent d'affaiblir les féodaux. Ils comptaient ainsi satisfaire les bourgeois des villes naissantes qui cherchaient à obtenir la sécurité des routes. Le roi enfin tenta de rappeler sa propre autorité à ces mêmes princes - duc de Normandie ou duc d'Aquitaine - et il y parvint parfois. Louis VII (1137-1180) continua dans le même sens. Il réussit même à épouser Aliénor d'Aquitaine en 1137, qui lui apporta ce duché et toutes ses immenses dépendances. Suger fut aussi son conseiller et reçut la régence lorsque le roi partit à la croisade. En 1152, le mariage royal fut annulé à l'initiative du roi et cette décision reste quelque peu mystérieuse : imprudences d'Aliénor ou incompatibilité d'humeur ou de culture ? Cette rupture eut de grandes conséquences.

La Normandie et l'Angleterre

En effet le duché de Normandie avait vu, depuis longtemps, son destin changer avec Guillaume, le fils bâtard de Robert le Magnifique. Il réussit à s'imposer aux Normands. En Angleterre, la succession du roi Edouard le Confesseur était incertaine. Guillaume était son cousin, et avait pour rival le principal des nobles anglo-saxons, Harold. A la mort du roi Edouard, Harold se déclara roi, mais Guillaume choisit de débarquer en Angleterre : il fut vainqueur à Hastings le 14 octobre 1066, et le jour de Noël, il était couronné.

Ci-dessus : Broderie de la reine Mathilde dite *Tapisserie de Bayeux*,

Avec Guillaume le Conquérant, la présence normande s'imposait à l'Angleterre, ainsi qu'une organisation rigoureuse, inspirée du duché de Normandie. A la mort de Guillaume, le duché fut d'abord séparé du royaume anglais, mais les deux ensembles furent réunis par Henri Ier Beauclerc. Celui-ci n'ayant pas d'héritier mâle, après sa mort, des guerres de succession s'engagèrent entre d'un côté Etienne de Blois, petit-fils par sa mère du Conquérant, qui eut finalement l'Angleterre, d'un autre côté Geoffroy Plantagenêt, comte d'Anjou, qui avait épousé la fille de Henri Ier Beauclerc et qui conquit la Normandie.

Henri Plantagenêt

C'est le fils de Geoffroy, Henri Plantagenêt, qui réussit à séduire la femme du roi de France, Louis VII, Alienor d'Aquitaine. L'Église ayant accepté la séparation des époux, Aliénor se remaria avec Henri Plantagenêt, lui apportant l'Aquitaine. Finalement, à la mort d'Etienne de Blois, Henri se fit reconnaître comme roi d'Angleterre. C'était donc une puissance territoriale considérable qui s'était ainsi constituée à la fois dans le royaume, par la réunion à l'Aquitaine de deux principautés essentielles, Normandie et Anjou, et de l'autre côté de la Manche, avec l'Angleterre. Ce fut une ombre portée pour

Centre Guillaume le Conquérant à Bayeux (Calvados) © ville de Bayeux longtemps sur l'histoire de la France. Henri II se révéla un excellent administrateur, même si, à la fin de sa vie, il vit se dresser ses fils contre lui.

L'affirmation des villes

Les villes connurent à partir du XIIe siècle une vitalité nouvelle. La ville se différenciait par l'enceinte qu'elle construisait pour se protéger, par la réunion d'activités multiples - administration civile et religieuse, commerce, artisanat-, par le nombre de ses habitants (plus de 2 000) et par la densité de son habitat. Paris était la plus grande cité du royaume, mais il y avait aussi quelques grandes villes, en particulier dans la Flandre qui faisait alors partie du royaume (Gand, Bruges, Lille, mais aussi Arras et Douai), et de grands ports (Rouen, La Rochelle, Bordeaux, Bayonne) mais surtout tout un réseau de petites villes qui allaient tenir une place importante dans l'histoire de la France. En Champagne, quatre grandes villes -Troyes, Provins, Lagny, Bar-sur-Aube - accueillirent des foires qui attirèrent les marchands et devinrent ainsi le plus grand centre financier de l'Occident.

La maison d'Adam, à Angers (Maine-et-Loire). Photo Thérèse Leguay.

Les métiers - nous dirions corporations - s'organisèrent au XIIe siècle et devaient rédiger leurs statuts au siècle suivant : il s'agissait de contrôler la qualité des produits, de former les apprentis, d'empêcher la concurrence déloyale. Des guildes de marchands apparaissaient aussi.

Le mouvement communal

La bourgeoisie des villes prenait conscience de son importance et elle affirmait son identité par serment, la « conjuration ». Dans le nord, des « communes » furent ainsi instituées et le mouvement communal naquit dans les années 1070. Certaines villes comme Soissons ou Tournai avaient acquis une

Tour César à Provins (Seine-et-Marne).

totale indépendance. D'autres villes obtinrent des chartes de franchise qui définissaient leurs droits face aux seigneurs locaux. Dans le midi, ce furent des villes de consulat où la noblesse participait au gouvernement municipal.

L'Université

A ce développement des villes, allait correspondre une mutation dans la recherche intellectuelle. Les écoles monastiques, à l'intérieur des monastères, déclinèrent et au contraire les écoles s'épanouirent à l'ombre des cathédrales, dans les villes épiscopales. Des maîtres se distinguèrent comme le philosophe Pierre Abélard. La connaissance trouva de nouveaux fondements à travers la redécouverte d'Aristote comme métaphysicien, mais aussi de la science antique, connue à travers les savants arabes. Le droit se fortifia grâce à la lecture du Code de Justinien. Une telle curiosité intellectuelle déboucha sur un enseignement supérieur qui trouva un cadre nouveau à la fin du XIIe siècle : l'Université. C'était l'ensemble constitué par les étudiants et les maîtres et cette communauté, comme un « métier », défendait ses droits et ses habitudes face au reste de la société.

La Sorbonne

A Paris, l'Université fut reconnue par le légat du pape en 1215 et elle ne s'imposa au roi, à l'évêque, aux bourgeois, qu'en usant du droit de grève, donc en cessant les cours. La rive gauche de la Seine devint le quartier même de l'Université face à la Cité et à la Ville. En 1257, le chapelain de saint Louis, Robert de Sorbon, fonda un collège, destiné à accueillir une vingtaine de théologiens - la Sorbonne naissait - et en effet la Faculté de théologie de Paris allait être un des phares intellectuels de l'Occident. C'est là que vint enseigner, à deux reprises, l'Italien Thomas d'Aquin dont la *Somme théologique* chercha à concilier la révélation chrétienne et le rationalisme aristotélicien. D'autres centres intellectuels naissaient, ainsi pour le droit Toulouse et Orléans, et Montpellier pour la médecine.

Dominicains et franciscains

Les villes suscitèrent aussi de nouveaux défenseurs de la foi, bien éloignés des savants bénédictins des campagnes. Les dominicains, qui s'affirmèrent d'abord pour lutter contre le catharisme, fondèrent leur prédication sur l'étude et prônèrent la pauvreté en montrant l'exemple. Ce fut le cas aussi des franciscains, les disciples de saint François d'Assise. Leurs sermons, bien adaptés aux nouvelles couches sociales des villes, attiraient les foules assoiffées d'absolu.

L'art ogival ou gothique

Enfin c'est dans les villes que s'épanouit l'art ogival, que nous appelons gothique. La croisée d'ogives permit de donner aux murs une ampleur démesurée et des ouvertures qui n'affaiblissaient pas la solidité d'ensemble, tout en déversant la lumière à travers les vitraux colorés. Les cathédrales surgirent de terre, demandant des décennies d'effort, attestant aussi l'orgueil des grandes cités.

À gauche : Notre-Dame de Paris.

À droite : Le chœur de la cathédrale d'Amiens, (Somme).

LE TEMPS DES GRANDS MONARQUES

Le roi capétien avait réussi à affirmer son autorité face aux châtelains de son domaine, mais aussi face aux grands vassaux, qui étaient présents dans une grande part du royaume et qui acceptaient, non sans réticences, de lui prêter l'hommage - avant tout le duc de Normandie, le comte de Flandre, le comte de Champagne et le comte de Toulouse au sud. Il avait su manœuvrer dans les intrigues européennes, face aux autres princes de la chrétienté, et il avait participé à la croisade.

Philippe Auguste

Ce fut Philippe Auguste (1180-1223) qui donna une dimension nouvelle à la monarchie capétienne. Pendant longtemps, il dut encore affronter le fils aîné de Henri II, Richard Cœur de Lion, qui réussit à protéger la Normandie en édifiant la forteresse de Château-Gaillard. La mort de Richard, tué d'une flèche, au siège de Châlus en Limousin, en 1199,

Les ruines de Château-Gaillard aux Andelys (Eure).

permit à Philippe de reprendre l'initiative face au frère de Richard, Jean sans Terre, devenu roi d'Angleterre : Château-Gaillard tomba, et avec lui toute la Normandie, puis les pays de la Loire.

Bouvines

Jean Sans Terre parvint à mobiliser des forces contre Philippe : le comte de Flandre, Ferrand, mais aussi l'empereur, Othon IV, dont le Capétien soutenait le rival. Pendant que son fils aîné, le futur Louis VIII, tenait tête aux troupes de Jean sans Terre en Anjou, Philippe Auguste décidait de livrer bataille à l'armée impériale et flamande massée au nord, un dimanche, le 27 juillet 1214. Il remporta le combat : Ferrand de Flandre était prisonnier et le resta pendant quinze ans. Cette victoire fut célébrée comme un signe de la volonté de Dieu et comme une étape importante dans l'affermissement du royaume capétien qui profita aussi de la croisade lancée contre les Albigeois.

Les Albigeois

Les exigences spirituelles avaient scandé l'histoire de l'Église et les ordres religieux par exemple avaient tenté de répondre à ce besoin de pureté et d'austérité, mais l'Église elle-même était critiquée et secrètement des mouvements apparurent que les clercs jugèrent contraires à la doctrine officielle, donc hérétiques. Le catharisme se développa dans ce contexte. C'était une vision selon laquelle deux forces totalement indépendantes, le Bien et le Mal, s'affrontaient dans le monde. Le manichéisme en Orient, le bogomilisme dans les Balkans avaient proposé de telles idées. Son implantation en Occident reste mystérieuse. Mais bientôt les hommes d'Église prirent conscience que cette doctrine s'était répandue, en particulier au sud, dans le Languedoc. L'Église se méfiait de cette double divinité qu'étaient le Bien et le Mal, et de la morale désespérante que cette foi impliquait. Les cisterciens menèrent le combat contre l'hérésie et les hérétiques furent conduits au bûcher.

Les Bonshommes

« Cathares » signifie purs et cette désignation a été choisie par les historiens pour désigner ce mouvement religieux mystérieux dont les adeptes furent aussi appelés Albigeois, même si cette ville n'a pas été au cœur du conflit. Le mouvement s'organisa à partir de 1167 (concile cathare de Saint-Félix de

Le flanc sud de la forteresse cathare de Peyrepertuse (Aude).

Caraman). Les missionnaires cathares se disaient les Parfaits. Ils refusaient le mariage au nom de la pureté et proposaient leur vie comme modèle. Selon eux, l'homme, englué dans la matière, était condamné au mal et ne pouvait obtenir de lui-même le salut. Cette doctrine, facilement extirpée au nord, réussit à s'enraciner au sud du royaume, séduisant des âmes ardentes dans tous les milieux, en particulier dans l'entourage des seigneurs, et le comte de Toulouse toléra, voire soutint, les hérétiques. Les guerriers du sud montraient de la tolérance vis à vis de ceux que l'on appelait les Bonshommes, et souvent leurs femmes, leurs mères ou leurs sœurs devenaient à leur tour des Parfaites.

L'assassinat de Pierre de Castelnau

L'Église déjà avait réagi. Un Espagnol, Dominique, arriva en Languedoc en 1205, adapta la prédication aux aspirations des cathares, insista sur l'étude et, pour répondre aux exigences de pauvreté, n'hésitait pas à mendier. En même temps, un légat pontifical excommunia le comte de Toulouse, Raymond VI. Ce fut un écuyer du comte de Toulouse qui commit l'irréparable : l'assassinat de Pierre de Castelnau, le légat du pape. Innocent III lança en 1208 un appel à la croisade, offrant les terres du comte de Toulouse à ceux qui les prendraient. En vain Raymond VI fit-il sa soumission.

LA CROISADE

Les seigneurs du nord se lancèrent dans l'aventure. Un petit baron, Simon de Montfort, et ses compagnons remportèrent des succès. Après avoir soutenu les croisés, Raymond VI changea de camp mais il fut battu à Muret (12 septembre 1213). Simon de Monfort s'empara du comté de Toulouse. Les Parfaits montèrent sur les bûchers, sans se renier, en refusant d'abjurer.

De cette crise, la monarchie française sut tirer le plus grand profit en intégrant peu à peu au domaine du roi de nouveaux territoires. Après la mort de Simon de Montfort, le roi reprit ses prétentions sur les terres de Toulouse. Le fils de Philippe Auguste, Louis VIII, mena une expédition dans le Languedoc. Il mourut sur le chemin du retour.

MONTSÉGUR

Finalement la paix se fit en 1229. Le comte de Toulouse, Raymond VII, donnait sa fille, désignée comme héritière, au frère du roi Louis IX, Alphonse de Poitiers. A terme, c'était la réunion au domaine capétien qui était préparée. Carcassonne et Beaucaire devenaient sénéchaussées royales.

Le château de Montségur (Ariège).

Le domaine royal s'étendait pour la première fois jusqu'à la Méditerranée. En 1229, l'Inquisition était organisée et bientôt confiée par le pape aux dominicains. Sans relâche, ils allaient chercher les hérétiques en multipliant des interrogatoires rigoureux et systématiques. Quelques citadelles tinrent longtemps grâce à l'alliance entre les grands lignages et les hérétiques : Montségur ou Quéribus. Montségur résista avec vaillance entre avril 1243 et mars 1244. En 1255, ce fut le sénéchal royal qui mit le siège devant Quéribus. Cette croisade contre les Albigeois a parfois été ressentie au sud de la France comme la fin d'une civilisation méridionale, plus tolérante, libre et éclairée que celle du nord du royaume qui imposait sa loi et sa domination.

Blanche de Castille

Blanche de Castille

A la mort de Louis VIII, son fils Louis IX (1226-1270) n'avait que 12 ans et sa mère, Blanche de Castille, devint régente du royaume. Déjà cette femme énergique marqua le début du règne en ramenant l'ordre dans un royaume où les révoltes éclataient et elle eut une forte influence politique jusqu'à sa mort en 1252. Louis IX vint à bout de toutes les nombreuses tentatives menées par les grands vassaux pour contester son autorité.

Un roi pieux et juste

C'est aussi par sa personnalité que Louis IX marqua son temps. Très pieux, il apparut à ses contemporains comme le modèle du prince chrétien qui pratiquait une politique conforme à ses convictions religieuses. Il tenta de réformer le royaume en systématisant les baillis royaux qui, dans les bailliages, ou sénéchaussées au sud, avaient des fonctions militaires pour mobiliser les seigneurs au service du roi, encaissaient les revenus du domaine et surtout exerçaient la justice au nom du roi. A travers eux, c'était une administration royale solide qui se mettait en place face aux seigneurs et aux princes. Cette exigence de justice se marqua dans l'image du souverain rendant la justice sous un chêne, à Vincennes, une justice qui se voulait la même pour tous, nobles ou roturiers. Un tel souci conduisait le roi à empêcher les querelles entre barons et à imposer la paix dans le pays. En 1249, Alphonse de Poitiers son frère héritait de son beau-père le comte de Toulouse.

Saint Louis rend la justice à l'ombre d'un chêne. Vitrail de saint-Louis, cathédrale Notre-Dame-la-Grande à Poitiers, XIXe siècle, (Vienne).

La monnaie du roi

Louis IX voulait aussi que le pouvoir politique imposât des règles morales pour empêcher la corruption. Il s'en prit aux manieurs d'argent, en particulier les juifs qui pratiquaient l'usure, en théorie interdite aux chrétiens et néanmoins nécessaire aux échanges. Une réforme monétaire fut préparée qui imposait la monnaie du roi dans tout le royaume, le droit de battre monnaie apparaissant désormais comme une prérogative régalienne, même si les seigneurs continuaient à faire de même dans leur seigneurie. Il fit aussi frapper, en suivant l'exemple des villes italiennes, une monnaie d'or, l'écu.

Un arbitre en Europe

Enfin Louis IX s'imposa à l'Europe. Par son mariage avec Marguerite de Provence et le mariage de son frère, Charles d'Anjou, avec l'héritière de la Provence, le Capétien étendait son influence vers la Méditerranée, et son frère Charles d'Anjou se lança dans l'aventure italienne. Louis IX apparut peu à peu comme le premier prince chrétien et, après la croisade, ce fut un arbitre en Europe. Par le traité de Paris, de 1259, il fit des concessions larges, jugées

La Sainte-Chapelle de Paris, édifiée par la volonté de saint Louis pour abriter la couronne du Christ.

Les remparts d'Aigues-Mortes (Gard).

excessives, pour rétablir des relations paisibles avec l'Angleterre. Dans de multiples affaires, Louis IX fut amené à intervenir et à trancher, choisissant les voies de la paix et contribuant par là même à forger son image de roi saint.

UN CROISÉ

Surtout Louis IX se préparait à la croisade qui était la mission d'un roi chrétien. En 1248, Louis IX partit d'Aigues-Mortes et conduisit la croisade contre le Caire. Il fut battu à la Mansourah (1250), et capturé. Libéré après le paiement d'une lourde rançon, il demeura en Orient jusqu'en 1254 et sut renforcer la défense des États latins. A son retour, cet échec, qu'il attribuait à ses péchés, domina sa politique. Il fit une nouvelle tentative en 1270, cette fois contre Tunis, mais mourut en faisant le siège de la ville. Si la personnalité et l'action de Louis IX firent de lui un saint que l'Église porta sur les autels, ce dont la dynastie capétienne et la monarchie française s'enorgueillirent, cette image s'est quelque peu troublée aujourd'hui car ses convictions n'allèrent pas sans persécutions ni sans intolérance.

La Mort de saint Louis (XIXe siècle, école française). Musée des Beaux-Arts de Brest (Finistère).

Le beau XIIIe siècle

Ce XIIIe siècle fut aussi un temps de croissance. Dans les campagnes, les défrichements avaient permis de gagner des terres, de fonder des villages nouveaux, de nourrir une solide paysannerie. Les seigneurs comprenaient qu'il était profitable d'associer les paysans à ce développement et le mouvement d'affranchissement mit fin au servage.

Philippe le Bel

En développant la présence de l'État monarchique dans le royaume, en faisant passer la justice du roi, les rois capétiens avaient affaibli l'organisation féodale, tendant à considérer seigneurs et paysans comme des sujets. Le renforcement du pouvoir royal s'appuyait aussi sur la faiblesse de l'empereur. Le roi de France - c'est ainsi désormais qu'il se présentait - pouvait se proclamer « empereur en son royaume ». Une telle doctrine retrouvait la vision qu'avaient les anciens Romains de la puissance publique. Au temps de Philippe IV le Bel (1285-1314), des légistes, férus de droit romain, précisèrent cette légitimité nouvelle de l'État capétien et contribuèrent à définir la souveraineté royale en lui donnant des moyens nouveaux. Autour du roi, des organes politiques

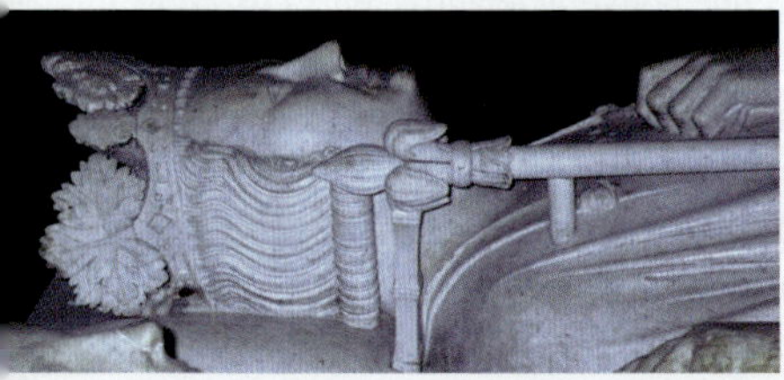

Gisant de Philippe le Bel. Basilique de Saint-Denis (Seine-Saint-Denis).

s'étaient formés. L'hôtel du roi assurait la vie quotidienne du monarque. A son conseil, il appelait des grands seigneurs, mais aussi des bourgeois ou de petits nobles, et ses légistes. Les décisions importantes devaient être prises « par grand conseil » car le roi devait consulter ses conseillers avant de décider. La justice appartint de plus en plus, en dernier ressort, à la Cour « en Parlement », et c'était une cour de justice, composée de spécialistes, de juges, qui se dessinait, mais le roi avait toujours le droit de casser les jugements de cette cour. Pour l'administration financière, la Cour des Comptes allait se charger des contrôles.

La tour Philippe le Bel à Villeneuve-lès-Avignon, construite par le roi de France, face au pont Saint-Bénezet (Vaucluse).

Le faux monnayeur

Certes un territoire élargi avait donné au souverain des moyens nouveaux, mais les ambitions des Capétiens, et d'abord la croisade, avaient suscité des besoins nouveaux. Le roi, ayant le monopole de la monnaie, céda à la tentation de l'utiliser pour en jouer : il s'agissait de véritables dévaluations, et pour cela le pape plus tard traita Philippe le Bel de « faux monnayeur ». Les revenus du domaine royal ne suffisant plus, il fallut fonder le principe d'une contribution des sujets, d'un impôt royal. Ce fut aussi pour obtenir une aide militaire et, à cette fin, la levée d'impôts extraordinaires, que le roi convoqua les trois états du royaume en 1314, des représentants des clercs, des nobles et des villes. L'idée naissait que, le roi devant normalement « vivre du sien », des revenus ordinaires de son domaine, les finances « extraordinaires » devaient être consenties par des assemblées qui représenteraient les sujets.

Les besoins financiers se firent d'autant plus sentir que le roi s'engagea dans des aventures politiques. Il voulut s'attaquer à la Guyenne, mais finalement la laissa au roi d'Angleterre Edouard Ier - le fils de ce dernier épousant la fille du roi Philippe, Isabelle. Philippe le Bel voulut soumettre le comte de Flandre qui avait le total soutien des villes flamandes. La chevalerie française connut une terrible défaite à Courtrai en 1302, les milices bourgeoises, en particulier les artisans de Gand, ne faisant pas de quartier.

L'attentat d'Agnani

Ces questions financières furent aussi à l'origine des premières tensions avec la papauté. Le pape pouvait accorder au roi des décimes, un impôt qui était perçu sur les revenus ecclésiastiques et devait servir à la croisade. Philippe le Bel voulut le détourner à son profit, ce qui provoqua un affrontement avec le pape Boniface VIII de 1294 à 1297. Un évêque ayant contesté la légitimité des Capétiens, le roi décida de le faire juger, défiant une nouvelle fois le pontife. Boniface VIII convoqua un concile, répliqua au roi par la bulle *Unam sanctam*, par laquelle, rappelant la supériorité du pouvoir du pape, il se proclamait juge du roi de France, mais hésitait encore à l'excommunier. Le conflit devenait aigu. Le roi et ses conseillers, au nom du royaume tout entier, demandèrent que le pontife comparût devant un concile universel pour y être jugé. Un conseiller du roi, Guillaume de Nogaret, se rendit en Italie et à Agnani, le 7 septembre 1303, il parvint jusqu'au pape, pour lui annoncer la riposte du roi. Cela entraîna un tumulte où le pape faillit mourir : c'était l'« attentat d'Agnani ». Boniface VIII mourut un mois après.

École Française, *La tour du Temple*, fin XVIIIe siècle. Musée Carnavalet (Paris).

La fin du Temple

Cette lutte entre la papauté et le principal État de la chrétienté suscita l'attaque contre l'ordre du Temple. Fondé pour soutenir la croisade, il avait perdu cette vocation depuis la chute de Saint-Jean d'Acre en 1291, mais, disposant de grands biens, les Templiers étaient de grands banquiers. Impopulaires en raison de leurs grandes richesses, accusés de sodomie, les Templiers étaient une cible rêvée pour Philippe le Bel qui les fit arrêter tous le 13 octobre 1307. Sous la torture, les prisonniers avouèrent tout ce qu'on voulut. Finalement Philippe obtint en 1312 du pape, longtemps réticent, la suppression du Temple tout entier. Le grand maître, Jacques de

eury Richard (1777-1852), *Jacques de Molay, grand maître des Templiers*. Château de Malmaison (Hauts-de-Seine).

Molay, qui proclamait son innocence, fut condamné au bûcher. La motivation de cette opération a été longtemps considérée comme financière, le roi voulant s'emparer des biens du Temple. Mais comme ceux-ci furent transférés à l'ordre des Hospitaliers, l'attaque du roi était sans doute destinée à la réforme, que demandait l'opinion publique, d'un ordre qui avait perdu sa raison d'être.

La succession en ligne masculine

La fin du règne de Philippe le Bel fut marquée par une série de scandales qui compromirent l'honneur de ses brus. Le règne de Louis X le Hutin (1314-1316) fut court. A sa mort, il laissait une fille, qui fut écartée du trône mais obtint la Navarre de la succession de sa mère. Un fils posthume de Louis X , Jean Ier, ne vécut pas. L'oncle de l'enfant, Philippe V le Long, fut donc préféré à la nièce. Il mourut à son tour en 1322 en ne laissant que des filles, et son frère Charles IV lui succéda. Lorsque ce dernier mourut en 1328, il n'y avait plus de fils descendant de roi de France, même si la fille de Philippe le Bel avait un fils, Edouard III d'Angleterre. Il fallait se tourner vers un neveu de Philippe le Bel, Philippe de Valois, Philippe VI. Il fut reconnu aisément comme roi car il semblait impossible de faire appel au roi d'Angleterre pour régner en France. Cela signifiait aussi que désormais les femmes ne transmettaient pas les droits à la couronne, même à leurs fils.

LA GUERRE DE CENT ANS

L'AVÈNEMENT DE PHILIPPE VI de Valois ne fut pas contesté, mais cette succession permit ensuite au roi d'Angleterre de revendiquer la couronne de France. Pour contrer ses arguments, une cinquantaine d'années plus tard, des juristes invoquèrent une tradition des francs saliens qui écartait les femmes de la succession, en matière de propriété foncière, la loi dite salique.

LES TENSIONS

Rapidement les tensions se multiplièrent entre le roi de France et le roi d'Angleterre. D'abord à propos de la Guyenne sur laquelle la monarchie française exerçait d'incessantes pressions : pourtant, en 1329, Edouard III accepta de prêter l'hommage à son suzerain. Les deux rois furent néanmoins entraînés dans bien d'autres querelles entre grands seigneurs, surtout à propos de successions difficiles. Robert d'Artois, qui avait soutenu Philippe VI à son avènement, espérait que l'Artois lui reviendrait. Mécontent du roi, il passa en Angleterre. Ce fut le même engrenage pour la Bretagne, les Montfort, soutenus par Edouard III, affrontant les Penthièvre qui l'étaient par Philippe VI. Ce conflit dura longtemps, avec des épisodes épiques comme le combat des Trente où les champions des deux camps s'entretuèrent.

LA BATAILLE DE L'ECLUSE

Se sentant plus fort, Edouard III en 1337 lança un défi à Philippe VI. Il intervint d'abord dans les affaires de Flandre où la crise économique frappait

Gisant de Philippe VI. Basilique de Saint-Denis (Seine-Saint-Denis).

les grandes villes - le drap se vendait moins bien, le commerce faiblissait. L'insurrection éclata à Gand, menée par Van Artevelde qui demanda l'aide de l'Angleterre. En effet, le sentiment proanglais et antifrançais s'était développé depuis que Philippe VI, en 1328, était venu mettre fin à des troubles sociaux et avait écrasé les insurgés à Cassel. Le comte de Flandre se tourna vers son suzerain, le roi de France. Celui-ci disposait d'une flotte, qui avait demandé quarante années d'efforts. Il voulut bloquer le bras de mer conduisant à Bruges. Ce fut la bataille de l'Ecluse (24 juin 1340) où les chefs militaires français se révélèrent incapables de conduire une bataille navale, où déjà les archers anglais montrèrent que les arbalètes françaises étaient bien dépassées, où les morts furent très nombreux, peut-être 20 000. Désormais le roi de France n'avait plus de moyens pour empêcher un débarquement anglais sur le continent. Néanmoins l'affaire finit mal pour Edouard III : Van Artevelde lui proposa le comté de Flandre, mais il fut tué par les Flamands eux-mêmes.

Crécy

En 1346, le roi d'Angleterre débarqua en Cotentin, balaya devant Caen une armée venue l'arrêter, évita Paris et remonta vers le nord. Philippe VI le rejoignit enfin à Crécy (26 août 1346). Il engagea la bataille, mais les lourds cavaliers furent arrêtés par les flèches des archers anglais. Philippe dut s'enfuir. Edouard III prit le temps de s'emparer de Calais qui résista longtemps. Six bourgeois devaient apporter les clefs de la ville, en chemise et la corde au cou. Selon le récit traditionnel, le roi Edouard voulait leur faire payer une trop longue résistance, mais la reine Philippa de Hainaut serait intervenue pour leur sauver la vie. Il s'agissait plus simplement d'un rituel de soumission. Le roi Philippe était discrédité et les états qu'il dut réunir se montrèrent sévères à son égard.

La Peste noire

Il n'est pas question de reprendre les discussions théoriques sur les origines des difficultés, sur une datation et une localisation précises, ou sur les manifestations de la crise. Il faut constater qu'elle fut générale, même si elle n'eut pas partout, et en même temps, la même intensité. Les malheurs des temps, ce sont d'abord la peste et la guerre. La peste avait disparu d'Europe et la lèpre était la maladie qui faisait peur. Brutalement, à la fin de 1347, la « peste noire » réapparut dans les ports de la Méditerranée, elle frappa la France en 1348, puis disparut en 1349. Sur son passage, elle fit des ravages, tuant un habitant sur trois. Ce fut désormais le fléau redouté des populations, car l'épidémie revint périodiquement - tous les dix ans environ. La peur de la maladie et de la mort allait bouleverser les consciences, d'autant plus que les contemporains ignoraient les causes de la contagion - les piqures de puce. Et, même si les populations reprenaient espoir après chaque passage de la peste, à long terme, elle favorisa un déclin démographique qui s'était esquissé avant même son arrivée.

« Le dit des trois morts et des trois vifs » (1420).
Fresques de l'église d'Ennezat, (Puy-de-Dôme).

La guerre

La guerre dite de Cent Ans ne fut pas une guerre totale, elle fut entrecoupée de nombreuses trêves, voire de périodes heureuses. Néanmoins la réalité militaire pesa d'un poids singulier sur la vie des populations. Le passage des armées favorisait le pillage, mais aussi la destruction des moulins ou des fours, et facilitait la diffusion des épidémies. La mobilisation des soldats entraîna le renouvellement et l'augmentation des impôts royaux. L'armement des seigneurs coûtait cher et, lorsqu'ils étaient fait prisonniers, ils avaient à payer des rançons pour leur libération et c'était une lourde charge pour certains lignages et leurs paysans. Il fallut aussi financer les travaux de défense pour les villes, et construire des murailles nouvelles. La crise fut aussi économique. Des difficultés climatiques peuvent expliquer les mauvaises récoltes et la réapparition des famines. Des flambées des prix épisodiques n'empêchèrent pas un effondrement sur le long terme. En revanche les salaires furent à la hausse en raison du manque de bras :

la dépression générale était favorable aux salariés, mais défavorable aux rentiers, donc aux seigneurs. En même temps, des changements de mode conduisirent au déclin du lourd drap de laine, donc à des difficultés dans les villes drapantes. Le commerce international changea aussi de routes et les foires de Champagne en souffrirent.

Le roi prisonnier

Le fils de Philippe VI, Jean le Bon, lui succéda en 1350 et il s'efforça de restaurer l'idéal chevaleresque en créant l'ordre de l'Etoile pour concurrencer l'ordre de la Jarretière, créé par Edouard III. Le fils de ce dernier, le Prince noir (en raison de la couleur de son armure) lança des opérations à partir de la Guyenne. Finalement Jean le Bon tenta de l'arrêter près de Poitiers, par une nouvelle bataille, le 19 septembre 1356. Elle fut désastreuse : les cavaliers en déroute, Jean dut se battre à pied, avec près de lui son fils, Philippe dit désormais « le Hardi », et il fut fait prisonnier. Le souverain aux mains de l'ennemi anglais, c'était une terrible épreuve pour le royaume. Les négociations n'aboutirent qu'en 1360 (pourparlers de Brétigny, 8 mai 1360, paix de Calais, 24 octobre 1360) : la Guyenne était largement agrandie du Poitou et, avec Calais et le Ponthieu, c'est-à-dire l'embouchure de la Somme, elle appartenait au roi d'Angleterre. Une forte rançon devait être versée pour la libération de Jean le Bon. Des engagements pour l'avenir devaient être pris, mais ne le furent pas : renonciation d'Edouard à ses droits sur la couronne de France, renonciation de Jean à sa souveraineté sur la Guyenne.

La convocation des États

La captivité de Jean le Bon suscita une vague de troubles qui étaient comme une réaction brutale, tantôt organisée, tantôt spontanée, face aux serviteurs d'un roi dont le prestige était réduit à néant, face à un État monarchique qui s'était renforcé depuis le XIIe siècle, face au fils aîné de Jean le Bon, Charles. Ce dernier portait depuis 1349 le titre de « dauphin », depuis l'achat du Dauphiné : il avait lui-même comploté contre son propre père et c'est lui qui désormais allait affronter la tourmente. Cette pression se marqua d'abord à travers les états, états de langue d'oïl à Paris pour le nord du royaume, de langue d'oc à Toulouse pour le sud (ils n'étaient donc pas « généraux », mais représentaient, inégalement certes, tous les groupes de la société). La monarchie les convoquait car elle avait besoin d'eux pour obtenir des sujets le paiement de nouveaux impôts. De telles réunions se multiplièrent de 1355 au printemps 1358. Ces représentants des trois ordres de la société - clergé, noblesse, et tiers état, à travers les bonnes villes du pays - exigeaient en contrepartie des réformes. Une ordonnance du 3 mars 1357 plaçait la monarchie sous la tutelle des états, demandant l'épuration de l'administration, des sessions régulières, le contrôle des recettes et des dépenses.

Le dauphin Charles

La population parisienne mécontente trouva un porte-parole en la personne d'un riche bourgeois de Paris, Etienne Marcel, devenu prévôt des marchands - l'équivalent de notre maire contemporain. Le dauphin devait subir aussi les manœuvres politiques de Charles, roi de Navarre. Surnommé le Mauvais en raison de ses multiples trahisons, c'était un cousin du roi de France, petit-fils par sa mère de Louis X le Hutin. Il s'appuya sur ses possessions en Normandie et sur la Navarre, mais aussi sur ses parents et sur ses amis, pour multiplier les conspirations. Même si les intérêts des uns et des autres étaient divergents, ils s'allièrent contre le dauphin. Le 22 février 1358, la foule parisienne pénétra dans la chambre du jeune Charles, mit à mort deux de ses compagnons, le maréchal de Champagne et celui de Normandie, et Etienne Marcel sauva le prince en le forçant à porter le chaperon rouge et bleu - les couleurs de Paris.

Auguste Rodin, *Les Bourgeois de Calais*. Calais, (Pas-de-Calais). Après le siège victorieux de Calais par les Anglais, six bourgeois de la ville se présentent en 1347, la corde au cou, devant le roi d'Angleterre, en signe de soumission et d'humiliation.

La Jacquerie

Le dauphin décida de se déclarer « régent » et quitta la capitale : face à lui, ses opposants allaient se diviser et se lancer dans l'aventure. En effet c'est alors qu'éclata le 28 mai 1358 la Jacquerie, une révolte des paysans - désignés sous le sobriquet de Jacques Bonhomme, d'où le nom de Jacques donnés aux révoltés. Elle naquit à Saint-Leu d'Esserent, près de Chantilly et s'étendit dans le nord du royaume. Née dans des campagnes riches, ce n'était pas une insurrection de la misère, mais c'était un signe de l'inquiétude générale, liée à la crise économique. Les révoltés marchèrent sur Compiègne, attaquèrent un château, se donnèrent pour chef un ancien soldat, Guillaume Carle. La noblesse effrayée réagit vite et ce fut Charles le Mauvais qui mena une répression sanglante, écrasant les Jacques près de Creil dès le 9 juin 1358. Charles de Navarre décida ensuite de se rapprocher des Anglais.

La mort d'Etienne Marcel

En revanche Etienne Marcel avait choisi de s'allier aux Jacques, croyant trouver une aide contre le dauphin. Finalement il voulut ouvrir les portes de Paris aux Navarrais, donc aux Anglais. Il apparaissait aux yeux des Parisiens comme un traître et il fut assassiné par un de ses cousins le 31 juillet 1358. Le dauphin Charles rentrait dans Paris : il allait continuer à gouverner jusqu'en 1360 et négocier avec les Anglais.

Statue d'Étienne Marcel, près de l'Hôtel de Ville de Paris.

La rançon et les otages

En effet, à cette date, une fois le traité de Calais ratifié, Jean le Bon était libre à condition de payer une immense rançon dont le versement serait garanti par des otages. Jean le Bon eut le temps de créer une monnaie d'or, le franc, et de condamner les mutations monétaires : cela répondait aux demandes des seigneurs dont les revenus correspondaient à des sommes fixes et que la dévaluation monétaire ruinait. Pour payer la rançon, les états de langue d'oïl acceptèrent en 1363 que l'impôt devînt permanent. Mais l'un des otages, Louis d'Anjou, fils du roi, ne voulut pas rester en captivité et s'enfuit : son père, parfait chevalier, repartit pour Londres où il mourut en 1364, et il fallait continuer à payer sa rançon. Le dauphin Charles devenait

Charles V, il avait alors 25 ans. Ce roi pieux n'était pas un roi chevalier, c'était un homme qui préférait le travail dans son cabinet, le roi sage.

Les grandes compagnies

L'action du nouveau roi fut de restaurer la sécurité dans le royaume en le débarrassant des « grandes compagnies ». Pour faire la guerre, les règles féodales permettaient à un seigneur de convoquer le ban et l'arrière-ban de ses vassaux. Pour trouver des soldats, il a été de plus en plus nécessaire de faire appel à des volontaires. Un capitaine était chargé de recruter des hommes d'armes qui se liaient à lui par contrat : c'était la retenue. Ainsi se constituait une route ou compagnie d'environ cent hommes, souvent nobles. Le retour de la paix conduisit ces professionnels de la guerre à l'inaction, et à devenir des pillards errants que redoutaient les populations. Arnaud de Cervole, dit l'Archiprêtre, réunit plusieurs compagnies en une « Grande Compagnie » qui était tentée par la richesse des papes en Avignon.

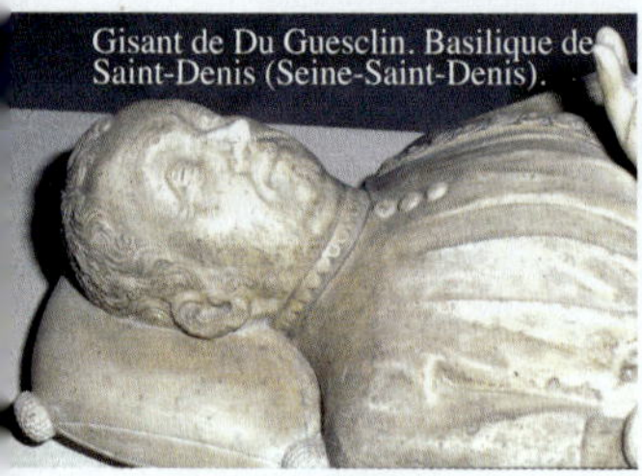

Gisant de Du Guesclin. Basilique de Saint-Denis (Seine-Saint-Denis).

Du Guesclin

Du Guesclin, un modeste baron breton, s'illustra dès 1360 en écrasant à Cocherel les troupes de Charles le Mauvais. Ensuite Du Guesclin réussit à entraîner les grandes compagnies vers l'Espagne où les candidats au trône s'affrontaient et où elles purent pour un temps retrouver du service.

Le roi de France prêta une oreille complaisante aux plaintes qui montaient vers lui et qui venaient de seigneurs vassaux du prince d'Aquitaine - c'était le titre du Prince Noir, du fils d'Edouard III - car ces Gascons étaient mécontents des exigences fiscales de leur seigneur. En effet qui était le seigneur de leur seigneur ? Le roi d'Angleterre ou le roi de France qui restait le souverain, puisque les renonciations de Calais n'avaient pas eu lieu ? La guerre reprit en 1369. En 1370, Charles V offrit l'épée de connétable à Du Guesclin. Les Anglais lancèrent des chevauchées à travers le royaume, mais Du Guesclin refusa la bataille, se dérobant toujours, se contentant de fortifier les villes afin qu'elles ne fussent pas prises, épuisant et ruinant ainsi l'ennemi. Cela permettait peu à peu au connétable de reprendre des provinces, après de nombreuses campagnes, et finalement l'héritage plantagenêt se réduisit à Bordeaux et à Bayonne.

La reconstruction du royaume

Charles V, qui avait su mener à bien ce grand effort militaire en nommant des capitaines exceptionnels, sut enraciner sa maison en mettant en avant la « loi salique » qui fixait les règles de succession en excluant les femmes. L'idée s'imposa aussi qu'à l'instant même de la mort, le roi laissait le pouvoir à son successeur. Enfin le roi favorisa la réflexion sur l'État, travaillant lui-même à en améliorer les rouages. Le roi accumula aussi des manuscrits dans la « librairie du Louvre ». Il embellit ce Louvre qui était sa résidence privée alors que l'administration se trouvait encore dans le Palais de la Cité et une nouvelle enceinte fut construite autour de la capitale avec une forteresse, la Bastille. Pour mener à bien ces projets, Charles V fit peser une lourde fiscalité sur ses sujets. Pourtant le roi, qui avait su accumuler un véritable trésor, décida sur son lit de mort, d'abolir les « fouages », l'impôt direct. C'était une manière de montrer l'amour qui l'unissait à son peuple, c'était affaiblir son successeur.

D'après *Les Très Riches Heures du duc de Berry* - Le Louvre de Charles V.

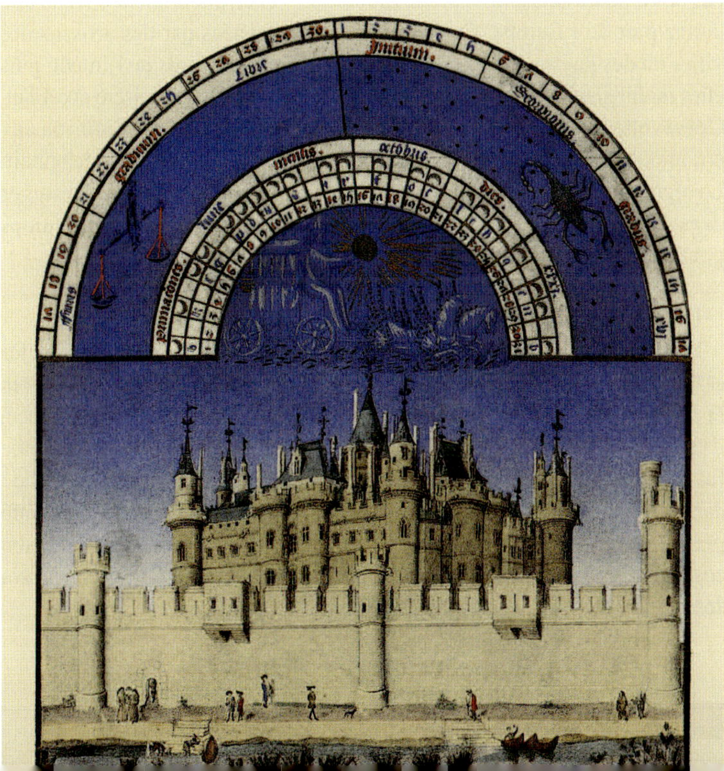

Charles VI et ses oncles

En 1380, Charles VI n'avait que douze ans et n'était pas majeur - la majorité avait été fixée par son père à 14 ans. Ce furent ses oncles qui gouvernèrent, ne tardant pas à se déchirer. Ils étaient trois frères du roi défunt. Ils avaient déjà reçu de larges apanages, c'est-à-dire un ensemble de provinces où ils représentaient le roi avec l'essentiel de ses prérogatives. Charles d'Anjou pilla le trésor, mais, choisi comme héritier par la reine Jeanne de Naples, il alla conquérir cette couronne - il allait mourir en Italie en 1384. Jean de Berry contrôlait près d'un tiers du royaume et il fut chargé de garder le Languedoc. Enfin Philippe le Hardi avait la Bourgogne et, grâce à son mariage avec l'héritière de Flandre, il s'était constitué un vaste domaine - avec la Flandre, l'Artois, la Franche-Comté. Bientôt à la tête du gouvernement royal, il pensait avant tout à ses intérêts bourguignons et flamands. Tous les princes autour de Charles VI multipliaient les intrigues et les projets, mais n'aboutirent finalement qu'à une trêve générale entre la France et l'Angleterre en 1388. C'était une période difficile, marquée par des émeutes dans les années 1380-1385 - et ce phénomène toucha une bonne part de l'Europe. Ces révoltes étaient menées par des artisans des villes ou des paysans aisés, qui n'acceptaient plus le poids de l'impôt, puis elles mobilisèrent bientôt les milieux plus modestes, que la misère accablait. Ces révoltes s'en prenaient aux riches, mais aussi souvent aux juifs ou aux étrangers, désignés comme boucs émissaires, et la violence se déchaînait. La répression fut menée par les oncles du roi : il fallut affronter les insurgés dans de véritables batailles ou reprendre des villes - avec des exécutions pour frapper les esprits.

La folie de Charles VI

Le jeune roi, lorsqu'il eut vingt ans, en 1388, réussit à écarter ses oncles et fit confiance aux hommes qui avaient été les conseillers de son père et dont la carrière et la fortune ne dépendaient que de lui. Forts de cette confiance, ils s'efforcèrent de réformer l'État et de pacifier le royaume. Cette embellie fut de courte durée, car le 5 août 1392 le roi eut sa première crise de folie : dans la forêt du Mans, il crut être attaqué, se lança contre son frère et tua quatre personnes au passage. Un an plus tard, lors du « bal des ardents », son costume prit feu et le roi ne fut sauvé que de justesse, et cette frayeur aggrava son état mental.

La tour Jean-sans-Peur, à Paris : la voûte de l'escalier est ornée de sculptures gothiques représentant différentes plantes et symbolisant les membres importants de la famille de Bourgogne.

Bourguignons et Armagnacs

La folie du roi favorisa les rivalités et les intrigues parmi ses proches. Le frère du roi, Louis d'Orléans, s'opposa au duc de Bourgogne, Jean sans Peur, qui le fit assassiner le 23 novembre 1407. Bientôt ce fut une véritable guerre civile entre les « Bourguignons » et ceux qui défendaient le souvenir de Louis d'Orléans, et d'abord Bernard d'Armagnac - d'où le nom d'Armagnacs donné à ses partisans. Jean sans Peur encouragea le roi à tenir des états de Languedoïl à Paris : cela favorisa l'expression des mécontentements. Caboche, le chef de la corporation des bouchers et des écorcheurs menait le mouvement qui réclamait des réformes. Un programme de gouvernement, l'« ordonnance cabochienne », fut rédigé, mais ne fut jamais appliqué, car les notables prirent peur et se tournèrent vers les Armagnacs. Cet affrontement entre Français correspondait à un conflit entre deux lignages princiers sans doute, mais il traduisait aussi des intérêts très opposés : le duc de Bourgogne s'appuyant sur la Bourgogne et Dijon d'un côté, sur la Flandre et Lille d'autre part, souhaitait contrôler Paris, les Armagnacs résistant à cette emprise. Il révélait aussi deux visions du monde et deux façons de gouverner.

Azincourt

En Angleterre, la dynastie des Lancastre s'était imposée et Henri V, pour asseoir son pouvoir, souhaita mener une guerre et il réclama la couronne de France. Ayant débarqué près de l'estuaire de la Seine en août 1415, il voulut gagner Calais. Les Français attaquèrent à Azincourt : la noblesse française s'embourba en raison du mauvais temps et fut décimée, car de nombreux combattants furent tués, les plus riches étant faits prisonniers - parmi eux Charles d'Orléans qui se consacra à la poésie.

Le pont de Montereau

Cette défaite aggrava encore les divisions du royaume qui, à leur tour, favorisèrent la victoire et l'implantation du souverain anglais. Après la mort de plusieurs dauphins, l'héritier de la couronne, Charles, le futur Charles VII, n'avait que 13 ans. Les Bourguignons prirent le pouvoir à Paris et y firent régner la terreur. Le Dauphin réussit à s'échapper et, avec ses fidèles qui étaient des Armagnacs, il se réfugia à Bourges et prit le titre de lieutenant du roi. Un nouveau meurtre, commis en son nom, fut une rupture irréparable. Pour permettre une réconciliation entre Armagnacs et Bourguignons, une rencontre entre le Dauphin et Jean sans Peur eut lieu sur le pont de Montereau le 10 septembre 1419. Les hommes du Dauphin assassinèrent le duc de Bourgogne, vengeant le meurtre de Louis d'Orléans. Ils relançaient la guerre civile, car le nouveau duc Philippe le Bon voulut se venger et choisit de s'allier avec le roi d'Angleterre.

Le traité de Troyes

Isabeau de Bavière.

Henri V put proposer un accord au malheureux Charles VI et à la reine Isabeau de Bavière : il épousait leur fille Catherine. Le traité de Troyes du 21 mai 1420 faisait de ce gendre du roi son héritier, et lui confiait le gouvernement du royaume. Ni Charles VI, ni son nouveau gendre, ni Philippe de Bourgogne n'accepteraient de négocier avec Charles « soi-disant dauphin ». Henri V et Charles VI moururent tous deux en 1422. Leur successeur désigné à la place du dauphin était un enfant, Henri VI. Son oncle Jean de Bedford gouverna en son nom sur un territoire qui s'étendait au nord et à l'ouest du royaume, surtout autour de la Normandie et de l'Ile-de-France. Le roi Charles VII n'était reconnu qu'au sud de la France, c'était le « roi de Bourges ». Philippe le Bon avait acquis un peu plus d'indépendance encore sur ses vastes domaines.

Jeanne d'Arc

Le royaume se disloquait et deux rois de France s'affrontaient. Des signes de résistance apparaissaient pourtant. Le Mont Saint-Michel, assiégé par les Anglais en 1424, ne fut pas pris et l'Archange saint Michel apparut peu à peu comme un protecteur pour cette France qui tentait de survivre. Car le salut ne pouvait venir que de Dieu et de ses saints. C'est eux qui parlèrent à une jeune fille, née en 1412 à Domrémy, près de la frontière avec la Lorraine, dans un pays qui souffrait de la guerre. D'autres femmes, qualifiées de prophétesses, avaient été aussi des visionnaires. Jeanne d'Arc réussit à persuader le sire de Baudricourt, seigneur de Vaucouleurs, de l'aider et, le 6 mars 1429, elle était à Chinon où séjournait la cour de Charles VII. On vérifia sa virginité parce qu'une sorcière ne pouvait être pucelle, et Jeanne d'Arc se désigna elle-même désormais comme la Pucelle. Elle réussit à convaincre ce roi si fragile par un signe et surtout par sa détermination. Elle se révéla aussi bientôt un chef de guerre, en galvanisant les énergies et en réussissant à entrer, dès le 29 avril, dans Orléans, assiégé par les Anglais. Elle lança des opérations et força ainsi l'ennemi à lever le siège le 8 mai. Le 18 juin, la Pucelle écrasait une armée anglaise à Patay. Il lui fallait continuer la mission qu'elle s'était fixée. Elle conduisit Charles VII, à travers des terres tenues par les Bourguignons, jusqu'à Reims où il fut sacré le 17 juillet 1429, ce qui faisait de lui le « vrai roi » face à Henri VI. Si bien des villes se soumirent à l'autorité du roi français, Paris résista.

Charles VII en prière. Jeanne d'Arc amenée à Chinon. Jeanne d'Arc dirigeant un siège. D'après des miniatures des « Vigiles de Charles VII » de Martial d'Auvergne, 1484. Manuscrit conservé à la BNF. Chromolithographie extraite du livre de Wallon.

Le bûcher de Rouen

Mort de Jeanne.
Gravure de Fortuné Meaulle d'après A. Maignan, extraite du livre de M. Sepet.

Reléguée dans des opérations subalternes, Jeanne d'Arc fut faite prisonnière près de Compiègne le 23 mai 1430 et vendue aux Anglais. Le procès fut mené, au début de 1431, par l'évêque de Beauvais, Cauchon, un théologien qui avait choisi le parti bourguignon et ne voulait pas être désavoué par le message de Jeanne, s'il était inspiré par Dieu. Les Anglais ne voyaient en elle qu'une sorcière que la mort priverait de ses pouvoirs maléfiques. Il fut beaucoup question des vêtements d'homme que portait la Pucelle et qui semblaient un signe de désobéissance aux règles de l'Église. Le 23 mai, après consultation de l'Université de Paris, elle était déclarée hérétique et, effrayée par l'inévitable condamnation à mort, elle avoua, le 24 mai, tout ce que lui soufflaient ses juges. Elle n'était alors passible que d'emprisonnement à vie. Le lendemain, elle réagit et ne renia plus ses voix. Elle était alors relapse et donc retombée dans le péché : elle fut condamnée à être brûlée vive sur la place du Vieux-Marché le 30 mai 1431.

Cette épopée avait permis à Charles VII de reprendre confiance en lui-même, de comprendre que ses ennemis étaient plus fragiles qu'il ne pensait et qu'une reconquête était possible. La mort terrible d'une jeune fille du peuple, abandonnée par le roi qu'elle avait soutenu et condamnée par les autorités ecclésiastiques, a hanté la mémoire de la France et Jeanne d'Arc a incarné l'amour de la patrie, le sentiment « national », que venait fortifier une inspiration religieuse.

Le traité d'Arras

Une grande réunion de prélats et de juristes à Arras en 1435 permit à Charles VII de se réconcilier avec le duc de Bourgogne après avoir fait amende honorable et désavoué à genoux le meurtre de Jean sans Terre. La situation changea brutalement. Dès 1436, Paris se rendait sans combat. L'année suivante, le roi fit son entrée triomphale dans la ville, mais il retourna bientôt vivre dans la vallée de la Loire comme le firent désormais les rois de France. Charles VII dut affronter les routiers appelés « Ecorcheurs » qui étaient commandés par d'anciens compagnons de Jeanne d'Arc, comme La Hire et Xaintrailles ; il fit face à une révolte de princes, parmi lesquels son propre fils, Louis, âgé de 16 ans, -on donna le nom de Praguerie (1440) à cette prise d'armes, par allusion aux événements contemporains de Bohême ; il obtint une trêve du roi d'Angleterre Henri VI.

Impôt et armée permanents

Les états furent réunis tous les ans de 1422 à 1440 pour que le roi pût obtenir de l'argent. La nécessité de l'impôt pour financer la guerre devenait plus évidente, et clercs et nobles devaient en être exemptés. Ainsi naquit l'impôt permanent. Il était associé à la naissance d'une armée permanente : ce furent les compagnies de la Grande ordonnance (15 mai 1445) - soit 12 000 cavaliers avec leurs archers et leurs compagnons. Impôt et armée permanents supposaient un renforcement de l'État.

Par souci de clarification aussi, Charles VII demanda de mettre les coutumes par écrit (ordonnance de Montils-lès-Tours, 1454). Le roi sut trouver des serviteurs de talent, ainsi son grand argentier, Jacques Cœur, qui se lança dans le grand commerce en Méditerranée, que Venise et Gênes dominaient. Mais l'ascension de cet homme nouveau finit par susciter des critiques et Charles VII l'abandonna en 1451 : il échappa de justesse à la condamnation à mort. Cet échec montrait que l'autorité royale était restaurée, que le roi était redevenu le suprême arbitre, maître de la fortune et du destin de ses sujets.

L'Église avait été secouée par le Schisme d'Occident qui avait opposé le pape de Rome au pape d'Avignon - en 1409, il y eut trois papes - et il fallut un concile à Constance, de 1414 à 1417, pour réduire cette fracture. La monarchie française hésitait entre l'idée d'un concordat qui donnerait au roi la nomination aux bénéfices majeurs, c'est-à-dire pour évêques et abbés, ou le rétablissement de l'élection pour ces mêmes bénéfices. En 1438, le clergé français imposa la Pragmatique sanction de Bourges et cette seconde solution. Néanmoins la place de l'autorité pontificale était réduite et le contrôle du roi grandissait sur l'Église de France.

Formigny et Castillon

Disposant d'une armée solide, Charles VII en 1449 décida de commencer la reconquête. Celle de la Normandie fut rapide et une armée anglaise de secours fut battue à Formigny en 1450. La bataille de Castillon, le 17 juillet 1453, permit de récupérer la Guyenne. Alors que l'Angleterre, qui conservait Calais, s'enfonçait dans la guerre des Deux Roses, une paix de fait s'installait en France.

Louis XI.

Louis XI et Charles le Téméraire

En 1461, Louis XI devenait roi à la mort de son père et lui qui avait été un dauphin indocile dut affronter une révolte de princes indociles, la ligue du Bien public, en 1465. Non sans mal il en vint à bout. Surtout le roi de France avait en face de lui le duc de Bourgogne, le fils de Philippe le Bon, Charles le Téméraire. L'indépendance du « grand duc d'Occident » était grande face à la couronne de France et il songeait à être élu empereur du Saint Empire ou à se constituer un royaume. Il s'appuyait sur des domaines prospères et développés auxquels il voulait donner une plus grande cohésion et une meilleure organisation. Mais il inquiétait aussi tous ses voisins. Louis XI rencontra son cousin à Péronne, en 1468, mais il avait au même moment favorisé une révolte à Liège. Charles le retint alors prisonnier trois jours et le força à assister à l'écrasement des Liégeois. En 1470, l'armée bourguignonne ne réussit pas à s'emparer de Beauvais, où s'illustra Jeanne Laisné, dite Jeanne Hachette. Ensuite le roi de France n'eut qu'à attendre. Charles le Téméraire succomba à ceux que son hégémonie inquiétait, les Suisses et le duc de Lorraine surtout, et il mourut devant Nancy (5 janvier 1477). Mais le roi de France ne put exploiter cette mort providentielle. La fille du Téméraire, Marie, épousa le fils de l'empereur, Maximilien, lui apportant l'héritage bourguignon, mais lorsqu'elle mourut, en 1482, Louis XI obtint le duché de Bourgogne et la Picardie, tandis que le Habsbourg avait les Pays-Bas.

Une France nouvelle

Au temps de Charles VII et de Louis XI, le royaume de France se reconstruisit après tant de décennies de guerres. Les « bonnes villes » en furent l'élément le plus dynamique, permettant un développement du commerce et de l'industrie, encouragé par le roi. Les paysans profitèrent

Fleury Richard, *Charles VII écrivant ses adieux à Agnès Sorel*, Musée de Malmaison (Hauts-de-Seine). Agnès Sorel était la maitresse du roi.

aussi de la crise démographique car les seigneurs avaient été contraints de laisser les terres à des conditions favorables pour le tenancier. Il fallait encore que la monarchie pût donner une plus grande cohérence au territoire et mit ainsi fin au temps des grandes principautés indépendantes. La lignée des ducs d'Anjou s'éteignait et le roi de France hérita de l'Anjou, puis du Maine et de la Provence en 1481. Pour acquérir la Bretagne, le fils de Louis XI, Charles VIII, contraignit la jeune duchesse de Bretagne, Anne, à l'épouser. La nouvelle reine s'engagea à épouser le successeur de Charles si celui-ci venait à mourir avant elle et en effet elle épousa bientôt le roi Louis XII. Leur fille épousa François Ier, et ainsi la Bretagne devint bientôt une province française.

LES NOUVEAUX HORIZONS

Le XVe siècle avait vu se multiplier les grands changements. A l'est de l'Europe, Constantinople, dernier bastion de la chrétienté de rite grec, s'était effondrée sous l'assaut des Turcs musulmans qui firent désormais peser une grande menace sur les pays chrétiens. L'Europe s'était ouvert de nouveaux horizons dans le monde. Le Portugal avait envoyé des navigateurs de plus en plus loin, le long des côtes de l'Afrique, et à l'ouest, Colomb, au service de la Castille, avait découvert des terres qui devaient se révéler un continent. Les royaumes chrétiens surent s'adapter à cette expansion géographique continue qui impliqua une mutation dans les routes du commerce, dans les rapports économiques, voire dans la vie quotidienne.

Le bouleversement fut aussi culturel et spirituel. L'invention de l'imprimerie accéléra la diffusion des connaissances et des idées, suscita de nouvelles curiosités et des constructions intellectuelles audacieuses. L'humanisme signifia surtout une redécouverte des textes et de la civilisation de l'Antiquité, souvent à travers des manuscrits venus de Constantinople. Guillaume Budé fut en France le modèle de ces savants au début du XVIe siècle. La leçon antique permit aussi à la réflexion de prendre son indépendance en dépassant les idées reçues, en contestant les traditions anciennes, en proposant des visions et des méthodes nouvelles.

Les guerres d'Italie

A partir de Charles VIII, les rois de France disposèrent de revenus réguliers et d'une armée solide, ils avaient reconquis leur domaine et y avaient établi une paix durable, ils avaient soumis les grands seigneurs et la noblesse : ils leur offrirent de nouveaux champs de bataille en Italie où le souverain et les chevaliers pouvaient trouver gloire militaire et fortune. Charles VIII revendiqua le royaume de Naples au nom de la maison d'Anjou qui y avait régné et dont il avait hérité. D'abord accueilli comme un libérateur en Italie, Charles VIII ne réussit pas à y implanter durablement l'influence française. Louis XII, qui lui succéda, était le fils du poète

Louis XII. Château de Blois (Loir-et-Cher).

Charles d'Orléans. Il avait des prétentions sur le Milanais et il s'efforça aussi de reprendre Naples. Après bien des péripéties, l'occupation française se solda par un échec.

Marignan

A la mort de Louis XII, ce fut son jeune cousin et gendre, François d'Angoulême, qui devint François Ier. Lui aussi rêvait de conquêtes en Italie et, dès 1515, il remporta une belle victoire à Marignan contre les Suisses qui gardaient Milan. Sur le champ de bataille, un petit gentilhomme dauphinois Bayard fit chevalier son propre souverain qui rendait ainsi hommage à sa noblesse et aux idéaux chevaleresques. Ce séjour en Italie permit au roi de clarifier la situation de l'Église de France par la signature du concordat de Bologne en 1516 qui fixa pour trois siècles les rapports entre la France et Rome. Le pape reconnaissait au roi le droit de nommer aux bénéfices majeurs - évêchés et abbayes - et donnait ensuite son institution canonique. Le souverain avait donc le choix des évêques qui, eux-mêmes, contrôlaient les curés, et il pouvait ainsi attribuer les revenus ecclésiastiques à sa convenance. Les résistances vinrent du Parlement de Paris et de l'Université qui craignaient cette alliance de l'autorité pontificale et de l'autorité royale.

Après ces incontestables succès, la situation politique changea en Europe. Face au roi de France, le petit-fils de l'empereur Maximilien, Charles, avait hérité des domaines bourguignons (1506), puis de la Castille, de l'Aragon et de Naples (1516) et en 1519, il réussit, malgré les manœuvres de François Ier, à se faire élire empereur : Charles Quint, qui possédait aussi l'Autriche,

La bataille de Marignan.

régnait en outre sur toutes les terres américaines, conquises par des Espagnols. Cet empire mondial encerclait et étouffait même le petit royaume de France dont toute l'histoire désormais viserait à desserrer cette étreinte mortelle. Les frictions avaient trait à la Bourgogne que Charles Quint, descendant du Téméraire, ne se résignait pas à abandonner et au Milanais que le roi de France voulait à tout prix acquérir.

Pavie

La guerre entre François Ier et Charles Quint fut donc fréquente. Ce fut vers l'empereur que se tourna le connétable de Bourbon, cousin du roi de France, lorsqu'il jugea que ses intérêts étaient lésés par son souverain. Cette trahison de 1523 permit à François Ier de confisquer une bonne part des immenses domaines du connétable et d'avancer un peu plus l'unification du royaume. En revanche, lorsqu'il se lança de nouveau en Italie, François fut battu et fait prisonnier à Pavie (24 février 1525). Sa mère, Louise de Savoie, assura la régence avec énergie, mais cette épreuve marqua le royaume, même si les concessions que le roi fit à Madrid pendant sa captivité furent ensuite contestées à sa libération en 1526. La paix des Dames en 1529, négociée par Louise de Savoie et Marguerite d'Autriche, tante de Charles Quint, fixa l'immense rançon que la France dut payer. L'affrontement avec l'empereur reprit à plusieurs reprises et François Ier n'hésita pas à nouer des relations diplomatiques en 1535 avec le Grand Seigneur, le sultan de Constantinople,

François Ier. Château de Blois (Loir-et-Cher).

Façade des Loges du château de Blois (Loir-et-Cher).

au grand dam de la chrétienté. Cette alliance de revers devint un secours naturel pour la diplomatie française.

Le temps de François Ier permit de renforcer un peu plus l'État. L'ordonnance de Villers-Cotterêts (1539) contraignit les curés à tenir des registres paroissiaux où apparaîtraient les dates de baptême, de mariage et de sépulture de leurs fidèles. Le français fut aussi institué comme langue officielle pour les documents juridiques.

La paix de Cateau-Cambrésis

Le fils de François Ier, Henri II, roi en 1547, fut lui aussi un roi chevalier. Il affronta Charles Quint et il inaugura une politique qui devint une tentation permanente pour la France : l'alliance avec les princes protestants d'Allemagne contre l'empereur catholique. Ce choix était paradoxal car, au même moment, le roi de France regardait avec de plus en plus de méfiance ses sujets protestants. Lors du « voyage d'Allemagne » comme fut désignée l'expédition de 1552, il occupa trois évêchés - Metz, Toul et Verdun - situés dans l'Empire, que désormais la France ne rendrait plus. Comme Charles Quint avait divisé

Le château de Chambord (Loir-et-Cher). Photo Maurice Gautier.

son domaine en deux, l'Empire pour son frère, l'Espagne pour son fils Philippe II, ce dernier fut désormais l'ennemi principal du roi de France. Ses armées remportèrent l'éclatante victoire de Saint-Quentin (10 août 1557). Même si Calais était dès 1558 repris aux Anglais qui l'occupaient depuis 1347, la situation militaire rendait nécessaires des négociations. Ce fut la paix de Cateau-Cambrésis (2-3 avril 1559). Les concessions françaises furent jugées excessives par les contemporains car toutes les conquêtes dans les Alpes et en Italie - Savoie et Piémont - étaient abandonnées et avec elles toute l'espérance qui avait conduit aux guerres d'Italie. Si Henri II avait voulu la paix, c'est qu'il souhaitait avant tout résoudre le problème religieux dans son royaume et y éradiquer le protestantisme.

La Renaissance

Les guerres d'Italie avaient permis aux soldats français de découvrir les splendeurs de la Renaissance italienne et ils en furent éblouis. En effet à partir du XVe siècle surtout, s'était développée en Italie une vie artistique intense. Les oligarchies des villes et les princes encourageaient et finançaient les créateurs qui rivalisaient d'originalité dans tous les domaines, et singulièrement en peinture. Un nouvel art de vivre s'élaborait où la préoccupation esthétique et le plaisir raffiné l'emportaient sur l'exploit physique, et il trouvait à s'exprimer dans l'architecture et la conception des demeures. Cette leçon italienne, les Français ne l'oublièrent pas. Ils cherchèrent à embellir leurs forteresses et à les rendre plus confortables. Sur les bords de la Loire et de ses affluents, les riches serviteurs de la monarchie, en particulier les financiers, se firent construire d'admirables châteaux. François Ier fit édifier Chambord dont le plan, médiéval encore, permettait néanmoins bien des audaces comme l'escalier double en spirale. A Fontainebleau s'établit une véritable école et la galerie François Ier résume le souci de l'allégorie et du

Galerie François Ier du château de Fontainebleau (Seine-et-Marne).

symbole qui fut la marque de cet art savant. Car la Renaissance eut la volonté de recueillir toutes les connaissances, même les plus obscures, même les plus étranges, et de les associer.

La Réforme en France

Alors même que l'Église était sans doute en train de s'interroger , et que le monde des clercs était sensible à l'idée de réforme, Luther entraîna vers la rupture avec Rome une bonne part de Europe. Cela ne tenta pas la monarchie française car François Ier avait obtenu par le Concordat de Bologne un contrôle étroit sur l'Église de France. Néanmoins les idées nouvelles se répandaient dans le royaume. Or la foi chrétienne était tout à la fois à la base de la sacralité royale et de la puissance ecclésiastique, de l'organisation sociale et des rythmes de la vie personnelle, familiale ou collective. Elle fondait et orientait toute vision du monde et toute espérance La Réforme, en s'introduisant en France, proposait une autre vision et une autre espérance. Le choix était crucial pour chaque âme. En 1528, sous l'impulsion du chancelier Duprat, furent réaffirmées les grandes lignes de la doctrine catholique : la Tradition (et non les seules Ecritures) était une des sources de la foi, l'homme disposait de son libre arbitre, la Grâce divine n'était pas tout, l'Église était infaillible, les sept sacrements étaient valables, les œuvres étaient nécessaires pour obtenir le salut, le culte des saints était utile, le Purgatoire existait.

Longtemps, François Ier montra de la bienveillance face aux idées religieuses nouvelles, mais les provocations des réformés, comme lors de l'affaire des placards en 1534, conduisirent la monarchie à choisir la voie de la répression. Ce fut celle où s'engagea aussi Henri II, mais il finit par constater que le protestantisme s'était enraciné. Comme l'État monarchique s'était structuré et renforcé depuis le début du siècle, Henri II voulut mettre cette force nouvelle au service de la vraie foi pour rétablir l'unité religieuse du royaume. Il n'hésita pas pour cela à renoncer aux rêves de gloire et il fit la paix avec l'ennemi espagnol à Cateau-Cambrésis en 1559. Quelques semaines plus tard, le roi mourait dans un tournoi fatal.

Buste d'Henri II. Château de Blois (Loir-et-Cher).

LES GUERRES DE RELIGION

PARADOXALEMENT LA MORT de Henri II fut la première étape des guerres civiles. Elle donnait un répit aux réformés qui en profitèrent pour se protéger.

LE CALVINISME

En effet les conversions se multiplièrent dans les années 1560 : parmi les princes du sang comme Antoine de Bourbon et Louis de Condé, parmi les grands lignages, ainsi pour les neveux du connétable de Montmorency, et surtout l'amiral de Coligny, mais aussi, par le jeu des fidélités et des clientèles, largement à travers toute la noblesse. Le protestantisme touchait de plus les strates cultivées des villes, comme le monde des artisans. La paysannerie fut en général moins réceptive. La diffusion de la Réforme fut favorisée par l'influence de Calvin : cette fois, un Français, installé à Genève, aux portes de la France, proposait une doctrine vigoureuse et une organisation rigoureuse, l'une et l'autre vivifiant la cause réformée en France. Le calvinisme permit le passage de l'empirisme hésitant des premières décennies à une construction systématique des églises nouvelles.

LES GUISE

La mort d'Henri II affaiblit aussi le pouvoir monarchique, en raison du jeune âge des fils du roi, François II, puis Charles IX. Ainsi le court règne de François II permit aux Guise, oncles du roi, de confisquer la faveur royale et les bienfaits matériels qu'elle supposait au profit de leurs seuls fidèles. La monarchie ne parvenait plus à faire taire les rivalités entre grands personnages, entre puissants lignages

Henri de Guise. Château de Blois (Loir-et-Cher).

et entre factions rivales, et ne pouvait plus imposer son arbitrage et des choix politiques durables.

Enfin la mort du roi fut l'occasion d'une réaction politique, après le renforcement net du pouvoir royal, au temps de François Ier et d'Henri II : des juristes et des théoriciens réclamaient le retour à une monarchie mixte, où ce pouvoir serait partagé avec les États généraux ou le conseil des princes, ce qui était supposé un modèle d'autrefois. La noblesse en particulier fut tentée de profiter des troubles pour reprendre son indépendance face à l'autorité monarchique, d'autant plus que le trésor royal n'était plus en mesure de dispenser des faveurs et que la paix ne permettait plus de vivre de la guerre contre des puissances étrangères.

Catherine de Médicis

Après le bref règne de François II, Catherine de Médicis, veuve de Henri II, devint régente pour Charles IX en 1560. Jusqu'à sa mort en 1589, elle allait diriger l'action monarchique de sa grande intelligence, mais elle ne parvint pas à rétablir la paix et l'unité dans le royaume. Avec le chancelier de l'Hospital, elle finit par faire le choix d'un dialogue avec les protestants, mais cette politique de concorde déclencha la guerre civile car les catholiques ne pouvaient admettre une telle remise en cause de ce qui fondait leur

Catherine de Médicis (1519-1589). Musée d'Écouen (Val-d'Oise).

représentation du monde et leur vie même. L'édit de janvier 1562 avait autorisé le culte protestant dans les faubourgs des villes ; le 1er mars le duc de Guise et son escorte massacrèrent des protestants à Vassy parce que le prêche avait lieu dans une grange, semble-t-il à l'intérieur des murs. Ainsi s'ouvrit le cycle des guerres de religion en France. Très tôt, il y eut le désir de contrôler la personne royale : les Guise y parvinrent en 1562 avec l'aide du connétable de Montmorency ; au contraire les protestants échouèrent, lors de la « surprise de Meaux » en 1567. Les belligérants portèrent aussi leur regard vers l'étranger pour y trouver des soutiens politiques, des mercenaires et des aides financières. La reine Elisabeth sut écouter ses coreligionnaires menacés, comme le roi d'Espagne encouragea les catholiques français dans sa vision de reconquête religieuse. Sur la carte européenne, la situation indécise en France devenait un enjeu essentiel.

Jarnac et Moncontour

Militairement, les protestants s'organisèrent derrière les princes convertis ou derrière des gentilshommes, et ils s'emparèrent de places fortes, ces places qui formaient un réseau solide à l'intérieur du royaume. C'était un moyen de résister à toute attaque et de tenir le plat-pays. Puis vint le temps de véritables campagnes militaires, car les protestants, parfois avec l'aide de mercenaires, lansquenets ou reîtres, surent constituer de véritables armées. En 1569, lors de la troisième guerre de religion, le duc d'Anjou, le frère du roi, à la tête de l'armée royale, s'illustra lors des batailles de Jarnac et de Moncontour, pourtant l'amiral de Coligny réussit à mener encore des troupes à travers tout le pays, avant de menacer la région parisienne.

La violence inhumaine

La violence enfin éclatait partout entre catholiques et protestants. L'idée de la croisade se développait parmi les catholiques. Denis Crouzet voit, dans les guerres de religion, des guerres saintes « parce qu'il est encore plus difficile de tuer le frère que l'infidèle, et que, pour l'homme, c'est une marque encore plus grande de l'élection divine que de parvenir à se déposséder de son humanité dans la mise à mort de celui qui n'est autre qu'un autre lui-même. » De là les assassinats familiaux, les gestes et les paroles anthropophagiques, les cruautés « inhumaines ». Et l'assassinat politique apparut aussi comme un moyen de finir la guerre. Au début de 1563, un gentilhomme protestant frappait le duc de Guise, mais cette mort renforça encore le prestige de cette maison chez les catholiques fervents. Après la bataille de Jarnac, le prince de Condé fut achevé d'un coup de pistolet contre toutes les lois de la guerre et son cadavre fut porté par une ânesse jusqu'à la place de la ville.

Charles IX.

Le tour de France de Charles IX

Tout au long de ces années de guerre, le roi et la reine-mère tentèrent pourtant de rétablir la paix. Catherine s'efforça, quand elle le put, de reprendre l'initiative : elle décida de montrer le roi Charles IX à ses sujets, lors d'un immense voyage de plus de deux ans à travers le royaume (1564-1566). Mais le rôle durable de Catherine de Médicis n'améliora pas l'image du pouvoir royal. Elle était soupçonnée d'être une disciple de son compatriote Machiavel, parce que ses tentatives de réconciliation allaient à contre-courant des tensions religieuses. Pourtant, dans ses négociations subtiles et ses intrigues complexes, elle eut toujours en vue la préservation de l'État, en recherchant une politique d' « union des cœurs », que sa légende noire a occultée.

La Saint-Barthélemy

Catherine et son fils Charles IX furent sans doute, malgré eux, à l'origine du massacre de la Saint-Barthélémy. Le 18 août 1572, le mariage de Henri, roi de Navarre, le fils de Jeanne d'Albret, et de Marguerite de Valois, la sœur du roi, devait symboliser la réconciliation entre catholiques et protestants, mais aussi une reconnaissance de la division religieuse en France, voire une victoire des protestants. Le mystérieux attentat contre Coligny, le 22 août 1572, fit monter la tension. Le 23 août au soir, Charles IX, poussé par sa mère, accepta l'idée de faire assassiner les principaux chefs protestants, sauf Henri de Navarre et Condé, comme cousins du roi. Le 24 août 1572, le jour de la Saint-Barthélemy, le massacre devint général. Certains historiens ont vu dans la Saint-Barthélémy un coup de force des catholiques extrémistes, autour des Guise. Mais une autre interprétation est possible : la volonté royale de massacrer les gentilshommes protestants apparaissait comme un moyen d'affaiblir leur camp et de rétablir un équilibre, tout en satisfaisant la haine populaire à Paris contre les huguenots. La décision royale fut amplifiée par cette haine même, le massacre trouva de nombreux échos dans les grandes villes du royaume.

La Saint-Barthélémy.

La Saint-Barthélemy eut des conséquences ambiguës. Ce coup de force ne résolvait rien. Certes il priva le camp protestant de nombre de ses chefs de guerre, les gentilshommes assassinés, d'autant plus que deux princes du sang étaient prisonniers. Mais l'événement renforça la conviction des huguenots. Ils se replièrent sur les provinces du sud et du centre-ouest et renforcèrent leur organisation. Lors de l'assemblée de Millau en 1573, furent constituées ce que Jean Delumeau a appelé les « Provinces-Unies du Midi », en faisant allusion aux Provinces-Unies (nos Pays-Bas actuels) qui se construisaient face à l'Espagne. Cette organisation indépendante narguait l'autorité royale et le royaume semblait au bord du démentèlement au moment où Charles IX mourait.

Monarchomaques, Mécontents et Politiques

Le roi avait assumé et revendiqué la violence contre les gentilshommes protestants, arguant d'une conspiration : la personne royale peu à peu devenait, comme la monarchie elle-même, une cible à atteindre. Les juristes et les polémistes en arrivèrent à contester l'ordre traditionnel de la monarchie : ce sont les Monarchomaques, François Hotman, Théodore de Bèze et Duplessis-Mornay. Selon le *Vindiciae contra tyrannos*, il y aurait eu, à l'origine de la monarchie, un contrat entre le souverain et les sujets. Si le premier violait ce contrat, les seconds pouvaient légitimement se révolter, à l'initiative d'institutions représentatives ou derrière un prince providentiel. Un tyran pouvait être tué : de là naissait la théorie du tyrannicide.

Ces penseurs protestants trouvaient des alliés chez les catholiques qui étaient mécontents du gouvernement royal, les Malcontents, ou chez ceux, qui, tentés par l'indifférence religieuse, les Politiques, ne comprenaient plus cette violence. Cette alliance a été bien décrite par Arlette Jouanna. Tous avaient le souci de la concorde civile. Monarchomaques et Malcontents avaient l'obsession de la tyrannie mais les premiers souhaitaient voir le pouvoir sous contrôle, alors que les Malcontents, comme les Politiques peu après, avaient le désir de ne pas rabaisser la dignité royale. Les Politiques, quant à eux, affirmaient que la souveraineté appartenait au roi seul, qu'il ne devait la partager avec personne et que la conservation de l'État était indépendante de l'unité de religion. Parmi les Malcontents, la figure la plus représentative était bien le maréchal Henri de Montmorency-Damville : « il se sent menacé dans son honneur, dans ses biens, dans sa vie » (*Arlette Jouanna*). Ce meneur d'hommes assimilait la persécution exercée contre sa lignée, les Montmorency, à une entreprise systématique contre la noblesse. Gouverneur du Languedoc, il en fut comme le vice-roi, n'hésitant pas à critiquer la politique royale et à se rapprocher des protestants. De telles alliances faisaient que le nouveau roi Henri III ne régna en fait que sur les deux tiers de son royaume.

La crise politique au temps de Henri III

Les affrontements religieux débouchaient sur une crise générale. Autour du roi, les conflits devenaient terribles : la famille royale se divisait pour des raisons politiques avec François, le frère du roi, ou religieuses avec Henri de Navarre ; les grands lignages s'affrontaient entre eux, Guise contre Montmorency ; les seigneurs se dressaient contre leur roi, mais aussi contre ses favoris dont l'ascension sociale était jugée trop rapide, donc scandaleuse. En effet les déterminations politiques d'Henri III affaiblirent encore le pouvoir royal. Il voulut apporter à la cour de France une étiquette dont les règles strictes apparurent comme une marque de mépris à l'égard des courtisans. Les faveurs dont le roi combla quelques gentilshommes, les mignons, furent jugées immorales, alors qu'il cherchait surtout à se constituer une garde rapprochée de gentilshommes sûrs, une fidélité personnelle qui lui permettrait de contrebalancer le poids des lignages anciens et de leurs fidélités propres. Selon Arlette Jouanna, Henri III avait surtout « tenté de promouvoir un nouveau modèle de comportement noble, et d'introduire à la cour le

Henri III. Château de Blois (Loir-et-Cher).

La chambre du roi Henri III, Château de Blois (Loir-et-Cher).

raffinement des mœurs et de l'esprit... Ce faisant, il prenait position dans un débat qui divisait l'opinion et en particulier celle de la noblesse, si attachée aux valeurs guerrières. Pouvait-on être à la fois vaillant et propre, brave et raffiné ? Beaucoup répondaient par la négative. »

Le tyrannicide

Cette impopularité déboucha sur une véritable haine qui bientôt se développa paradoxalement chez les catholiques mêmes : ils reprirent à leur compte les critiques des protestants, voire la théorie du tyrannicide. En effet Henri III tenta de gouverner, de négocier avec les protestants, de résister à la désagrégation du royaume et il imposa finalement son arbitrage en matière religieuse. Mais ce fut la question de la succession qui relança l'engrenage des guerres. En juin 1584, le frère cadet du roi mourait. Le chef des protestants, Henri de Navarre, devenait l'héritier de la couronne, si Henri III, comme chacun le pensait, ne pouvait avoir d'enfant. Les catholiques refusaient que l'héritier de la couronne fût un huguenot : la haine à l'égard du roi présent s'associait à la peur du roi futur. L'hostilité à l'égard du pouvoir royal se combinait avec la crainte d'une victoire définitive du protestantisme.

La Ligue

La Ligue naquit en 1584-1585, une « Union prophétique et mystique » selon la formule de Denis Crouzet. Ce fut une association secrète de Parisiens, mais le mouvement fut récupéré par les Guise, eux-mêmes à la tête d'une association nobiliaire, aidée financièrement par l'Espagne. Avec ses frères, ses cousins et ses fidèles, Henri de Guise, le Balafré, dont la popularité était immense, contrôlait une bonne part de la France du nord. L'unité du royaume était rompue et le roi même était menacé. La Ligue cherchait à séduire la noblesse - outrée par les faveurs accordées par le roi aux Mignons - les catholiques - inquiets des progrès du protestantisme - les contribuables - hostiles à la prolifération des impôts depuis Charles IX. Les événements se précipitèrent. La guerre des trois Henri ne permit pas au roi de vaincre son cousin, le Béarnais, ce qui finit de rendre Henri III suspect aux yeux des catholiques zélés. A partir de là, le militantisme parisien dénonça la politique royale qui semblait faite d'atermoiement.

Procession de la Ligue sur la place de Grève, à Paris, en 1590 ou 1593.
École Française (XVIIe siècle). Musée Carnavalet (Paris).

L'assassinat du roi

Paris se souleva le 12 mai 1588 et se couvrit de barricades qui devaient empêcher le contrôle de la ville par les troupes royales. Le roi prit la fuite à cheval avec quelques compagnons le 13 mai. La rupture était totale entre le roi et les catholiques zélés. Henri III, comme autrefois Charles IX avec les protestants,

Paul Delaroche, *Assassinat du duc de Guise* - 1835, Château de Blois (Loir-et-Cher).

voulut reconstituer son autorité : le 23 décembre 1588, ses Quarante-cinq exécutèrent Henri de Guise. Là encore ce « coup de majesté » ne résolut rien. Une véritable « révolution » commençait, une « révolution des curés », selon la belle formule d'Arlette Lebigre. L'assassinat d'Henri III, par un moine, le 2 août 1589, n'en fut que l'une des étapes. Sur son lit de mort Henri III fit reconnaître comme héritier Henri de Navarre, mais Henri IV se trouvait en face d'un royaume démantelé : cette fois c'était la France du nord qui faisait sécession.

Le mouvement ligueur avait une composante princière - avec les Guise - une composante nobiliaire et une composante citadine. Les Guise s'appuyèrent sur leurs gouvernements pour préparer de véritables principautés indépendantes : ils y disposaient des deniers et des offices royaux. Il y eut bien une « décomposition territoriale » en France selon les termes de Michel Pernot.

Les clientèles

La guerre civile avait bouleversé les habitudes sociales dans la noblesse. Les rapports traditionnels de suzerain à vassal n'étaient plus que des survivances des temps médiévaux. L'obéissance au roi, comme autorité suprême, ne s'imposait plus lorsque son autorité était contestée, voire maudite. Dans la noblesse, se renforcèrent donc des liens de clientèle qui ne correspondaient pas forcément aux lignes de rupture parcourant la vie politique : protestants contre catholiques, catholiques contre catholiques, royalistes contre ligueurs. Un gentilhomme « se donnait » à un grand seigneur ou à un chef de guerre, et le suivait dans les péripéties de son existence, éventuellement lorsqu'il passait d'un camp à un autre. Les historiens ont révélé ces changements : Roland Mousnier a montré ces liens de clientèles, dans un rapport de maître à serviteur, et Arlette Jouanna a insisté sur les liens d'amitié entre ces hommes d'action. Il y avait bien une fragmentation sociale à l'extrême.

La composante citadine de la Ligue recrutait ses chefs dans la « bourgeoisie » qui, comme l'a montré Robert Descimon, souhaitait voir un retour à l'ordre ancien dans la ville et voulait ébranler les oligarchies nouvelles. Les ligueurs étaient en effet hostiles aux officiers, surtout aux magistrats des cours souveraines, qui cherchaient à accaparer les charges municipales et la direction de la vie urbaine. Ils auraient mal accepté la fermeture de ce monde des offices, par leur prix trop élevé et par la pratique de la survivance qui en faisait un bien patrimonial. L'épuration du parlement de Paris à la mi-janvier 1589 fut un exemple de cet affrontement, et la violence sociale apparut bien dans l'exécution de Barnabé Brisson, président au parlement, le 15 novembre 1591.

Les formes nouvelles de la piété populaire

Ces forces nouvelles étaient mobilisées par l'action des curés et des moines qui s'engageaient dans la guerre par la prédication mais aussi par les armes. En effet la religion populaire fut marquée par une « vague de fond, nourrie par les peurs, les calamités et les passions de la lutte » (*Marc Venard*). La piété prit des

Portrait d'Henri IV au lycée Henri IV à Paris (avec l'aimable autorisation de Madame le Proviseur).

Henri IV à la bataille d'Arques (détail). Château de Pau (Pyrénées-Atlantiques).

formes spectaculaires. Les vieux sanctuaires attirèrent des foules de pèlerins dès les années 1580. Les « processions blanches » apparurent : c'étaient des cortèges d'hommes et de femmes vêtus de blanc qui passaient d'un sanctuaire à un autre, non sans inquiéter les autorités. Des confréries nouvelles vinrent encadrer ces aspirations spirituelles : elles étaient contrôlées par le clergé et se souciaient d'actions charitables, mais aussi d'une meilleure pratique des sacrements. Après leur implantation dans le sud, elles s'étaient introduites dans Paris. Avec la Ligue, leur rôle devint essentiel et les processions dans les villes avivèrent souvent les passions, tout en soutenant les énergies guerrières.

Henri IV et la reconquête d'un royaume

Que restait-il à Henri IV ? L'appareil monarchique avait des forces réduites même si des officiers du roi s'étaient ralliés au Béarnais. Celui-ci pouvait compter sur les huguenots qui étaient bien sûr devenus royalistes, sur la forte organisation des églises réformées derrière les ministres, sur la mobilisation des provinces protestantes. De plus en plus Henri sut s'appuyer sur les Politiques qui défendaient l'autorité royale légitime, acceptaient des concessions à l'égard des calvinistes, voulaient transformer l'Église de l'intérieur, mais aussi réformer l'État.

L'abjuration

Henri IV dut à la fois se convertir, reconquérir le royaume et restaurer la monarchie. Il finit par s'imposer par son courage, son habileté et son charisme. Il négocia non sans réticence le « saut périlleux », son abjuration le 25 juillet 1593. C'était, sans l'aval de Rome, une réconciliation avec l'Église de France et, à la clef, c'était l'entrée dans Paris. Il fallut encore reconstituer le territoire national, en repoussant les Espagnols : la victoire de Fontaine-Française pouvait ainsi satisfaire le sentiment national et flatter l'orgueil de la noblesse, en faisant d'Henri IV un roi glorieux. La paix de Vervins fut signée en 1598. Henri IV dut reconstruire le royaume en négociant avec les grands seigneurs et en obtenant à prix d'or leur ralliement qui mettait fin à ces sécessions multiples. En accordant ainsi ces étranges récompenses, le monarque redevenait la source de tous les bienfaits. Enfin, la pierre de voûte fut l'invention difficile d'une paix religieuse où les intérêts des calvinistes étaient garantis, puisque la liberté de culte était reconnue là où il était déjà célébré ouvertement, sans provoquer la rancune tenace des catholiques, puisque le protestantisme n'était que toléré. Néanmoins les huguenots étaient traités comme des sujets privilégiés, avec leurs assemblées politiques et leurs nombreuses places de sûreté.

Portrait de Sully. Château de Pau (Pyrénées-Atlantiques).

Réconciliation avec l'Église de France, retrouvailles avec la capitale, défense du territoire national, ralliement des grands seigneurs, équilibre religieux : Henri IV avait reconstruit l'État sur les bases d'un pouvoir absolu. Il répondait ainsi à l'immense besoin de paix qui parcourait la société française.

Le premier roi Bourbon

Le premier des Bourbons put songer à fonder une dynastie. Il se sépara de la reine Margot et épousa en 1600 Marie de Médicis. La naissance d'un Dauphin de France, Louis, le futur Louis XIII, eut lieu le 27 septembre 1601. Suivie de celles de ses frères, Nicolas (qui mourut en 1611) et Gaston, cette naissance rassura pleinement quant à l'avenir de la nouvelle maison royale des Bourbons et mettait un terme à la crise politique et religieuse de la fin du XVIe siècle.

Le roi rétablit les finances que les guerres avaient ruinées, grâce à l'action de son ministre Sully. Il confirma l'hérédité des offices royaux à travers un droit annuel, ou « paulette » : cette taxe permettait à un officier de transmettre sa charge à un héritier. Depuis longtemps vénal, désormais héréditaire, l'office était une part de la puissance publique, que ce fût dans le domaine de la justice ou des finances. L'État de l'époque moderne se structura aussi grâce à ce système commode et peu coûteux pour le roi. Installé à Paris, Henri IV en favorisa l'embellissement et il encouragea la reconstruction économique du royaume.

L'esprit tridentin

Il avait promis de faire recevoir en France les décisions prises, pour réformer l'Église, par le Concile de Trente, qui s'était achevé en 1563. Le roi se garda bien de le faire car il craignait, comme beaucoup de Français, un rôle accru du pape, qui était rejeté au nom des libertés gallicanes, au nom de l'indépendance de la France vis à vis de Rome. Néanmoins l'esprit tridentin se répandait en France. L'Église s'était organisée financièrement grâce à des assemblées régulières du clergé qui décidaient d'un « don gratuit » au roi. La formation des curés fut améliorée et l'enseignement secondaire fut fortifié grâce à des collèges qui furent souvent confiés aux jésuites.

Ravaillac

Henri IV, libéré du conflit avec l'Espagne, s'intéressa aux affaires européennes. Il imposa au duc de Savoie le traité de Lyon (1601) qui donnait à la France la Bresse et le Bugey. Il prêta une oreille attentive aux plaintes des princes protestants d'Allemagne qui craignaient une reconquête catholique dans l'Empire. Il avait même décidé d'entrer en guerre lorsqu'il fut assassiné. En effet, si le Vert-Galant - ce surnom faisait allusion à ses multiples intrigues amoureuses - avait su émousser bien des oppositions, il dut aussi affronter toute sa vie des complots de grands dignitaires ou des attentats, tant la haine à son égard était parfois restée inexpiable. Le 14 mai 1610, Henri IV était assassiné par Ravaillac, un visionnaire exalté, sans doute isolé. Si Henri IV avait été haï pendant sa vie, sa popularité fut grande après sa mort. Sa simplicité dans le vêtement, sa bonhomie sincère et son souci du peuple étaient soulignés, son intelligence, sa politique de tolérance, son sens de l'État furent aussi salués. Il incarna une façon généreuse, humaine, ouverte, d'assumer la fonction royale, ainsi que le retour à l'unité de la France.

L'assassinat d'Henri IV.

LA FRANCE DANS LA GUERRE EUROPÉENNE AU TEMPS DE LOUIS XIII ET DE RICHELIEU

Lorsque Henri IV fut assassiné le 14 mai 1610, le jeune Louis devint aussitôt roi et il n'avait que huit ans. Marie de Médicis fut déclarée régente par le parlement de Paris et Louis XIII fut sacré à Reims le 17 octobre 1610.

La régence de Marie de Médicis

Au moment de sa mort, Henri IV était sur le point de mener une grande guerre contre les Habsbourg à propos de la succession de Juliers : la campagne militaire eut bien lieu, mais on se contenta d'opérations limitées qui furent un succès. La régente, femme vaniteuse et fastueuse, qui montrait beaucoup de rudesse à l'égard de son fils, gouverna en le tenant à distance et en faisant confiance à un de ses compatriotes de Florence, Concini, qui accumula les dignités et devint marquis d'Ancre. Les ministres de Henri IV, au premier rang desquels était Sully, furent écartés. Ce changement permit à Marie de Médicis de rompre avec la politique de son défunt mari.

Les mariages espagnols

Elle favorisa un rapprochement avec la puissance espagnole, au nom d'une solidarité entre princes catholiques et de la lutte contre le protestantisme, et cela passait par des alliances matrimoniales : Louis XIII épouserait une infante d'Espagne, Anne d'Autriche (c'est-à-dire de la maison de Habsbourg), et Philippe d'Espagne, le futur Philippe IV, épouserait la sœur de Louis XIII. Ces « mariages espagnols », négociés en 1612, suscitèrent des oppositions, par exemple chez les réformés que cette politique pro-catholique inquiétait. Quant à l'influence de Concini, devenu maréchal de France en 1613, elle indisposait les grands seigneurs, qui suivirent volontiers le prince de Condé, cousin du roi, lorsqu'il se révolta au début de 1614.

Marie de Médicis, château de Versailles (Yvelines).

Marie de Médicis dut négocier, accepta de réunir les états généraux du royaume pour les consulter et fit, comme Catherine de Médicis avec Charles IX, un grand voyage en France avec son fils. Elle put conserver la charge du gouvernement quand la régence cessa, à la majorité du roi qui fut déclarée le 2 octobre 1614.

Les États généraux de 1614

Si les états généraux se réunirent bien en 1614, ce furent les derniers avant 1789. En effet les trois ordres ne s'accordèrent pas et finalement se tournèrent vers le gouvernement pour trancher leurs différends. La monarchie apparaissait bien comme l'arbitre par excellence. Un prélat s'était fait remarquer dans ces discussions, c'était l'évêque de Luçon, Richelieu, et il devint le conseiller de Marie de Médicis. Sur le mariage de Louis XIII, la reine mère n'avait pas cédé et il fut célébré à Bordeaux en 1615. En revanche, les oppositions ne désarmaient pas : Marie fit arrêter en 1616 Condé qui resta en prison jusqu'en 1619.

Un coup de majesté

Le jeune roi supportait de plus en plus mal la tutelle de sa mère et de son favori Concini qui l'humiliait. Il prépara un coup de force avec quelques familiers, autour de Luynes qui s'occupait de ses oiseaux de proie. Le 24 avril 1617, sur ordre du roi, sans jugement, le maréchal d'Ancre fut exécuté d'un coup de pistolet, alors qu'il arrivait au Louvre, et la joie éclata dans la capitale. Ce « coup de majesté » signifiait que Louis XIII allait désormais assumer le pouvoir et prendre les décisions : il éloigna sa mère, rappela les vieux ministres de son père, les prudents « barbons » et il s'appuya sur son ami, Luynes, qui devint connétable de France mais qui n'avait sans doute pas les talents pour un rôle politique majeur. Louis XIII dut faire face aux intrigues menées par Marie de Médicis qui n'acceptait pas cette défaite et il y eut même en 1620 une petite bataille entre des troupes royales et des partisans de la reine mère. Surtout Louis XIII se méfiait des protestants dont son père avait été le protecteur et sa politique entraîna le soulèvement des réformés. Il fallut mener des expéditions militaires contre eux en 1620, mais elles échouèrent. Comme Luynes mourut alors, Marie de Médicis reprit de l'influence, rentra au conseil, et mit en avant son protégé, Richelieu : le roi obtint pour lui, en 1622, le chapeau de cardinal.

Philippe de Champaigne, *Louis XIII couronné par la Victoire*. Musée du Louvre (Paris).

Philippe de Champaigne, *Le cardinal de Richelieu*. Château de Versailles (Yvelines).

La guerre de Trente ans

Les oppositions intérieures ne faisaient pas oublier les tensions internationales. La situation s'était brutalement envenimée en Bohême en 1618 et dans l'Empire, et le conflit entre catholiques et protestants dégénérait en une guerre européenne. Louis XIII suivit les conseils des barbons et resta prudent. Prince catholique, il ne soutint pas les princes protestants et proposa une médiation qui facilita la victoire catholique de la Montagne Blanche en 1620. Or cette bataille ne régla rien et le conflit devenait général.

Richelieu au Conseil

Sur les conseils de Marie de Médicis et non sans hésitations, Louis XIII appela Richelieu à son conseil en 1624 : il allait lui demander de définir la politique étrangère de la France au milieu de ces périls. Louis XIII avait trouvé un homme capable d'imaginer pour la monarchie française une politique ambitieuse de grande puissance, à l'échelle de toute l'Europe, mais aussi un homme assez talentueux pour trouver les moyens humains et financiers de la réaliser.

Richelieu principal ministre

Le cardinal de Richelieu dut d'abord s'imposer au roi et, en écartant ses rivaux, il devint principal ministre en 1629. Il a pu dire qu'il lui était plus difficile de conquérir les quatre pieds carrés du cabinet du roi que de remporter des victoires sur les champs de bataille européens. Richelieu communiquait toujours au roi les affaires importantes et ne prenait pas de décision sans lui demander son avis, pour laisser toujours au monarque le dernier mot. En échange, Louis XIII suivait le plus souvent les choix de son ministre et les orientations de sa politique, lui laissait le rôle de mécène et de protecteur des arts et des lettres, l'aidait à construire sa fortune et celle de sa famille, souvent même lui abandonnait le faste du pouvoir. Le roi soutint aussi son conseiller dans les moments de dépression ou de danger. Car les ennemis et les adversaires ne lui manquèrent pas, d'autant qu'une grave incertitude politique demeura longtemps puisque le couple royal n'ayant pas d'enfant, le successeur probable de Louis XIII, jusqu'en 1638, était son frère, Gaston d'Orléans, prince séduisant et léger, qui devenait l'espoir de tous les mécontents. Contre Richelieu, les conspirations se multiplièrent. En 1626, le roi réagit en faisant emprisonner ses demi-frères, les Vendôme, il fit juger le prince de Chalais parce qu'il s'était mêlé à des intrigues de la cour auxquelles la reine Anne d'Autriche n'était pas étrangère.

Renforcer l'autorité royale à l'intérieur

Richelieu travaillait à renforcer le pouvoir royal. Près du roi, il n'y eut plus de connétable après 1626. Ni d'Amiral de France : ce fut le cardinal qui devint grand maître de la navigation et il lança une ambitieuse politique de défense des côtes, de présence sur mer et d'expansion outre-mer. Le démantèlement des forteresses à l'intérieur du royaume et l'édit contre les duels de 1626 furent perçus comme une volonté de soumettre la noblesse indocile et querelleuse. Louis XIII refusa son pardon à un duelliste impénitent, modèle de la jeunesse turbulente, Montmorency-Bouteville, qui fut décapité malgré les prières de tous ses parents. Quant aux réformes, préconisées par le garde des sceaux Michel de Marillac à travers une ordonnance qui est connue sous le nom de Code Michau, elles restèrent en grande partie lettre morte : cela révélait que le temps n'était pas aux réformes, et que les préoccupations essentielles étaient désormais et en même temps l'ordre à l'intérieur et la guerre à l'extérieur.

Le siège de La Rochelle

Car Louis XIII s'engageait dans une action contre les protestants. La Rochelle était devenue la capitale du protestantisme français et la base de tous les soulèvements protestants. La cité avait noué des liens étroits avec les Anglais qui étaient inquiets de la volonté française de constituer une puissante marine. Une flotte anglaise, commandée par Buckingham, débarqua sur l'île de Ré en 1627, mais ne put finalement garder l'île. Comme les Rochelais soutenaient l'opération anglaise, une armée royale vint faire le siège de La Rochelle. Louis XIII y fut présent mais ce fut Richelieu qui conduisit les opérations et qui fit doubler le siège d'un blocus maritime hermétique. La cité capitula le 27 octobre 1628. Le roi et son ministre y entrèrent quelques jours plus tard. Louis XIII accordait un pardon général mais La Rochelle ne serait pas « la république huguenote de l'Atlantique » (Yves-Marie Bercé). Cette campagne scella l'union entre le roi et son ministre. De nouveaux

Statue de Jean Guiton, maire et organisateur de la défense de La Rochelle.

Vue du siège de La Rochelle (août 1627 - octobre 1628). Château de Versailles (Yvelines).

soulèvements éclatèrent en Languedoc et il fallut y mener encore des campagnes. Finalement le monarque signa en 1629 l'édit de grâce d'Alès. Il maintenait la tolérance religieuse établie par l'édit de Nantes mais mettait fin aux places de sûreté, donc à la puissance politique des protestants.

La guerre couverte

Parallèlement, la France était entraînée dans le conflit européen, à propos de la succession de Mantoue. L'Italie du nord devenait le théâtre de l'affrontement entre les grandes puissances. Une grande négociation s'engagea pourtant à Ratisbonne en 1630. En Italie, une trêve miraculeuse était obtenue entre Espagnols et Français grâce à l'intervention d'un émissaire du pape, Jules Mazarin. Finalement l'Empereur, en reconnaissant

Charles de Nevers comme duc de Mantoue, mettait fin à cet imbroglio italien et éloignait le spectre d'une guerre directe avec la France, au moment où il devait affronter le roi luthérien de Suède, Gustave-Adolphe, soutenu par la diplomatie et l'argent français.

Le grand orage ou la journée des dupes

Richelieu, dans ces événements dramatiques, était apparu comme un partisan de la guerre contre les princes catholiques. Le 11 novembre 1630, la reine-mère se déchaîna alors contre celui qui avait été son protégé et elle parlait sans doute au nom du parti dévot que la politique du cardinal inquiétait et effrayait. Ce « grand orage » fit espérer une disgrâce du cardinal qui lui-même se crut perdu. Ce fut Louis XIII qui trancha. Il signifia à Richelieu qu'il lui conservait sa confiance, fit arrêter et punir ses adversaires, dont le garde des sceaux Marillac. C'était « la journée des dupes » pour ceux qui avaient espéré le renvoi du cardinal. Cela conduisit Marie de Médicis à un exil volontaire dont elle ne revint jamais. Gaston avait lui aussi quitté le royaume. Si le choix en faveur de Richelieu donnait à celui-ci les mains plus libres, il ne désarma pas ses ennemis, et la confiance de Louis XIII, même si elle fut durable, ne fut jamais totale et incontestable, tant le roi était jaloux de son pouvoir royal et de sa liberté de décision. Quant aux négociations menées avec le duc de Savoie après la crise en Italie du nord, elles assurèrent à la France la forteresse de Pignerol, sur le versant piémontais des Alpes : c'était, selon la vision du temps, une « porte » pour pénétrer en Italie et y intervenir militairement.

Car le maintien de Richelieu au pouvoir signifiait que la même politique de « guerre couverte » se prolongeait, qui visait à intervenir indirectement en Europe. Les succès suédois affaiblirent la situation de l'Empereur et du camp catholique dans l'Empire. Cette marche à la guerre supposait des préparatifs militaires qui entraînaient de lourdes dépenses et ces dernières impliquèrent des impôts plus lourds et plus nombreux. Elle n'allait pas non plus sans résistances et les opposants mettaient leur espérance en Gaston d'Orléans. Ce fut pour lui que le maréchal de Montmorency, qui s'estimait mal récompensé par le roi et par Richelieu, souleva le Languedoc. Battu à Castelnaudary, il fut fait prisonnier, jugé et condamné à mort : Louis XIII refusa d'accorder son pardon au révolté qui fut décapité le 30 octobre 1632 bien qu'il fut le dernier rejeton d'un des plus grands lignages du royaume.

Le palais du Luxembourg (Paris,) édifié pour Marie de Médicis, est le siège actuel du Sénat.

La déclaration de guerre

En 1634, après plusieurs années de victoires éclatantes, l'armée suédoise était vaincue à Nördlingen, et la cause impériale semblait l'emporter. Gaston d'Orléans multipliait les intrigues avec les Espagnols qui firent prisonnier l'Electeur de Trêves, protégé de la France. Louis XIII fit porter le 19 mai 1635 une déclaration de guerre, selon les formes féodales, au cardinal-infant qui gouvernait à Bruxelles les Pays-Bas espagnols. La guerre éclatait, qui allait durer jusqu'en 1659. Toute la vie du roi et celle du royaume allaient être dominées par ce grand conflit. Les offensives françaises en 1635 se soldèrent par une débandade. En 1636, la France fut assaillie de toutes parts. L'armée espagnole pénétra jusqu'à Corbie, à 120 km de Paris, et la panique s'empara de la capitale. Le roi et le cardinal durent gagner Compiègne pour diriger les opérations militaires et finalement l'assaut des Espagnols s'essouffla. En revanche les troupes impériales ravagèrent Champagne et Bourgogne.

Les révoltes populaires

La situation à l'intérieur même du pays était difficile, car les révoltes populaires se multipliaient. En effet la pression fiscale pesait lourdement sur les populations qui prenaient les armes pour résister aux collecteurs de l'impôt. Les soulèvements des « Croquants » touchèrent, dans le sud-ouest, les villes

Gaston d'Orléans. Château de Blois (Loir-et-Cher).

et les campagnes. Parfois les révoltés se donnaient comme chefs de petits gentilshommes. En 1637, les hommes d'armes écrasèrent les insurgés : la bataille fit un millier de morts.

Dans l'été 1639, le gouvernement dut faire face à la révolte des Nu-pieds, née à Avranches. A l'origine, il y avait une rumeur selon laquelle le gouvernement voulait établir la gabelle, l'impôt sur le sel, dans des paroisses où elle n'existait pas. Dans ces paroisses, dites de « quart-bouillon », le sel était obtenu à partir des sables salins de la baie du Mont Saint-Michel. Le soulèvement gagna Rouen et toute la Normandie. Des commis des gabelles furent tués à Rouen en août et Richelieu décida de réprimer cette révolte. Le colonel Gassion, à la tête de mercenaires étrangers, rétablit l'ordre en Basse-Normandie en écrasant les révoltés devant Avranches le 30 novembre 1639. Une répression spectaculaire montra la volonté de Richelieu de faire un exemple.

Les dernières conspirations

En 1642, ce fut le temps de la conjuration de Cinq-Mars. C'est Richelieu lui-même qui avait poussé Cinq-Mars, le fils d'un de ses fidèles, dans l'amitié du roi, car le monarque solitaire avait besoin d'affection. Louis XIII avait accumulé sur la tête du jeune homme les charges les plus somptueuses : il était Monsieur le Grand (Ecuyer). Avant lui, il y avait eu d'autres favoris mais Cinq-Mars voulut jouer un rôle politique et se débarrasser de Richelieu qui avait fait sa fortune. Il envisageait de faire un coup d'État contre le ministre, avec le soutien de l'Espagne. Fut-il encouragé par Louis XIII à tenter une ouverture vers Madrid, face au cardinal qui toujours prolongeait la guerre? En tout cas, le jeune homme se laissa entraîner jusqu'à signer un traité. Il s'agissait de chasser Richelieu et de faire appel à Gaston d'Orléans qui serait nommé lieutenant général du royaume et qui ferait la paix avec l'Espagne, comme il s'y était déjà engagé, par une restitution réciproque des conquêtes. Peut-être la reine Anne d'Autriche elle-même fut-elle au courant du complot et peut-être l'a-t-elle révélé pour conserver la garde de ses fils que l'on voulait alors lui enlever.

Louis XIII se rendait au sud pour faire le siège de Perpignan. Richelieu, malade, dut rester à Narbonne. Bientôt il eut dans les mains une copie du traité que Cinq-Mars avait signé avec l'Espagne : c'est un signe du remarquable réseau de renseignements que Richelieu avait su tisser en Europe. Cette preuve permit de convaincre le roi qui était alors fatigué et agacé des caprices du Grand Ecuyer. Cinq-Mars fut arrêté le 13 juin 1642. Son ami François de Thou, issu d'une illustre famille de magistrats et d'historiens, était au courant du complot et ne l'avait pas dénoncé. Les deux jeunes gens furent jugés, condamnés à mort et exécutés à Lyon. Le duc de Bouillon, qui s'était compromis dans cette affaire, ne sauva sa tête qu'en cédant sa principauté de Sedan à Louis XIII.

La bataille de Rocroi. Château de Versailles, (Yvelines).

La victoire à l'horizon

Malgré ces secousses intérieures, la situation de la France était solide : au sud et au nord, les armées espagnoles avaient été battues, l'armée suédoise avait survécu et, à la fin de décembre 1641, la France et la Suède avaient prévu l'ouverture de deux congrès de paix, l'un à Münster pour les puissances catholiques, l'autre à Osnabrück pour les protestantes. Le 4 décembre 1642, le cardinal de Richelieu s'éteignait. Mazarin avait succédé au Père Joseph dans la confiance de Richelieu. Il avait négocié avec talent en Europe. Dès la mort de Richelieu, Louis XIII appela l'Italien au Conseil. Il permit le retour de quelques adversaires du cardinal, comme Gaston d'Orléans. Le 21 avril 1643, le Dauphin fut baptisé et le roi lui choisit Mazarin comme parrain. Le 14 mai 1643, Louis XIII mourait.

Une armée d'invasion de 28 000 hommes tentait alors d'envahir la France depuis les Flandres : elle subit une défaite décisive à Rocroi le 19 mai 1643. Cette victoire du duc d'Enghien, jeune cousin de Louis XIII, démontrait que les redoutables fantassins espagnols, groupés en *tercios*, n'étaient plus invincibles. C'était un succès éclatant de la politique menée par Louis XIII et Richelieu.

Condé. Château de Versailles, (Yvelines).

LOUIS XIV

Louis XIV a incarné par excellence le modèle du roi, admiré ou détesté, pour les générations qui l'ont suivi. Pourtant les jugements portés sur le roi et sur ce long règne ont été contradictoires. Longtemps les historiens adoptèrent une attitude ambiguë : s'ils dénonçaient volontiers les guerres coûteuses, la politique de glorification royale, la persécution religieuse, ils n'étaient pas insensibles à l'affirmation de l'État et de la grandeur nationale. Après la seconde guerre mondiale, une vision plus dédaigneuse s'imposa : le Grand Roi était volontiers placé derrière ses sujets dont la vie avait été souvent difficile, d'autant plus qu'ils durent payer les folles ambitions de leur souverain. Une vision sombre du règne mettait en avant les contraintes imposées à la société, les difficultés économiques, les ridicules de la vie de cour. Plus récemment certains ont rappelé que les décisions du roi de France qui étaient sévèrement critiquées par les historiens correspondaient en réalité aux réactions normales des princes de ce temps-là.

La régence d'Anne d'Autriche

Louis XIV, né le 5 septembre 1638, avait cinq ans lorsqu'il devint roi le 14 mai 1643 à la mort de son père, Louis XIII. Anne d'Autriche, pour contourner les décisions de son défunt mari, eut besoin du parlement de Paris qui lui confirma une pleine autorité pour gouverner la France. Cour de justice, cour des pairs aussi, cette cour « souveraine » avait une place singulière par rapport aux autres parlements dans les provinces, notamment par l'étendue de son ressort. Les parlements avaient la tâche d'enregistrer les édits royaux, et éventuellement de proposer à leur sujet des « remontrances ». Le roi pouvait néanmoins passer outre, et même casser toute résistance, en tenant un « lit de justice ». Comme les parlementaires possédaient leurs offices de justice, qui étaient donc « vénaux » et étaient devenus héréditaires, ils avaient ainsi une grande indépendance face au pouvoir royal.

Anne d'Autriche. Château de Blois (Loir-et-Cher).

Buste de Mazarin.
Institut de France (Paris).

Le gouvernement de Mazarin

Anne d'Autriche, quoique sœur du roi d'Espagne, continua la politique de Louis XIII et de Richelieu, qui signifiait avant tout la guerre contre les Habsbourg d'Espagne et d'Autriche. C'est dans cet esprit qu'elle avait gardé près d'elle, pour gouverner le pays, un cardinal romain, Giulio Mazarini, dont le nom avait été francisé en Jules Mazarin. Ce diplomate pontifical paraissait irremplaçable parce qu'il connaissait bien l'Europe, la diversité de ses cours, la complexité de sa carte politique. Il sut, malgré les tourments et les tourmentes, conserver la confiance et l'amitié de la reine Anne d'Autriche. Son style de gouvernement trancha sur celui de Richelieu : cet Italien subtil montra une étonnante souplesse, tout en révélant si nécessaire sa fermeté. Néanmoins nombreux étaient les mécontents qui souhaitaient mettre fin à la politique brutale et au climat de contrainte qui duraient depuis Richelieu, à l'obéissance qui était imposée à la Cour et à la noblesse.

La Fronde fut une conséquence indirecte des engagements internationaux de la France. Comme Richelieu dont il était le disciple, Mazarin pensait que le royaume pouvait et devait payer la coûteuse politique de guerre. Pourtant au moment où des résultats tangibles allaient être obtenus - la paix dans le Saint-Empire paraissait possible et la France en était l'arbitre - le royaume était à bout de souffle. Le Parlement exprima cette lassitude en refusant d'entériner les décisions prises par le gouvernement en matière financière.

La vieille Fronde

Au début de 1648, la régente vint au Palais de justice de Paris tenir un lit de justice pour imposer une série d'édits fiscaux, préparés par le surintendant Particelli, mais dès le lendemain, le parlement annula cette opération. Les cours souveraines de Paris envoyèrent alors des députés, qui se réunirent dans la Chambre Saint-Louis du Palais de Justice et préparèrent un texte de 27 articles : ils demandaient, entre autres, qu'aucune levée d'impôts n'eût lieu sans le consentement des cours souveraines, disposition qui mettait la couronne sous contrôle. La régente céda.

Les barricades

En réalité, Mazarin attendait le temps d'une revanche. Les armées françaises connaissaient alors des succès sur tous les fronts. Lorsqu'on apprit la belle victoire de Condé à Lens (20 août 1648) contre l'armée espagnole, Mazarin décida de frapper l'opposition des parlementaires en en faisant arrêter les meneurs, surtout un vieux parlementaire, Broussel, le 26 août 1648. L'émeute éclata dans Paris. Les bourgeois de la ville s'armèrent. Des affrontements eurent lieu avec les gardes du Roi. Le coadjuteur de l'archevêque de Paris, Gondi, un ambitieux qui souhaitait remplacer Mazarin et qui était écouté par les curés de Paris, n'apaisa pas les esprits, au contraire. Le 27 août, Paris se couvrit de barricades. Le 28 août, Broussel fut libéré, le Parlement demanda la démolition des barricades, mais les troubles continuèrent. Le calme ne revint que peu à peu dans les jours suivants.

La reine s'installa avec la Cour, au château de Rueil, près de Paris. Mais elle fut contrainte à la discussion et le 22 octobre, une déclaration royale

entérinait tous les articles de la Chambre Saint-Louis. Une véritable monarchie limitée était instituée en théorie. Le Roi rentrait dans Paris. Paradoxalement ce fut le moment où furent signés les traités de Westphalie qui mettaient fin à la guerre dans le Saint-Empire (24 octobre 1648) : la France allait obtenir une présence en Alsace et le droit de veiller aux « libertés germaniques ».

La première guerre de la Fronde

Après avoir cédé à la colère populaire, la régente et Mazarin firent venir les mercenaires allemands de l'armée de Condé dans les environs de Paris. Puis la Cour, après avoir feint de fêter les Rois, quitta la capitale dans la nuit du 5 au 6 janvier 1649 et s'installa à Saint-Germain-en-Laye. Condé fit le blocus de Paris avec 8 à 10 000 hommes. Mazarin avait été déclaré le 8 janvier « ennemi du roi et de son État » et perturbateur du repos public par les Frondeurs, au moment même où en Angleterre le roi Charles Ier était décapité - ce qui provoqua la stupeur en Europe.

Le château de Saint-Germain-en-Laye (Yvelines), où naquit Louis XIV.

Les mazarinades

Une intense guerre de libelles se développa contre Mazarin. Plus tard, ces textes furent appelés « mazarinades », d'après le titre de *La Mazarinade* de Scarron (1651). Il y en a plus de 5000 recensées. On reprochait à Mazarin son origine étrangère, son pouvoir sur le Roi et ses liens avec Anne d'Autriche, les impôts qu'il avait créés, son goût du luxe et de l'opéra italien, son enrichissement : il était « l'abbé à vingt chapitres », le « seigneur à mille titres ». Les écrivains étaient au service des princes, des parlementaires ou de Gondi. Les imprimeurs parisiens travaillèrent à plein régime pendant cinq ans. Le peuple de Paris était las du blocus. Un apaisement au printemps 1649 se révéla de courte durée et les tensions intérieures conduisirent à une rupture entre Condé, qui voulait exercer le pouvoir politique, et Mazarin. Le cardinal voulut montrer sa force en le faisant arrêter, ainsi que son frère le prince de Conti et son beau-frère Longueville (18 janvier 1650).

L'union des Frondes

Cela relança la révolte et favorisa l'« Union des Frondes ». Les troupes royales partirent alors à la reconquête des provinces soulevées par les princes et leurs fidèles. Des campagnes furent menées en Normandie, en Bourgogne et en Guyenne et la cour sillonna le royaume. Néanmoins le conflit politique demeurait. Mazarin choisit de s'effacer et de partir dans la nuit du 6 au 7 février 1651. Il passa par Le Havre où les princes avaient été finalement emprisonnés et il les libéra. Les Parisiens se rendirent au Palais-Royal, dans la nuit du 9 au 10 février 1651, pour voir si le petit roi y demeurait toujours et n'allait pas lui aussi quitter la capitale. La reine-mère demanda à Louis XIV de se coucher tout habillé et de feindre le sommeil : cette humiliation du pouvoir royal laissa un souvenir pénible au jeune souverain. La famille royale était prisonnière dans Paris. Mazarin continua à diriger de l'étranger les actes de la régente.

La Fronde condéenne

En septembre 1651, alors que Louis XIV venait d'être déclaré majeur et que la Régence prenait fin, Condé sautait le pas. C'était cette fois la révolte personnelle d'un prince du sang. Condé était favorable à un pouvoir royal fort, et il ne souhaitait pas qu'il fût contrôlé par les États ou la noblesse. Mais il voulait guider le jeune roi, à la place de la reine mère et de son conseiller italien. Il s'appuyait sur Bordeaux et la Guyenne, ainsi que sur les Espagnols. Anne d'Autriche rappela Mazarin qui avait recruté à ses frais une petite armée et qui rejoignit le souverain à Poitiers en janvier 1652. C'est Turenne qui, s'étant rallié à la cause royale, mena les combats contre Condé. Paris fut la proie des émeutiers au printemps 1652. Les troupes de Condé et celles du roi, commandées par Turenne, tournaient autour de Paris. Le 1er et le 2 juillet, lors de la bataille du faubourg Saint-Antoine, la Grande Mademoiselle fit tourner les canons de la Bastille contre les troupes de son cousin Louis XIV et sauva Condé qui put entrer dans la ville. Le 4 juillet, Paris connut une journée sanglante, la terreur condéenne. L'année 1652 fut aussi la plus terrible pour les populations de la région parisienne.

Le Grand Condé consacra son temps, ses efforts et sa fortune au château de Chantilly (Oise).

Le retour au calme

La lassitude était évidente. Mazarin eut l'habileté de s'éloigner une fois de plus pour calmer les esprits. Condé quittait la France et se mettait au service de l'Espagne. La monarchie semblait désormais seule garante d'un retour à la paix intérieure. Le 21 octobre 1652, Louis XIV faisait une entrée triomphale dans sa capitale. Aujourd'hui les historiens pensent que la Fronde ne s'est pas achevée en 1653 et que des soubresauts marquèrent les années suivantes.

L'éducation d'un roi

Louis XIV fut sacré à Reims le 7 juin 1654. Tout au long de ces années, le cardinal Mazarin, parrain du jeune roi, qui était chargé de son éducation depuis 1646, l'initia à sa tâche de souverain et lui décrivit l'Europe politique, mais il se garda bien de lui laisser prendre la moindre décision. Le jeune prince apprit aussi de sa mère les manières de vivre dans une cour. La guerre franco-espagnole prit fin avec le traité des Pyrénées (7 novembre 1659) dont l'une des clauses essentielles était le mariage du jeune roi avec la fille de Philippe IV, l'infante d'Espagne, Marie-Thérèse. C'était un pari sur l'avenir : le roi de France, un jour, serait peut-être amené à réclamer, au nom de sa femme, une part de l'empire espagnol ou un droit à la couronne d'Espagne. Louis XIV rencontra son beau-père sur l'île des Faisans, à la frontière franco-espagnole, et le mariage avec Marie-Thérèse fut célébré à Saint-Jean-de-Luz (9 juin 1660).

La prise du pouvoir

La date essentielle dans le règne de Louis XIV est celle de 1661. La mort de Mazarin (9 mars) conduisit le roi à une décision majeure, annoncée le 10 mars, celle de ne plus avoir de premier ministre. Cela signifiait que le souverain régnait et gouvernait tout à la fois, ce qui renforçait l'image de la monarchie, tous les pouvoirs étant dans les mains d'un seul, mais cela privait le monarque d'un bouclier commode, le mécontentement ne pouvant plus être détourné vers le principal ministre. Cette « prise de pouvoir », souvent commentée, fut suivie d'une autre décision importante, celle d'écarter le surintendant des finances, Nicolas Fouquet, qui fut arrêté le 5 septembre 1661 à Nantes où se trouvait la cour.

Cathédrale Notre-Dame de Reims (façade XIIIe siècle), où fut sacré Louis XIV.

Château de Vaux-le-Vicomte (Seine-et-Marne).

LE PROCÈS DE FOUQUET

Fouquet avait travaillé avec Mazarin à trouver des ressources financières pour achever la guerre et la paix, il avait aussi permis au cardinal d'amasser une belle fortune, et lui-même ne s'était pas oublié au passage : en recevant avec faste le roi à Vaux-le-Vicomte dans l'été 1661, il avait indisposé le souverain qui pensait qu'une telle splendeur lui était réservée. Le roi avait déjà en secret condamné le surintendant parce qu'il avait le contrôle des finances et que cela lui donnait un pouvoir qui échappait au monarque. C'était ainsi tout l'organisation financière et le monde des financiers que Louis XIV, donc à travers lui l'État, souhaitait surveiller et contrôler. Enfin, comme l'a rappelé Marc Fumaroli, Fouquet, par ses amitiés et ses fidélités, représentait une tradition modérée - qui n'était plus celle de la monarchie depuis Richelieu et l'affirmation de la « raison d'État » - une politique de réconciliation et de dialogue qui n'était pas dans les vues du jeune roi autoritaire. Louis XIV aurait voulu que le procès contre Fouquet débouchât sur une condamnation à mort : les juges se contentèrent du bannissement hors du royaume, ce que le roi transforma en détention dans la citadelle de Pignerol.

Fouquet.

Le métier de roi

Ces décisions de 1661 révélèrent Louis XIV à ses sujets. Il allait respecter son engagement et consacrer son énergie au métier de roi qu'il jugeait délicieux et dont il avait la plus haute idée. Cela signifia un travail constant tout au long de sa vie pour écouter ses ministres et ses généraux, pour étudier les affaires et les projets, pour trancher et décider. Il apporta dans cette tâche une grande majesté personnelle et un sens de la politesse qui donnaient de l'éclat à la fonction royale. Il fit sien le souci de ses prédécesseurs, d'être exactement et parfaitement obéi et il se fit craindre. Louis XIV voulut donner du faste à toutes les cérémonies publiques, comme les audiences accordées aux ambassadeurs étrangers. Lui-même ne dédaignait pas alors les habits somptueux et les bijoux. Il savait parler avec clarté et force. Pour renforcer le prestige de la monarchie française auprès des Français ou des autres pays européens, une célébration de la personne royale se développa tout au long du règne : des poèmes pour vanter ses mérites, des médailles pour rappeler ses hauts faits, des portraits pour immortaliser sa silhouette, des statues équestres érigées dans les villes du royaume pour dire sa gloire.

Statue équestre de Louis XIV, Versailles (Yvelines).

COLBERT AUX AFFAIRES

Jean-Baptiste Colbert avait géré l'immense fortune de Mazarin qui l'avait recommandé au roi. Connaissant bien le système financier sur lequel s'appuyait Fouquet, il avait préparé la chute du surintendant. Après lui, il fut chargé de le remplacer, mais sans en avoir le titre. Comme Louis XIV voulait assumer lui-même la charge de surintendant, Colbert, s'il fut ministre dès 1661, ne fut que contrôleur général en 1665. Il fit de cette fonction la première dans l'État, alors que, depuis le Moyen Age, c'était le chancelier qui avait le rôle principal. Michel Antoine a vu là une révolution pour la monarchie, dont le fondement était les finances, et non plus la justice, d'autant plus que Colbert fut chargé de nombreux autres domaines, les Eaux et Forêts, les Bâtiments du roi, la Maison du roi, la Marine. Colbert travailla à mieux connaître les revenus et les dépenses de l'État, et il s'efforça, non sans succès, de trouver les ressources nécessaires pour payer les armées, préparer une marine de guerre, construire les palais royaux.

LES DYNASTIES DE MINISTRES

Les collaborateurs de Mazarin, Fouquet excepté, restèrent en place. Le Tellier avait la responsabilité des affaires militaires, et il s'appuya de plus en plus sur son fils Louvois. Hugues de Lionne dirigeait la diplomatie française. Louis XIV, jusqu'aux derniers moments de sa vie, consacra lui-même beaucoup de

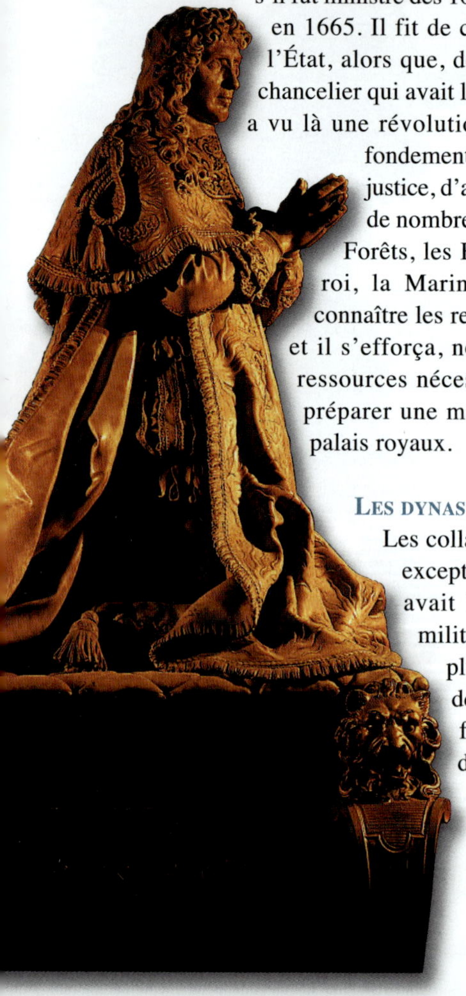

Tombeau de Colbert par Antoine Coysevox, situé dans le chœur de l'église Saint-Eustache (Paris).

Louvois.

temps aux affaires de l'État. Elles étaient discutées dans des conseils. Le plus important pour les affaires de politique générale et les affaires étrangères était le conseil d'en-haut, le conseil des ministres : toute personne qui y était appelée devenait ministre d'État. Dans ce cadre, le roi n'eut qu'une poignée de ministres, auxquels il conservait sa confiance, souvent jusqu'à leur mort, non sans rappeler, au besoin rudement, le poids de son autorité. Il demandait un dévouement de tous les instants, le secret le plus absolu et un travail immense. Il choisissait ses conseillers dans un petit nombre de familles, issues de la bourgeoisie, et non de la noblesse, les Colbert, les Le Tellier ou les Phélypeaux par exemple.

L'organisation de l'État monarchique

Le détail des affaires était traité par le Conseil d'État qui tranchait les litiges au nom du roi. Telle était l'organisation ancienne de la monarchie. Il faut ajouter une administration nouvelle qui fut renforcée autour du contrôleur général et des Secrétaires d'État - de la Guerre, des Affaires étrangères, de la Maison du roi et de la Marine, des Affaires de la religion prétendue réformée. Seuls certains de ces collaborateurs étaient ministres. Ils s'appuyaient sur des premiers commis et des commis et ils exécutaient le détail des décisions prises par le roi. Louis XIV choisit souvent de travailler en tête en tête avec eux. Dans les provinces, le pouvoir royal s'appuya de plus en plus sur les intendants qui ne dépendaient que de lui et dont les compétences ne cessèrent de s'élargir, puisqu'ils s'occupaient de la justice, de la police et des finances. Ils s'imposaient de mieux en mieux face aux autres autorités locales - les gouverneurs des provinces, les évêques, les gentilshommes, les juges, les municipalités. Le pouvoir royal était par définition absolu, c'est-à-dire sans liens. La façon dont Louis XIV a exercé ce pouvoir et cette administration plus étoffée sont à l'origine de la notion d'absolutisme que bien des historiens ont privilégiée, non sans risque d'erreur. Avec Roland Mousnier, il est préférable d'évoquer une monarchie administrative qui ne se contente plus d'arbitrer et de contrôler, mais qui entreprend, gère et dirige.

Une politique de grande puissance

Bas-relief en hommage aux trafics maritimes du port de La Rochelle, situé dans la bourse de commerce de la ville.

Car la politique de Louis XIV fut d'emblée orientée vers une affirmation de la France en Europe et le roi suivit la ligne fixée par son père et par les deux cardinaux-ministres. La France bénéficiait d'une situation favorable. Elle n'avait plus à craindre la menace des Habsbourg, bien affaiblis par de longues guerres, ainsi que par les traités de Westphalie et des Pyrénées. Le royaume de France était le plus peuplé d'Europe et il avait montré qu'il était capable de financer de grandes armées. Louis XIV, un roi jeune, avait l'ambition de s'illustrer, et dans l'univers du XVIIe siècle la gloire était avant tout militaire. Pour cela il fallait faire la guerre et la gagner. La situation de paix en Europe permettait à Louis XIV d'envisager et de préparer la guerre, sans avoir à la subir. Cette préparation marqua les premières années du gouvernement personnel. Hugues de Lionne fut chargé de mener des négociations dans toute l'Europe pour nouer des relations solides et signer des traités qui donneraient des alliés à la France en cas de conflit. Le Tellier eut la charge de réorganiser les armées et son fils Louvois réussit à en augmenter la taille sans en compromettre la discipline ou la cohérence. Enfin Colbert réussit à donner à la France, pays sans véritable tradition maritime, une flotte de guerre, capable de rivaliser avec celles de l'Angleterre et des Provinces-Unies.

La première place en Europe après l'empereur

Parallèlement Louis XIV entretint la tension politique en Europe en utilisant des incidents diplomatiques à l'étranger pour obtenir des réparations et par là affirmer sa prépondérance en Europe. Dans la hiérarchie symbolique des rois, il occupait la première place, juste après l'empereur. A la mort de son beau-père, le roi d'Espagne, il mit en avant les droits de la reine Marie-Thérèse, qui pourtant s'était engagée par des renonciations solennelles à abandonner toute prétention vis à vis de l'Espagne. Des juristes utilisèrent comme argument un droit des Pays-Bas espagnols, le droit de dévolution, et ce fut un prétexte à la guerre. Elle fut facile, mais elle inquiéta l'Angleterre et les Provinces-Unies qui menacèrent d'intervenir, ce qui conduisit Louis XIV à mettre fin à ces opérations militaires, tout en obtenant de belles villes au nord, prises à l'Espagne, comme Lille et Douai.

La guerre de Hollande

Mais ce n'était qu'une paix temporaire. Louis XIV avait compris qu'il lui fallait encore trouver d'autres alliances, ainsi celle qui fut négociée secrètement en 1670 avec le roi d'Angleterre, Charles II. L'ennemi choisi par le roi fut cette fois la Hollande qui avait osé arrêter la course du conquérant. La guerre fut entreprise en 1672 et les victoires furent éclatantes : les Provinces-Unies étaient envahies, en réalité elles n'avaient pas capitulé. Une révolution politique amena au pouvoir, à La Haye, Guillaume d'Orange qui désormais allait se dresser en permanence face à Louis XIV. Le roi d'Angleterre, qui s'était engagé dans ce conflit aux côtés de la France, fut contraint de s'en retirer, tant cette alliance avec le roi très chrétien semblait suspecte aux Anglais. L'Empereur entra en guerre à son tour contre le roi de France. Néanmoins, les généraux de Louis XIV remportaient de beaux succès : en particulier celui de Turenne à Turckheim

Joseph Parrocel, *Passage du Rhin par l'armée de Louis XIV,* en 1672. Musée du Louvre (Paris).

(1675). La marine royale, commandée par Duquesne, remporta aussi d'éclatantes victoires sur les côtes de Sicile (1676) face à la redoutable flotte hollandaise. La paix signée à Nimègue en 1678 entérinait de nouvelles conquêtes au nord avec Cambrai, Valenciennes et Maubeuge et avec l'acquisition de la Franche-Comté. La politique royale trouvait sa cohérence en repoussant la frontière du nord loin de Paris et en la rendant plus linéaire, par l'abandon des enclaves en territoire étranger. Pour rendre difficile toute invasion du royaume, l'ingénieur Vauban fut chargé de construire ou de reconstruire des forteresses sur tout le pourtour du royaume. Ainsi fut élaborée cette « ceinture de fer » qui devait assurer la défense de la capitale et garantir le territoire français de toute incursion ennemie.

La citadelle de Belle-Île (Morbihan). Photo : Maurice Gautier.

Si la quête de gloire personnelle, l'affirmation de la présence française en Europe, l'agrandissement et la fortification du territoire furent les préoccupations essentielles de ce début de règne, ce ne furent pas les seules.

La soumission de la société

L'ordre public venait aussi au premier rang. Louis XIV avait vécu les troubles de la Fronde et il travailla à en empêcher le retour. Il contraignit sa famille proche à la plus stricte obéissance. Il surveilla la noblesse qui avait été longtemps indocile et querelleuse. Rappelé à l'ordre dès 1655, le Parlement de Paris sentit aussi le poids de l'autorité royale et Louis XIV interdit en 1673 les remontrances avant enregistrement, ce qui conduisit les parlementaires parisiens à ne plus opiner sur les décisions royales et à se

contenter de leur rôle judiciaire. A Paris, la charge de lieutenant général de police fut créée, ce qui traduisit le même souci d'assurer l'ordre, tout en améliorant la vie quotidienne dans la capitale. La Reynie qui fut le premier titulaire de cette charge s'y acquit l'estime générale. Il y eut encore quelques révoltes dans le royaume, liées à des résistances face à l'impôt, ainsi la guerre du Lustucru dans le Boulonnais en 1662 ou la révolte du papier timbré en Bretagne en 1675. Néanmoins elles cessèrent après 1680, et là encore la France donna l'image d'une société soumise à l'autorité royale.

Les grandes ordonnances

Grâce à cette relative tranquillité intérieure, grâce à la ténacité de Louis XIV et de ses ministres, le gouvernement put engager d'importantes réformes pour uniformiser et adapter le droit français, et cette action s'inscrivait naturellement dans le sillage des efforts accomplis par la monarchie depuis le début du XVIe siècle. Ce fut une œuvre de longue haleine qui aboutit à la publication de grandes ordonnances, pour la procédure civile (1667), la procédure pénale (1670), les Eaux et Forêts (1669), le commerce (1673), la marine (1681) et les colonies (1685). Cet édifice législatif n'était pas d'inspiration libérale, au contraire il renforçait les contrôles, mais il avait l'avantage de clarifier la situation et d'éviter les obscurités qui étaient souvent des facteurs d'arbitraire.

La marquise de Sévigné dénonça les exactions des soldats pendant la révolte du papier timbré. Claude Lefebvre, *La marquise de Sévigné*. Musée Carnavalet (Paris).

La Galerie des glaces, à Versailles (Yvelines).

Manufactures et compagnies de commerce

Très ambitieux aussi fut l'encouragement à l'activité économique. Colbert s'efforça de favoriser la création de manufactures qui pourraient fournir des objets de qualité en grande quantité. Il s'agissait de limiter les importations de produits fabriqués à l'étranger d'autant plus que le déficit de la balance des paiements était financé en définitive en métal précieux qui, selon les idées du temps, était la richesse d'une nation. Des manufactures furent ainsi créées, qui fournissaient le roi et la cour : pour les tapisseries et les meubles, les Gobelins, pour les glaces, Saint-Gobain. Globalement, même si la production de luxe fut encouragée, le succès de cette politique demeura limité. Il en fut de même pour les compagnies de commerce qui visaient à imiter en France la Compagnie hollandaise des Indes dont les profits étaient fabuleux. Beaucoup de ces entreprises échouèrent, mais la Compagnie française des Indes orientales réussit à survivre malgré bien des difficultés. Il faut signaler dans cet esprit les initiatives prises pour étendre, peupler et organiser les terres lointaines de la Nouvelle-France en Amérique du nord. En 1682, Cavelier de la Salle descendit le Mississipi et donna le nom du roi à ces nouvelles terres américaines qu'il découvrait - la Louisiane.

La cour de marbre du château de Versailles (Yvelines).

La cour

Louis XIV se révèle peut-être mieux à travers la vie de la cour et son goût pour les arts. L'idée de développer autour de la personne et de la vie du roi une vie de cour aux règles strictes qui, comme l'a bien remarqué Saint-Simon, consistaient à donner de l'importance à des riens, a des origines très anciennes. Les Valois, et surtout Henri III, avaient eu le désir d'établir une étiquette forte qui aurait marqué la distance entre le monarque et ses courtisans. La présence en France de reines, qui étaient des infantes espagnoles, favorisa cette évolution qu'avaient retardée les guerres, civiles et étrangères, et la personnalité de Henri IV et de Louis XIII. Louis XIV au contraire donna toute son attention à cette vie sociale singulière. Bien sûr il fallut du temps pour arriver à ce mécanisme immuable qui prévalut à Versailles et qui permettait à l'univers entier de savoir à chaque instant ce que faisait le roi de France. La cour longtemps resta itinérante, avec une nette prédilection pour Saint-Germain-en-Laye. Néanmoins ce fut déjà à Versailles qu'eut lieu le bel ensemble de fêtes connu sous le nom des *Plaisirs de l'île enchantée*. La vie de cour supposait une assiduité près du roi, surtout si le courtisan était titulaire d'une des innombrables charges de sa maison qui donnaient en effet à un grand seigneur des fonctions de domestique, même si en réalité il s'agissait surtout de superviser le travail des serviteurs royaux. Mais cette société,

Histoire moderne

Hyacinthe Rigaud,
Louis XIV.
Musée du Louvre (Paris).

pour Louis XIV, devait être le lieu de tous les délices, et s'il y avait rituel, ce devait être celui de tous les plaisirs, ceux de la musique comme ceux du jeu, du théâtre comme ceux de la chasse, ceux de la danse comme ceux de la table.

Les proches du roi

Selon les périodes de sa vie, Louis XIV réussit plus ou moins bien à animer sa cour. Sa jeunesse laissa un souvenir de faste et de réjouissance, d'autant que le jeune roi, peu fidèle, quoique respectueux à l'égard de Marie-Thérèse, donnait l'exemple d'une vie amoureuse agitée, sinon libertine. Après de nombreuses maîtresses plus ou moins connues, vint le tour de l'impérieuse, élégante et spirituelle marquise de Montespan qui caractérisa bien cette jeunesse de la cour. Autour du monarque, vivaient ses proches : Anne d'Autriche, que Louis XIV écarta des affaires et qui mourut bientôt, Marie-Thérèse, qui vécut dans l'ombre de son auguste mari, le seul enfant du couple royal qui survécut, le Dauphin - Monseigneur - et plus tard ses fils, le frère du roi, Monsieur, et ses deux épouses successives - Henriette d'Angleterre, puis, après sa mort, le princesse palatine. Toute la vie de cour tournait autour de la journée du roi : son lever, avec une hiérarchie stricte des « entrées » qui marquait le degré d'intimité avec le monarque, la messe, avec là aussi ses distinctions le souper, le coucher enfin. Comme la vie de cour était un moyen de se faire connaître du roi, elle était favorable à une discrète mise au pas de la noblesse qui attendait du roi des faveurs : évêchés ou abbayes pour des cadets, gouvernements, ambassades, commandements militaires pour des aînés. En restant loin du prince, à Paris ou en province, des lignages se fermaient la porte de la faveur royale et se condamnaient parfois au déclin.

Les arts, les lettres et les sciences

La même attitude s'imposa à l'égard des arts et là Louis XIV, élève de Mazarin, n'oublia pas les leçons de l'Italien. L'art pouvait servir l'image du roi qui devait protéger et encourager les artistes. Le roi devait aussi être seul à l'origine des grandes entreprises de l'art. Le monarque eut enfin à l'égard des institutions que nous appellerions « culturelles » la même attitude : une protection éclatante, un désir d'illustration et une surveillance discrète. Louis XIV accepta d'être le protecteur de l'Académie française et il donna son avis sur le choix des futurs académiciens. De nouvelles académies se mirent en place : l'Académie des inscriptions en 1663, l'Académie des

L'Observatoire (Paris) fondé en 1667 par Colbert.

sciences en 1666. L'Académie royale de peinture et de sculpture existait depuis 1648. Louis XIV était lui-même amateur de musique : elle accompagnait tous les moments de sa vie qui n'étaient pas réservés au travail. Dans sa jeunesse, il participa avec plaisir à des spectacles de ballet et il favorisa la naissance de l'opéra français - la tragédie lyrique. Il surveilla aussi de près toutes les réalisations architecturales de son règne et constitua de belles collections, surtout de tableaux. Il soutint Molière contre les dévots et attira près de lui Racine et Boileau.

La colonnade de Perrault, au Louvre (Paris), élevée en 1688.

La maturité

Même si la célébration officielle du roi et de sa gloire peut paraître aujourd'hui outrée, donc trompeuse, il faut néanmoins deviner que la majorité des Français étaient sensibles à une politique qui garantissait l'ordre à l'intérieur et donnait un grand prestige à la monarchie française. La vitesse acquise poussa Louis XIV, après Nimègue, à des initiatives qui prolongeaient, en les durcissant, les orientations du début du règne, mais qui se révélèrent plus dangereuses.

La révocation de l'Edit de Nantes

A l'intérieur, ce fut la volonté de rétablir l'unité religieuse en France. Louis XIII et Richelieu avaient conservé la tolérance accordée par l'édit de Nantes aux protestants, tout en leur ôtant leur puissance politique et militaire. Le temps de Louis XIV fut au contraire un temps de persécutions. Il paraissait possible d'obtenir la conversion des réformés, au besoin par la menace, ou en installant chez eux des soldats qui multiplieraient les exactions. Ces dragonnades se révélèrent efficaces, les conversions se multiplièrent et Louis XIV se laissa convaincre qu'il fallait aller plus loin : considérer qu'il n'y avait plus guère de protestants en France et que l'édit de Nantes ne servait plus à rien. Il fut donc révoqué en octobre 1685. Cette décision fut célébrée par les catholiques fervents comme le triomphe de la vraie religion. En réalité, de nombreux protestants choisirent de quitter la France et de s'installer hors du royaume. Quelques voix, ainsi celle de Vauban, s'élevèrent au moment de la Révocation pour déplorer ces départs qui affaiblissaient le pays et fortifiaient ses voisins. Les réformés

La tour de Constance, à Aigues-Mortes (Gard) où étaient emprisonnées des protestantes.

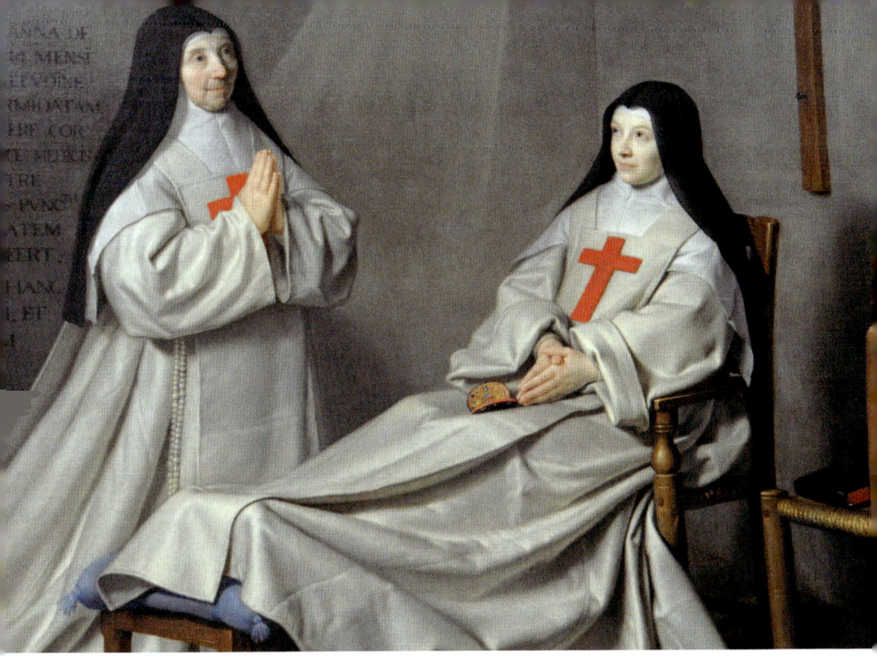

Philippe de Champaigne, *La mère Catherine-Agnès Arnauld et la sœur Catherine de Sainte Suzanne Champaigne , fille de l'artiste, dit ex-voto de 1662*. Musée du Louvre (Paris).

qui demeurèrent en France dissimulèrent leurs convictions religieuses. Plus tard, au début du XVIIIe siècle, les Cévennes connurent un soulèvement protestant et les « Camisards » réussirent même à battre des régiments du roi en 1704. La Révocation indigna aussi les princes protestants en Europe qui souvent, depuis le XVIe siècle, avaient été des alliés de la France. Cela alimenta les attaques contre la politique tyrannique du roi de France qui fut présentée comme un danger pour tous les protestants d'Europe. La même sévérité marqua l'attitude royale à l'égard des catholiques qui s'écartaient de la doctrine de l'Église. Les jansénistes connurent ainsi des alternances de persécution et de tolérance. A la fin de son règne, Louis XIV dispersa les dernières religieuses de Port-Royal (1709) et fit raser les bâtiments de l'abbaye (1710), enfin il obtint du pape une nouvelle fois la condamnation du jansénisme par la bulle *Unigenitus* (1713).

L'installation de la cour à Versailles

Cette nouvelle étape dans la vie du roi fut aussi le moment où la Cour se fixa à Versailles en 1682. Amateur de chasse et de promenades au grand air, Louis XIV avait décidé de transformer le petit château où son père aimait séjourner. Le roi décidait de renoncer aux déplacements permanents de la cour, même si elle fit encore, chaque année, des séjours à Marly ou à Fontainebleau. C'était une façon de reconnaître que le poids nouveau de l'administration rendait difficile cette itinérance ancienne. Ainsi se créait une capitale politique et administrative du royaume. Et ce n'était pas Paris. Il a été parfois déclaré que le roi se méfiait depuis la Fronde de la grande cité indocile. En tout cas, le roi ne vécut plus au milieu des Parisiens, et cela ne fut sans doute pas sans importance. Le palais n'était pas achevé lors de cette installation et les travaux continuèrent longtemps, car le roi avait un goût marqué pour ses « bâtiments » et aimait changer en permanence le cadre luxueux dans lequel il vivait. Louis XIV avait pris à son service les artistes qui avaient travaillé pour Fouquet : Le Vau pour l'architecture, Lebrun pour la peinture et Le Nôtre pour le dessin des jardins. Hardouin-Mansart agrandit l'ensemble avec les bâtiments sur les jardins, les ailes, les écuries. Louis XIV avait appris de Mazarin le respect

La pièce d'eau des Suisses, au-delà de l'Orangerie, à Versailles (Yvelines). Photo Didier Reuss.

Jean-Baptiste Tuby, *Le Rhône*, château de Versailles (Yvelines).

de l'art, la recherche de la beauté et le souci du faste : sa demeure devait l'emporter sur toute autre dans le royaume, voire dans le monde. L'une des réalisations qui stupéfia les contemporains fut la galerie des glaces : outre ses proportions impressionnantes et son mobilier d'argent, elle offrait un ensemble de peintures à la seule gloire du roi de France. La présence de la cour supposa que des locaux fussent aménagés pour l'administration du royaume, pour les chevaux et les carrosses, pour la vie quotidienne. Une ville nouvelle fut créée autour du palais. Ce fut aussi le moment où Louis XIV, veuf de Marie-Thérèse, décida de mener une vie respectueuse des règles de l'Église. Il épousa secrètement (1683) Mme Scarron, veuve d'un poète cul-de-jatte, qui avait élevé les enfants adultérins du roi et qui était devenue, par la faveur royale, marquise de Maintenon. Cette femme intelligente mena à la cour une vie discrète et retirée, mais ne fut sans doute pas sans influence sur le monarque.

Les réunions

Louis XIV souhaita prolonger ses succès militaires et diplomatiques en renforçant la défense du territoire. Il s'agissait d'acquérir de nouveaux domaines sur le pourtour du royaume. Pour cela, des juristes et des historiens furent chargés de fouiller les archives pour retrouver des documents rappelant de vieux droits féodaux qui faisaient dépendre des fiefs nouvellement acquis par la France des terres situées hors de France. Si le seigneur ne reconnaissait

Les Invalides (Paris).

pas ce lien et l'autorité de Louis XIV, la terre était confisquée. Ces « réunions » permirent ainsi de nombreuses annexions en pleine paix. Dans le même esprit, Louis XIV occupa, sans raison et sans résistance, la ville de Strasbourg (1681). Ces provocations provoquèrent la colère de nombreux princes allemands qui étaient lésés par ces procédures et qui se tournèrent vers l'Empereur, au moment même où celui-ci était menacé par les Turcs et réussissait, grâce au roi de Pologne Jean Sobieski, à dégager sa capitale, Vienne (1683).

La guerre de la Ligue d'Augsbourg

La mobilisation progressive de l'Europe conduisit à un nouveau conflit, la guerre dite en France de la Ligue d'Augsbourg (1688-1697). Au même moment en Angleterre, le débarquement de Guillaume d'Orange répondait au mécontentement des Anglais à l'égard du roi Jacques II Stuart qui dut se réfugier en France. Guillaume d'Orange désormais régnait à Londres. La guerre qui commençait eut donc une dimension maritime, les flottes françaises soutenant les efforts de Jacques II pour reconquérir son royaume. Le succès français lors de la bataille navale de Béveziers en 1691 ne fut pas durable : en 1692, après une difficile bataille, une grande partie de la flotte de guerre française fut incendiée à La Hougue. Cette guerre d'escadre qui était ruineuse laissa la place à la guerre de course. Au nom du roi, des corsaires, venus de Dunkerque ou de Saint-Malo, attaquaient les bateaux marchands des ennemis, compromettant ainsi le commerce international. Le Dunkerquois Jean Bart multiplia les exploits. Sur le continent, les armées de Louis XIV « ravagèrent » le Palatinat : ce mélange de pillages et de menaces, destinées à obtenir des versements d'argent, blessa durablement l'Allemagne par son aspect systématique et impitoyable. Les victoires de la France furent nombreuses, montrant que ses armées étaient capables de tenir tête à une forte coalition européenne. Néanmoins, Louis XIV apparaissait de plus en plus isolé en Europe. Le bilan des années 1680-1690 était ambigu - une guerre difficile et des tensions religieuses dans le royaume. A cela s'ajouta des crises économiques graves dues à des difficultés climatiques, ainsi dans les années 1693-1694. Ainsi la fin du règne fut-elle marquée par de grands changements.

La vieillesse

Si Louis XIV vécut jusqu'à 77 ans, il vit en revanche la mort de ses principaux collaborateurs - Colbert en 1683, Louvois en 1691 - et l'apparition d'une nouvelle génération de ministres, qui avaient sans doute des idées nouvelles. L'administration s'était étoffée et elle s'efforça de mieux connaître le royaume, sa population, ses ressources, sa diversité, comme le prouvèrent les mémoires commandés aux intendants pour l'instruction du duc de Bourgogne (1697). De multiples projets de réforme furent préparés. Dans cet esprit, pour financer la guerre, un impôt par tête fut créé en 1695 qui devait frapper tous les sujets, même nobles, selon la richesse ou le statut social. Plus tard en 1710, un nouvel impôt, le dixième, fut institué avec le même souci de respecter la capacité de chacun et la justice sociale. Enfin il est possible que déjà une société et une économie nouvelles soient nées, en particulier les ports de l'Atlantique commençaient à se tourner vers le commerce colonial.

Le château de Versailles (Yvelines).

La succession d'Espagne

C'est aussi dans un esprit de modération que se développèrent les négociations pour mettre fin à la guerre de la Ligue d'Augsbourg. Louis XIV accepta de reconnaître Guillaume III comme roi d'Angleterre et d'abandonner les terres annexées lors des réunions, sauf Strasbourg. Il est vrai que cette modération s'expliquait par la proximité de la mort du roi d'Espagne, Charles II, qui n'avait pas de descendance directe. En raison des liens familiaux entre les maisons souveraines, de nombreux princes pouvaient prétendre à la succession espagnole, et parmi eux les princes de la maison de France ainsi que l'Empereur et ses

fils. L'enjeu était de taille puisque l'empire espagnol était immense, en Europe et dans le monde entier : Louis XIV et Guillaume III préparèrent des solutions diplomatiques qui en prévoyaient le partage. Mais les Espagnols n'acceptaient pas de voir cet ensemble disloqué, par le soin d'autres puissances européennes, et Charles II, au seuil de la mort, fit un testament qui désignait comme successeur le second petit-fils de Louis XIV, le duc d'Anjou, car le roi de France était le seul à pouvoir maintenir l'intégrité de cet ensemble de territoires. Après des discussions au conseil d'en-haut, Louis XIV accepta ce testament le 16 novembre 1700. Un Bourbon, Philippe V, partait pour régner en Espagne.

Jean-Baptiste Tuby, *Bassin de Flore*, ou *du Printemps*. Château de Versailles (Yvelines).

Une guerre mondiale

Une telle décision entraîna une nouvelle guerre, dite de Succession d'Espagne. Les puissances maritimes, Angleterre et Provinces-Unies, qui voulaient s'emparer du commerce espagnol avec les colonies américaines se dressaient contre ce nouvel ordre international, l'Empereur intervenait au nom de ses droits à la couronne d'Espagne et une grande alliance se forma contre le roi de France et son petit-fils. Il ne s'agit pas ici d'entrer dans le détail, mais d'insister sur quelques points. Bien sûr, l'encerclement de la France par les possessions de la maison de Habsbourg avait disparu. Néanmoins, pour une grande part, la monarchie française dut contribuer à défendre les possessions espagnoles face à ses ennemis. Après quelques années incertaines, il devint clair que la situation des Bourbons était difficile. Des pans entiers de l'empire espagnol tombaient aux mains des alliés et la péninsule ibérique elle-même était en partie occupée. L'Anglais Marlborough et le général impérial, Eugène de Savoie, infligèrent de rudes défaites aux armées de Louis XIV, Lille tomba en 1708. Louis XIV voulut négocier et, à travers les discussions, il apparut clairement que les alliés voulaient que Philippe V abandonnât son trône de Madrid. Le roi accepta cette idée, mais refusa de chasser lui-même son petit-fils de son nouveau royaume. Or le vent tournait. Les Espagnols s'étaient montrés fidèles au prince français, les alliés rencontraient des difficultés en Espagne même, la défaite des Bourbons n'était pas totale puisqu'ils trouvaient des moyens de continuer la guerre, malgré le terrible hiver de 1709 qui frappa durement les Français. Le roi de France, dans une lettre solennelle et émouvante, fit appel au sentiment patriotique de ses sujets. Surtout cette longue guerre conduisit à un effritement de la coalition contre les Bourbons : l'Angleterre se déclara prête à négocier à la fin de 1710.

La paix d'Utrecht

Au moment où l'idée s'imposait que Philippe V resterait roi d'Espagne tout en perdant une bonne part de son empire, en Italie par exemple, Louis XIV vit la mort décimer sa famille et c'était sa propre succession qui devenait incertaine. Son fils, l'aîné de ses petits-fils, l'aîné de ses arrière-petits-fils moururent en 1711 et 1712. Philippe V se rapprochait de la couronne ou d'une éventuelle régence, et avec lui le spectre inquiétant pour l'Europe d'une union de l'Espagne et de la France. Néanmoins, après une victoire française inattendue (1712), après des renonciations solennelles imposées aux Bourbons par la diplomatie anglaise, pour garantir la séparation des deux royaumes, la paix fut signée à Utrecht en 1713, puis à Rastadt en 1714. Malgré les deuils qui l'accablèrent, le roi conserva longtemps sa vitalité. Il multiplia les précautions pour préparer le règne de son héritier, un enfant né en 1710. Il continua à travailler avec constance, et la maladie lui laissa encore le temps et l'énergie de prendre congé de

Louis XIV. Collection particulière.

Intérieur de la chapelle royale, à Versailles (Yvelines).

ses proches et de ses courtisans, non sans majesté. Il aurait dit alors à ses courtisans : « Je m'en vais, mais l'État durera toujours... J'espère aussi que vous ferez votre devoir et que vous vous souviendrez quelquefois de moi. » Le relief que Louis XIV donna à la fonction royale, l'ampleur des réalisations, en particulier artistiques, sous son règne, l'administration qui se mit en place et les ressources qu'elle sut tirer du royaume, enfin l'extension du territoire suscitèrent l'admiration des princes du XVIIIe siècle qui cherchèrent souvent à imiter le roi de France. En revanche, au temps de Louis le Grand, des orientations furent prises qui transformèrent les traits de la monarchie : une autorité royale plus marquée et plus contraignante, une surveillance étroite de la société, un effacement politique des élites traditionnelles, et ces caractères, peu à peu, furent moins bien acceptés par les Français qui explorèrent des voies vers une plus grande liberté.

LA FIN DE L'ANCIEN RÉGIME

Ainsi, avec les siècles, s'était constituée une organisation de la France qui fut désignée, au moment de la Révolution, comme l'Ancien régime. La France ancienne trouvait d'abord sa cohésion dans des traits spirituels.

La foi chrétienne

C'était la religion du roi et théoriquement de tous les Français : elle était la base de la monarchie comme de la société. Toute création, toute autorité venait de Dieu. Le catholicisme l'avait emporté en France. Louis XIV remit en cause les droits qui avaient été accordés aux protestants par l'édit de Nantes et les juifs n'étaient que tolérés dans le royaume. Enfin il n'était pas permis de se proclamer athée ou indifférent. Les sacrements, les fêtes religieuses, la prière marquaient et scandaient la vie de tous les Français. Le clergé avait une place éminente dans le royaume car il avait la tâche essentielle de diriger et de confesser les âmes. Il avait pour son entretien le droit de percevoir la dîme. L'Église de France avait acquis avec le temps une organisation efficace. Par le Concordat, elle dépendait largement du roi de France et la proclamation des libertés

L'église Sainte-Geneviève, devenue depuis Panthéon (Paris).

gallicanes avait permis à cette Église d'acquérir une grande indépendance à l'égard de Rome et de la papauté.

Le respect du passé et des libertés

Cet ordre spirituel impliquait le respect des autorités religieuses, morales, politiques ou intellectuelles. Une surveillance plus ou moins lourde s'exerçait sur les écrits ou sur les paroles. Une censure s'exerçait volontiers pour dénoncer tout ce qui semblait une injure à Dieu, au roi ou aux bonnes mœurs. Les idées hétérodoxes ou nouvelles n'étaient pas faciles à défendre. Il faudrait ajouter le respect du passé, de la tradition, de la coutume. Ce qui fait la complexité de l'Ancien régime, c'est que les institutions ou les édits nouveaux ne supprimaient pas forcément les réalités anciennes, mais s'ajoutaient à elles. En défendant des droits acquis dans le passé, une province, une ville, un bourg, une communauté, un « corps », un métier, défendaient souvent des privilèges, des droits que d'autres n'avaient pas, des exemptions de taxes, des « franchises » municipales ou des « libertés » provinciales. Ainsi, si l'Ancien Régime ne connaissait guère la liberté, il était le conservateur et le protecteur de toutes les libertés.

Le roi et ses sujets

L'Ancien régime, cela signifiait surtout un ordre politique, fondé sur la monarchie de droit divin : les Français étaient les « sujets » d'un roi et ce mot même indique qu'ils lui devaient obéissance. Toute l'autorité découlait d'une seule source, le roi, qui depuis le Moyen Age était considéré comme empereur dans son royaume et ne reconnaissait aucune puissance au-dessus de lui, sinon Dieu. Son autorité se renforça par la construction de l'État, c'est-à-dire d'une administration plus structurée, étoffée et efficace, mais aussi par l'affirmation de la souveraineté royale après l'épreuve des guerres de religion : le roi est l'arbitre suprême, autant que le dispensateur de toute justice, le créateur de toute loi et le défenseur du royaume. S'il n'y avait pas de texte constitutionnel, il y avait néanmoins une constitution venue du passé : elle s'appuyait sur des lois fondamentales issues de l'histoire.

L'action de la monarchie

Mais la puissance publique était largement déléguée. D'une part des offices avaient été créés, et avec le temps ils étaient devenus vénaux et héréditaires. D'autre part des commissions temporaires et précises avaient favorisé l'installation

La rotonde de la Villette, construite par Claude-Nicolas Ledoux, chargé d'édifier autour de Paris une enceinte destinée à la perception d'un impôt sur les marchandises entrant dans la ville : l'octroi.

d'intendants dans les provinces, qui, devenus les yeux et les oreilles du prince, amplifièrent l'unification, la modernisation et la centralisation du royaume. La monarchie fut ainsi à l'origine de vastes entreprises. Elle tenta de fixer, de simplifier et d'uniformiser le droit. Elle favorisa la circulation des hommes, des marchandises et des nouvelles en créant des routes et des ponts, un corps des ponts et chaussées et des postes. Les agents du roi travaillèrent à moderniser et à aménager les villes. Des mesures furent prises pour favoriser le commerce, en particulier le commerce international, pour encourager la production manufacturière et pour éviter famines, disettes et épidémies. Le pouvoir monarchique encouragea la création artistique et la recherche scientifique. L'État prit ainsi une place centrale et un poids singulier dans la vie du royaume, place et poids qu'il n'avait pas ailleurs en Europe : cela fit la singularité du « modèle » français d'administration.

Le poids de l'impôt royal

Cet État s'était renforcé à travers les guerres qui avaient impliqué la création d'une armée permanente, donc de l'impôt permanent. Les conflits incessants du XVIIe siècle avaient entraîné un bond quantitatif de l'impôt royal qui n'avait pas été accepté sans révoltes et sans tensions. Il avait été collecté dans le cadre traditionnel d'une répartition et avec le concours intéressé de financiers. A son tour, il avait permis l'action monarchique. Pourtant, avec le temps, la monarchie se montra incapable de transformer durablement sa fiscalité, en raison même des privilèges et elle ne disposa pas des méthodes et des institutions financières qui existaient en Hollande ou en Angleterre.

Naissance de la nation

Cette organisation politique connut une lente érosion. L'idée que tous les pouvoirs, exécutif, législatif et judiciaire, pussent être confondus devint intolérable. A plusieurs reprises, le monarque rappela que la nation se confondait avec le roi et qu'elle ne pouvait se définir en dehors de lui. Pourtant la nation apparut peu à peu comme la source de toute légitimité. Certains cherchèrent à s'exprimer en son nom, en particulier les membres des parlements, ces cours de justice, qui enregistraient les décisions royales. Car il n'y avait guère dans le royaume d'occasions de dialogue et de négociation entre le roi et ses sujets. S'il existait, dans quelques provinces, des États provinciaux, les États généraux ne furent plus réunis après 1614. Finalement

Au XVIIIe siècle, la monarchie a le souci de donner une bonne formation aux jeunes officiers nobles destinés à encadrer les armées. Par exemple, dans le cadre de l'École militaire de Paris.

la nation s'affirma à côté du roi et contre lui. La Révolution mit alors fin à la vénalité des offices, avant de s'en prendre à la monarchie elle-même.

L'inégalité de droit

La société était divisée traditionnellement en trois « ordres », inégaux en nombre. Le clergé et la noblesse avaient une fonction dans la société : la défense du royaume pour les gentilshommes et la prière pour les hommes de Dieu, et cela justifiait les privilèges dont ils jouissaient. La noblesse se définissait moins par un statut clair que par le sentiment d'appartenir à une race à part, par une manière de vivre et par des valeurs. Ce groupe social restait ouvert aux familles qui s'illustraient au service du roi, ou achetaient des charges publiques. L'inégalité entre les sujets était un fait juridique. Elle se marquait dans un goût pour le « rang », pour les hiérarchies anciennes qui étaient périodiquement rappelées dans les cérémonies : cela marquait à l'église, à la cour du roi, dans les villes et les campagnes, ce qu'était l'ordre établi par la tradition. Si ces honneurs faisaient naître un respect naturel pour ces élites, ils entretenaient chez les puissants un dédain tout aussi naturel : cela conduisait parfois à une cascade des mépris que la charité chrétienne ne venait pas forcément adoucir et qui devint peu à peu insupportable. L'inégalité sociale se traduisait à travers l'impôt direct dont les deux premiers ordres étaient exemptés. La monarchie s'était efforcée de créer des taxes indirectes et des impôts directs nouveaux auxquels chacun fût soumis, mais ce fut globalement un échec. A cela s'ajoutait l'inégalité commune entre les hommes et les femmes, que les esprits ne remettaient guère en question.

Droits féodaux et droits seigneuriaux

Si la féodalité n'était plus qu'un souvenir, il en demeurait des traits singuliers qui étaient jugés comme des vexations. Les dernières traces de servitude, de « mainmorte », avaient sans doute disparu, mais les liens d'homme à homme existaient encore, souvent symboliques, et associés à des droits féodaux à payer. La seigneurie, elle, liait le paysan à une terre, sous la protection d'un seigneur qui possédait cette terre. Le paysan n'était donc pas pleinement propriétaire, il en avait la propriété utile et il devait payer des droits seigneuriaux, comme le cens recognitif de seigneurie. Le seigneur, outre cette propriété éminente des censives, avait d'autres droits comme le monopole de la chasse qui était très mal accepté à la fin du XVIIIe siècle, et il disposait de banalités : les paysans avaient l'obligation de passer par le moulin et le four du seigneur. Enfin même si la justice royale dominait presque partout et était un recours pour tous les sujets, les seigneurs conservaient des droits de justice. L'organisation du travail artisanal reposait le plus souvent sur une organisation verticale, du compagnon au maître, même s'il existait des métiers libres et si Turgot avait tenté, en vain, d'établir la liberté du travail. Pierre Goubert a écrit que l'Ancien Régime était « une sorte d'immense fleuve bourbeux, qui charrie des troncs morts et encombrants, des herbes folles arrachées à tous les rivages, des organismes vivants de tous âges et de tous volumes... » Pierre Gaxotte y avait vu plutôt « un très grand et très vieil édifice » à propos duquel il concluait : « ... l'ensemble était cossu, la façade avait grand air, on y vivait mieux et plus nombreux qu'ailleurs ». Tout le XVIIIe siècle fut marqué par ces contradictions.

La Régence

En 1715, le neveu de Louis XIV, Philippe d'Orléans, devint régent et gouverna au nom de Louis XV, arrière-petit-fils du roi défunt, qui n'avait que 5 ans. Il remplaça les ministres bourgeois par des conseils de grands seigneurs ; il choisit de vivre à Paris plutôt qu'à Versailles ; à l'austérité du règne précédent, il préféra une vie joyeuse ; il voulait la paix à l'extérieur plutôt que la guerre. La Régence rompait avec la politique du Roi-Soleil. En réalité, dès 1718, par souci d'efficacité, le Régent revint aux institutions et aux pratiques traditionnelles de la monarchie.

Philippe d'Orléans.

La prospérité

Elle fut incontestable dans toute l'Europe du XVIIIe siècle. La population française passa en cent ans de 22 à 29 millions d'habitants. La mort reculait, le taux de mortalité baissait, car les épidémies et les famines se firent plus rares. Néanmoins les progrès médicaux furent lents avant la diffusion de la vaccination contre la variole. La natalité restait en revanche très forte, mais les démographes ont constaté dans les familles les progrès de la contraception, pourtant condamnée fermement par l'Église. Cette population plus nombreuse fut mieux nourrie sans doute grâce à une amélioration lente des rendements agricoles, même si aujourd'hui il n'est plus question de parler, comme naguère, de « révolution agricole ». La

Louis XV jeune. Château de Blois (Loir-et-Cher).

jachère, qui permettait au sol de se reposer, commençait à reculer, mais elle était encore souvent nécessaire, faute d'engrais. L'élevage pouvait apporter de la fumure : il prit de l'importance et permit aux Français de consommer plus de viande.

Les échanges

Le commerce intérieur fut favorisé par un réseau de bonnes routes, qui fut créé par le corps des ingénieurs des Ponts et Chaussées et permis par l'institution de la corvée royale - les Français donnait périodiquement leur travail pour le « pavé du roi ». En revanche les douanes, octrois et péages à l'intérieur du royaume limitaient encore la circulation des marchandises qu'ils rendaient plus chères. Les économistes réclamaient la liberté de la circulation commerciale, tout comme ils demandaient la liberté de l'industrie qui permettrait, par le jeu de la concurrence, la baisse des prix, donc une plus grande consommation. Le commerce international connut un bel essor parce que les produits coloniaux (café, sucre, rhum) faisaient de plus en plus partie de la vie courante. Cela entraîna la prospérité spectaculaire des îles des Caraïbes et des principaux ports français de l'Atlantique. Cela passa aussi par le transport d'une main d'œuvre noire, réduite à l'esclavage, de l'Afrique vers l'Amérique, et cette « traite des noirs » fut un des facteurs de la prospérité française au siècle des Lumières.

John Law.

Le système de Law

Le Régent encouragea l'expérience menée par l'Ecossais Law : une banque royale émettait de la monnaie de papier qui était à tout moment convertible en or et en argent, et une compagnie de commerce proposait des actions qui rencontrèrent un grand succès parce qu'on en espérait de gros bénéfices. Le système reposait sur la confiance. A la première alerte, tout le monde voulut se débarrasser de ses billets et de ses actions. Ce fut le cas en 1720 : Law dut fuir à l'étranger. Pour longtemps la France se méfia des billets de banque. Des détenteurs d'actions étaient ruinés, alors que ceux qui avaient vendu à temps étaient devenus riches. Néanmoins l'État avait pu payer les dettes immenses, que Louis XIV avait faites pour conduire ses guerres, avec de la monnaie-papier. Le système de Law avait permis une circulation plus rapide de l'argent et cela fut un coup de fouet pour l'économie.

La rue Quincampoix à Paris, où était installée la banque de Law. Musée Carnavalet (Paris).

Louis XV

En 1723, il fut déclaré majeur et le Régent mourut. Après un bref ministère du duc de Bourbon, cousin du roi, qui favorisa le mariage du monarque avec Marie Leszczinska, la fille d'un roi de Pologne détrôné, le roi laissa gouverner son ancien précepteur, le très sage et très âgé cardinal Fleury. Le cardinal s'efforça de maintenir la paix à tout prix et, lorsqu'il dut accepter la guerre, il tenta de la limiter. Un des principaux résultats de cette politique fut la cession à Stanislas, beau-père du roi, de la Lorraine, qui, après sa mort, devait revenir à la France. Stanislas sut préparer ce rattachement progressif au territoire français qui y trouva une cohérence nouvelle, puisque le duché de Lorraine y était enclavé. Louis XV, intelligent mais indécis, donnait l'impression de ne s'intéresser aux affaires sérieuses que par intermittences. Néanmoins il se passionnait pour la vie militaire et pour les affaires européennes, n'hésitant pas lui-même à diriger une diplomatie secrète.

Louis Tocqué, *Marie Leszczinska*, Musée du Louvre (Paris).

Victoires et défaites

Or la France fut entraînée dans des guerres longues. La guerre de succession d'Autriche (1740-1748) fut heureuse, grâce à la belle victoire de Fontenoy qui fut remportée par le maréchal de Saxe et à laquelle Louis XV assista, mais elle profita surtout à l'allié de la France, le roi de Prusse, Frédéric II. Ces conflits avaient permis aussi l'installation de deux branches de la maison de Bourbon en Italie, à Parme et à Naples. Aux tensions européennes, s'ajoutait de plus en plus un affrontement de la France et de l'Angleterre dans la péninsule indienne et en Amérique du nord. Dans ce contexte, la diplomatie française opéra une « révolution » en se rapprochant de l'Autriche, qui était depuis Charles Quint l'ennemi héréditaire. L'Angleterre et la Prusse s'allièrent alors et furent victorieuses lors de la guerre de Sept Ans (1756-1763) : Louis XV cédait le Canada à l'Angleterre et ne conservait que les îles à sucre, dans les Antilles, si importantes pour le commerce français.

Les Lumières

Le XVIIIe siècle a été présenté comme le temps des Lumières, qui devaient triompher des ténèbres, c'est-à-dire des préjugés, des traditions et du fanatisme. Une organisation secrète, la franc-maçonnerie, développa cette opposition de l'ombre et de la clarté. Des loges maçonniques réunissaient des hommes qui souhaitaient réfléchir sur les grandes questions sociales, morales et philosophiques. Des rites soulignaient leur solidarité et effaçaient quelque peu les distinctions sociales entre eux. Longtemps aussi, les académies provinciales, qui s'étaient multipliées, eurent la même vocation. Enfin les salons, surtout à Paris, avec Mme de Tencin, Mme Geoffrin, Mme du Deffand, Mlle de Lespinasse ou Mme Necker, symbolisèrent l'alliance des beaux esprits et des écrivains, bref des élites de la société et de la culture.

L'Encyclopédie

La diffusion du savoir et des idées nouvelles passa par le livre qui profita des progrès de l'imprimerie. La presse connut aussi un essor rapide. Même si la censure exerçait son contrôle sur toute la production imprimée, les ouvrages interdits réussissaient à circuler en France. Une grande entreprise éditoriale (1745-1772), l'*Encyclopédie*, conduite par Diderot, devait rassembler tous les savoirs, en particulier les techniques artisanales, mais les articles y eurent souvent une portée philosophique ou polémique, et le projet connut bien des difficultés, avant d'aboutir et de connaître une remarquable diffusion. Nombre de « philosophes » participèrent à ce dictionnaire.

Les Philosophes

On désignait ainsi des écrivains et des journalistes qui n'hésitaient pas à critiquer les traits les plus archaïques de la société, de la monarchie et de l'Église. Cette réflexion débouchait sur l'émergence de principes nouveaux : la séparation des pouvoirs et la liberté politique, dans l'œuvre de Montesquieu, la tolérance et l'optimisme chez Voltaire, le contrat social et la volonté générale dans les ouvrages de Rousseau. Les textes de ces philosophes contribuèrent à animer les discussions politiques dans le royaume et à faire espérer des réformes audacieuses.

Les conflits politiques

Les guerres avaient affaibli de nouveau les finances royales. Le contrôleur général Machault créa un nouvel impôt qui, destiné à frapper tous les revenus, n'épargnait pas les ordres privilégiés. Le clergé protesta, et le roi recula : l'Église échappa à cet impôt. Les difficultés financières étaient aggravées par une crise politique. En effet les oppositions à la politique gouvernementale s'exprimaient avec vigueur, en particulier dans le cadre des parlements qui avaient retrouvé sous la Régence leur droit de remontrance et qui s'en servaient avec efficacité. Ces affrontements prirent une dimension religieuse car les parlementaires étaient des magistrats sensibles au jansénisme, fidèles aux idées gallicanes, hostiles à l'influence romaine, et ils n'acceptaient pas les condamnations que la monarchie avait obtenues à Rome contre les idées jansénistes. Un climat de passion religieuse enveloppait cette polémique qu'un périodique clandestin, les *Nouvelles ecclésiastiques*, anima à partir de 1728.

Le règne de Louis XV fut ainsi marqué par une instabilité ministérielle qui traduisait les incertitudes du souverain et la puissance des attaques contre ses ministres.

L'attentat de Damiens

L'image du roi se dégrada. Il avait été désigné comme le « Bien aimé » lorsqu'il avait été frappé d'une grave maladie au début de son règne. Peu à peu il devint au contraire la cible de critiques

Hyacinthe Rigaud, *Louis XV*, (1730). Château de Versailles (Yvelines).

Le supplice de Damiens, en place de Grève. Musée Carnavalet (Paris).

qui touchaient surtout sa vie privée, car il eut de nombreuses maîtresses et laissa prendre de l'influence à l'une d'elles, la marquise de Pompadour. Les querelles autour du jansénisme envenimèrent les choses à tel point que Damiens, qui avait été domestique chez des parlementaires, alla jusqu'à donner au roi un coup de couteau le 5 janvier 1757. La blessure n'était pas grave mais Damiens fut néanmoins écartelé pour le crime de lèse-majesté. L'attentat montrait qu'une part de l'opinion publique était mobilisée contre Louis XV.

Choiseul

Les difficultés militaires pendant la guerre de Sept Ans n'améliorèrent pas sa situation. Le roi confia au duc de Choiseul le soin de terminer le conflit et de préparer une revanche, en réorganisant l'armée et l'armement. Choiseul était un grand seigneur, officier et diplomate à la fois, et il mena à bien la mission qui lui avait été confiée. Il « acheta » aussi à la république de Gênes la Corse qui ne fut pas conquise sans peine. Homme de guerre, il ne donnait pas une très grande importance aux manœuvres des parlements. Ceux-ci marquèrent un point lorsqu'ils obtinrent la suppression de la Compagnie de Jésus qui était étroitement liée à la papauté et qui était la cible des attaques jansénistes (1762-1763). Cette mesure désorganisa l'enseignement secondaire où le rôle des jésuites était essentiel. Mais le roi était fatigué des attaques menées par les parlements contre les décisions de son conseil ou contre ses représentants dans les provinces. Le 3 mars 1766, il rappela au Parlement, lors de la séance dite de la Flagellation que, dans la monarchie française, la puissance souveraine résidait en sa personne seule et « que les droits et les intérêts de la nation, dont on ose faire un corps séparé du monarque, sont nécessairement unis avec les miens et ne reposent qu'en mes mains ». Ce rappel à l'ordre ne suffit pas.

La réforme Maupeou

A la fin de 1770, Louis XV renvoya Choiseul qui voulait mener contre l'Angleterre une guerre de revanche, alors que Louis XV souhaitait d'abord résoudre la crise intérieure. Il décida de frapper fort en transformant l'organisation de la justice et il confia à l'énergique chancelier Maupeou cette réforme (23 février 1771). Les magistrats n'achèteraient plus leurs charges, ne recevraient plus d'épices (à l'origine des présents en nature, devenus une taxe obligatoire), seraient nommés et payés par le monarque : ils y perdaient leur indépendance et leur rôle qu'ils s'étaient efforcés de rendre politique. Le Parlement de Paris conservait son droit de remontrance. Les anciens parlementaires seraient remboursés de leurs charges et remplacés par de nouveaux magistrats. L'abbé Terray, nommé contrôleur général, engagea une réforme des impôts. Mais Louis XV, qui avait soutenu cette réforme Maupeou et y voyait un moyen de redonner force et vitalité à la monarchie, mourut en 1774.

Louis XVI

Son petit-fils Louis XVI était un jeune homme pieux et droit. Il se laissa convaincre que la réforme Maupeou était trop brutale et il rappela les parlements tels qu'ils existaient avant 1771. Le chancelier conclut : « J'avais fait gagner au roi un procès qui durait depuis trois siècles. S'il veut le perdre encore, il est bien le maître ». Pourtant Louis XVI, conseillé par Maurepas, mit en place une brillante équipe gouvernementale qui proposait un large plan de réformes.

Antoine-François Callet, *Louis XVI*. Musée Carnavalet (Paris).

Turgot, médaillon réalisé entre 1771 et 1773. Manufacture de Limoges (Haute-Vienne).

Les réformes de Turgot

Turgot, qui faisait partie du monde des « Philosophes », en était l'homme essentiel. Son programme était simple : « Point de banqueroute ; point d'augmentation d'impôts ; point d'emprunts ; des économies... » Cette politique était destinée à résoudre les difficultés financières. Mais Turgot allait plus loin et proposait de grandes mutations. Il était favorable à la liberté du commerce et établit en 1774 la libre circulation des grains, afin d'éviter la pénurie et la spéculation. La mesure fut au contraire jugée comme responsable des problèmes d'approvisionnement en 1775 à la suite d'une mauvaise récolte et des émeutes éclatèrent : c'était la « guerre des farines » et Turgot dut rétablir l'ordre par la force. Il supprima aussi la corvée royale en 1776 qui était imposée aux paysans et la remplaça par un impôt qui frapperait tous les propriétaires fonciers et qui serait destiné aux Ponts et Chaussées. Il supprima les jurandes, ce que nous appelons volontiers les corporations (5 janvier 1776) et établissait ainsi la liberté du travail. Mais ce bouleversement était regardé avec inquiétude par les maîtres artisans qui perdaient leur monopole et par les ouvriers qui perdaient une protection collective. Ainsi, mal comprises et mal admises, ces mesures suscitèrent des attaques de tous les milieux. Louis XVI, qui avait été le seul à

la cour à faire des économies, ne put plus soutenir son ministre et le renvoya le 12 mai 1776. Avant de se retirer aussi, Malesherbes avait eu le temps de préparer des réformes pour adoucir le régime des prisons et pour donner l'état-civil aux protestants (ce qui fut fait en 1787).

La Fayette.

La guerre d'indépendance américaine

A vrai dire les affaires intérieures passèrent alors au second plan, car la France tenait sa chance de prendre sa revanche militaire sur l'Angleterre. Ce fut le ministre des Affaires étrangères Vergennes qui prépara cet engagement. En effet les colonies anglaises de l'Amérique

Chantier de la frégate *L'Hermione* qui, en 1780 permit à La Fayette de rejoindre l'Amérique, à Rochefort (Charente-Maritime). Vue du pont de batterie de la frégate. Photo : Association Hermione-La Fayette.

se dressaient alors contre la métropole et en 1776 avaient déclaré leur indépendance. La France avait apporté d'abord une aide secrète par l'intermédiaire du dramaturge Beaumarchais. Quelques gentilshommes exaltés, comme La Fayette, étaient partis combattre pour la liberté de l'autre côté de l'Atlantique. Louis XVI se montrait réticent à aider des insurgés qui se révoltaient contre leur souverain légitime. Il se laissa convaincre et, après une nette victoire des Américains, un traité d'amitié et d'alliance fut signé entre les jeunes États-Unis et le roi de France (6 février 1778). L'aide française fut importante : un corps expéditionnaire fut envoyé en Amérique et des flottes intervinrent sur les côtes américaines, ainsi que dans l'Océan indien. Washington put encercler ainsi les Anglais dans la péninsule de Yorktown et obtenir leur capitulation (19 octobre 1781). La paix fut signée qui mettait fin à la guerre (3 septembre 1783) et qui reconnaissait l'indépendance des États-Unis.

Vers la révolution industrielle

Une intense recherche technologique marqua le XVIIIe siècle, même si elle ne porta pas immédiatement ses fruits, même si les innovations vinrent souvent d'Angleterre. Des machines devaient par exemple faciliter la production des tissus. Les forges, installées jusqu'alors dans les forêts et consommant du charbon de bois, utilisaient désormais le coke et l'industrie métallurgique se déplaça peu à peu vers les bassins houillers. Les machines étant coûteuses, elles demandaient des capitaux importants, mais aussi une main d'œuvre abondante et habile. Et pour que le produit vendu fût peu cher, les salaires devaient être bas. La France entrait dans l'ère industrielle. Des inventions singulières faisaient leur apparition. La machine à vapeur se perfectionnait, mais le « fardier » à vapeur de Cugnot, ancêtre de l'automobile, fut un échec. En revanche les foules se passionnaient pour la conquête de l'air : les frères Mongolfier eurent l'idée de faire un ballon de toile, recouvert de papier et gonflé à l'air chaud, plus léger que l'air ambiant. En 1783, la première « mongolfière » s'éleva jusqu'à 500 m. La monarchie s'intéressait aussi à l'exploration du monde. Louis XVI, admirateur du capitaine Cook, souhaitait que les explorateurs français fussent aussi présents dans le Pacifique et il prépara lui-même des instructions pour le navigateur La Pérouse - qui disparut au cours de son grand périple.

Descente à Billancourt du ballon de Blanchard, parti du Champ-de-Mars le 2 mars 1784.

La crise financière

Le banquier genevois Necker, qui avait remplacé Turgot au contrôle général, eut recours pendant la guerre à des emprunts. Après avoir publié son budget en 1781 - c'était la première fois que cela se faisait - il fut contraint de démissionner car on critiqua ses chiffres. Mais il laissait dans l'opinion publique l'image d'un homme capable de faire des miracles. L'engagement militaire n'avait donc fait qu'alourdir la dette de l'État qui ne savait où trouver des ressources. Toute réforme fiscale était rendue impossible par l'hostilité des parlements : ils étaient soutenus par les nobles qui refusaient l'égalité devant l'impôt et par le Tiers état qui ne voulait pas de nouvelle taxe.

Calonne

En 1783, Calonne, qui dirigeait le gouvernement, comptait sur la prospérité économique pour régler les problèmes financiers de la monarchie que ses emprunts rendirent en fait plus aigus encore. Car une crise économique larvée, à partir de 1785, trompa ses espoirs et favorisa le mécontentement. Alors Calonne tenta de proposer une réforme fiscale en taxant tous les revenus fonciers sans exception et de l'imposer par la réunion d'une assemblée des notables, mais ceux-ci défendirent les privilégiés menacés par cette « subvention territoriale ». L'assemblée fut renvoyée, mais l'opposition vint ensuite du parlement de Paris qui réclama la réunion des États généraux. L'opinion publique jouait un rôle grandissant dans les affaires publiques et elle prit volontiers pour cible la reine Marie-Antoinette, dont le nom fut cité, bien à tort, en 1785 dans une escroquerie, l'affaire du collier.

Vers la réunion des États généraux

Louis XVI confia le gouvernement à l'archevêque de Toulouse, Loménie de Brienne, qui lança un immense programme de réformes pour l'administration, les finances publiques, la justice et l'armée. Les États généraux devaient être convoqués plus tard, lorsque la situation financière serait assainie. Le roi l'annonça au parlement le 19 novembre 1787. Son cousin, le duc d'Orléans, ayant déclaré que c'était illégal, Louis XVI rappela sa prérogative : « C'est légal parce que je le veux ». Mais les résistances se multipliaient. A Rennes, des troubles éclatèrent et à Grenoble, la foule jeta des tuiles sur les soldats lorsque le gouvernement voulut exiler les parlementaires de la ville. Débordé, Loménie de Brienne annonça le 8 août 1788 la convocation des États généraux, puis il démissionna, laissant la place à Necker.

LA RÉVOLUTION ET LE ROI

LES ÉTATS GÉNÉRAUX

Louis XVI et ses ministres, incapables de régler les difficultés financières de la monarchie, prirent en 1788 la décision de convoquer les États généraux qui étaient tombés en désuétude depuis la dernière convocation de 1614. Si le roi décidait cette réunion pour faciliter l'adoption de nouveaux impôts, les privilégiés en espéraient la confirmation de leurs droits, les nobles libéraux et les bourgeois éclairés y voyaient l'occasion de faire des réformes, les paysans en attendaient le soulagement des charges qui pesaient sur eux. Porteurs d'espérance, les États furent ainsi la source de bien des malentendus. Ils permirent aussi une prise de conscience du Tiers que l'abbé Sieyès, en janvier 1789, exprima à

Les États Généraux.

merveille : « Qu'est-ce que le Tiers état ? Tout. Qu'a-t-il été jusqu'à présent dans l'ordre politique ? Rien. Que demande-t-il ? A y devenir quelque chose. » Des cahiers de doléances furent rédigés qui proclamaient l'amour des sujets pour leur roi, mais qui demandaient aussi l'égalité de tous devant l'impôt, sans tenir compte des « ordres » et des « privilèges ». Ils réclamaient parfois la liberté de la presse, l'abolition des lettres de cachet, une justice égale pour tous. Les élections eurent lieu par ordre : le suffrage était direct pour le clergé - le bas-clergé d'origine roturière

Jacques-Louis David, *Le serment du Jeu de Paume, le 20 juin 1789*. Musée Carnavalet (Paris).

fut prépondérant - et la noblesse, indirect pour le Tiers État. La circonscription électorale était le bailliage. Les députés du Tiers furent surtout des bourgeois : propriétaires fonciers, hommes de loi et avocats, négociants, journalistes... Le souverain n'avait pas tranché la question du vote. Selon le règlement du 27 décembre 1788, les députés du Tiers étaient deux fois plus nombreux que ceux de chacun des deux autres ordres : si le vote avait lieu par tête, ils étaient majoritaires ; s'il avait lieu par ordre, le Tiers n'avait qu'une voix et était minoritaire face aux deux autres ordres.

Mirabeau.

L'Assemblée constituante

Le 4 mai 1789, les députés furent réunis à Versailles en présence du roi, mais le cérémonial insistait sur l'inégalité entre les ordres, à travers l'ordre de marche, comme à travers l'habit : cette habitude ancienne fut ressentie par le Tiers comme une humiliation. Comme les États furent ensuite laissés oisifs, les députés du Tiers se réunirent à part et ils furent rejoints par des membres du bas clergé et par quelques nobles libéraux. Le 17 juin, sur proposition de Sieyès, député de Paris, les députés du Tiers se proclamèrent Assemblée nationale : ils déclaraient qu'ils représentaient la nation et qu'elle seule pouvait autoriser la perception de l'impôt. C'était le premier acte révolutionnaire. Le roi ayant fait fermer la salle où se réunissaient les députés du Tiers le 20 juin, ceux-ci gagnèrent une autre salle, dite du jeu de paume, et jurèrent « de ne jamais se séparer et de se rassembler partout où les circonstances l'exigeraient jusqu'à ce que la constitution du royaume fût établie ». Le 23 juin, dans la salle dite des Menus Plaisirs, le roi déclara qu'il annulait les décisions du Tiers et demanda aux trois ordres de siéger par ordre ; après son départ, le maître des cérémonies Dreux-Brézé ayant demandé, au nom du roi, l'évacuation de la salle, Mirabeau, un gentilhomme aventurier, élu du Tiers, lui aurait répondu : « Allez dire à votre maître que nous sommes ici par la volonté du peuple et que nous n'en sortirons que par la force des baïonnettes ».

La prise de la Bastille

Louis XVI fit mine de céder et invita le 27 juin le clergé et la noblesse à rejoindre le Tiers, et le 9 juillet, cette assemblée se déclara Assemblée nationale constituante. En réalité le roi fit venir des troupes autour de Paris et renvoya Necker qui dirigeait les finances et était très populaire. Les Parisiens qui avaient suivi les événements s'inquiétèrent, l'agitation se développa et au Palais-Royal, des orateurs, comme Camille Desmoulins, ranimaient les énergies. A partir du 12 juillet, l'émeute éclata et les émeutiers cherchèrent des armes. Le 14 juillet, après avoir pris des fusils aux Invalides, ils pensèrent en trouver aussi dans la forteresse de la Bastille qui servait de prison politique. Des coups de feu ayant été tirés de la citadelle, les insurgés s'en emparèrent, massacrant le gouverneur De Launay, puis le prévôt des marchands de Paris. Louis XVI, devant cette colère parisienne, renvoya les troupes et rappela Necker. Le 17 juillet, il se rendit à l'Hôtel-de-Ville et accepta la cocarde

Hubert Robert, *La Bastille dans les premiers jours de sa destruction*, musée Carnavalet (Paris).

tricolore : le rouge et le bleu de Paris et le blanc de la monarchie. La Fayette, le héros de l'indépendance américaine, prenait la tête de la milice bourgeoise, devenue garde nationale.

La nuit du 4 août

Les événements parisiens, des rumeurs de complots, la crainte de brigands provoquèrent une grande inquiétude dans les campagnes, ce qui a été désigné comme la « Grande Peur ». Les paysans, qui avaient pris les armes pour être prêts à toute éventualité, s'attaquèrent aux châteaux et à leurs chartriers pour détruire les archives qui établissaient les droits féodaux.

Cette violence rurale contribua à convaincre l'Assemblée nationale qu'il fallait mettre fin à ces restes de la « féodalité » : dans la nuit du 4 août 1789, à l'instigation de nobles libéraux, fut votée l'abolition des droits féodaux et seigneuriaux, des dîmes et des privilèges. Plus tard, l'Assemblée hésita et déclara simplement rachetables les droits féodaux sur les récoltes et les exploitations. Néanmoins ce qui était le fondement de la société ancienne disparaissait : l'inégalité juridique entre des sujets. Ces nouveaux principes furent explicités dans un texte admirable qui résumait tout l'idéal des Lumières, la Déclaration des droits de l'homme et du citoyen (26 août 1789), qui rappela avec force « les droits naturels, inaliénables et sacrés de l'homme », mais aussi ses devoirs. L'article Ier proclamait : » Les hommes naissent et demeurent libres et égaux en droits; les distinctions sociales ne peuvent être fondées que sur l'utilité commune. » L'article II rappelait que ces droits étaient « la liberté, la propriété, le sûreté, et la résistance à l'oppression ».

Les journées d'octobre

L'Assemblée était réservée quant à la place du roi. Elle lui attribua un veto suspensif pour deux ans. Sieyès considéra que c'était « une lettre de cachet lancée contre la volonté générale ». Louis XVI refusa alors de signer les décrets entérinant les décisions du mois d'août. Une fois de plus la colère populaire vint au secours de l'Assemblée. Les Parisiens s'alarmèrent de l'arrivée à Versailles d'un régiment et s'indignèrent d'apprendre que les soldats avaient piétiné la cocarde tricolore en présence de la reine. Un cortège, femmes en tête, gagna Versailles le 5 octobre. La Fayette intervint pour calmer la foule, mais le lendemain, la famille royale quittait le palais et était conduite à Paris : le roi s'installa aux Tuileries.

Journaux et clubs

Le travail de la Constituante fut considérable et crucial. Les décisions furent prises alors que les débats politiques animaient les salons parisiens, les cafés, les lieux publics mais aussi des « clubs » comme ceux des Jacobins et des Cordeliers - ils s'étaient installés dans des couvents. La liberté de la presse permit la naissance de nombreux journaux où s'affrontaient les différentes conceptions politiques. A l'Assemblée aussi, une opposition s'exprimait entre monarchiens, favorables au veto royal, et patriotes qui lui étaient hostiles.

Les biens nationaux

Dès le 2 novembre 1789, une mesure importante visa l'Église, dont les biens furent mis « à la disposition de la nation » pour résorber le déficit. L'État devait pourvoir « d'une manière convenable, aux frais du culte, à l'entretien de ses ministres et au soulagement des pauvres ». Dans l'immédiat, cela compromettait bien des missions qu'assumait le monde ecclésiastique, comme le secours aux malades et aux miséreux, ou l'enseignement. Cette nationalisation mettait sur le marché des « biens nationaux » que la bourgeoisie acheta. Cela signifia aussi, dans bien des cas, la ruine d'édifices qui étaient des chefs d'œuvre de l'art médiéval. La Constituante alla plus loin en voulant que l'autorité spirituelle dépendît des citoyens, comme l'autorité politique. C'était refuser à l'Église son indépendance, la soumettre à la volonté générale. Les évêques et les curés seraient en effet élus par les mêmes électeurs que les députés. Ils prêteraient serment d'être « fidèles à la nation, à la loi et au roi ». Cette « constitution civile du clergé » du 12 juillet 1790 fut une des ruptures essentielles de la Révolution car elle ôtait au domaine spirituel sinon son indépendance, sans doute une part de sa prééminence. L'obligation du serment à la Constitution civile, condamnée par le pape, divisa le clergé entre « jureurs » et « réfractaires », et, autour de ces réfractaires, s'amorçait une mobilisation des oppositions à la Révolution.

Les départements

Toute une œuvre de rationalisation administrative fut réalisée : la création des départements permit de supprimer l'enchevêtrement que l'Ancien Régime avait conservé au long des siècles. Parallèlement la vie économique était dégagée de toutes ses entraves traditionnelles, comme les douanes intérieures, les péages et les octrois. Le décret d'Allarde (1791) supprimait jurandes et maîtrises. De même au nom de la liberté du travail, les ouvriers se voyaient interdire par la loi Le Chapelier (1791) « tous attroupements, composés d'artisans, ouvriers, journaliers ou excités par eux contre le libre exercice de l'industrie et du travail ». Les ouvriers n'avaient plus le droit de défendre collectivement leurs intérêts, de faire grève ou de se coaliser, ce que les corporations permettaient de faire. Enfin l'Assemblée décida l'émission de bons, les « assignats », gagés sur les biens nationaux, et en imposa l'utilisation. Le 14 juillet 1790, l'Assemblée organisa sa première fête, la fête de la Fédération, sur le Champ de Mars à Paris et ce fut une réconciliation générale. Après une messe, la Fayette prêta serment, au nom de toutes les gardes nationales qui s'étaient créées en France, d'être fidèle à la nation, à la loi, au roi, et Louis XVI jura à son tour de respecter la constitution qui serait décrétée par l'Assemblée et acceptée par lui.

La fuite du roi et la constitution de 1791

En réalité Louis XVI, troublé par le sort fait à l'Église, se sentait prisonnier aux Tuileries et s'enfuit dans la nuit du 20 juin 1791 en direction de Metz. Arrêté à Varennes, il fut ramené à Paris sous escorte. Embarrassée, l'Assemblée décida d'oublier cette fuite, affirma que le roi avait été enlevé et fit disperser le 17 juillet des manifestants républicains sur le Champ de Mars. Il y eut cinquante morts et ce drame montrait le souci de la Constituante de mener à bien son projet : instaurer une monarchie constitutionnelle. La constitution de 1791, la première de l'histoire de France, prévoyait qu'une assemblée législative serait élue au suffrage censitaire par des électeurs (qui devaient avoir de solides revenus), eux-

Pendant la Révolution, la Conciergerie (Paris) servit de prison. Marie-Antoinette, Robespierre et Danton y furent détenus.

mêmes élus par des citoyens dits actifs (qui payaient une contribution égale à trois jours de travail au moins). Cette assemblée votait la loi et les dépenses publiques, contrôlait les ministres qui étaient nommés par le roi et le roi avait un droit de veto suspensif. L'administration nouvelle devait être très décentralisée : les citoyens actifs pouvaient élire les juges de paix et les maires, les électeurs élisaient les juges départementaux - les Parlements avaient disparu dans la tempête en 1790 - et un jury composé de citoyens actifs jugeait les crimes.

La Législative

La nouvelle assemblée, élue en septembre 1791, était composée d'hommes nouveaux car les constituants avaient décidé qu'ils ne pourraient pas être eux-mêmes réélus. Des courants politiques se dessinaient avec les Feuillants, les Girondins et les Jacobins. La crise financière était marquée par la dépréciation rapide de l'assignat, la crise économique s'installait, la crise sociale entraînait des soulèvements paysans. La crise politique se traduisait par la résistance des prêtres réfractaires et par les premières opérations préparées par des nobles qui s'étaient réfugiés à l'étranger, certains dès juillet 1789 : les « émigrés ». Longtemps les souverains européens, le roi de Prusse, l'impératrice de Russie et l'Empereur avaient été absorbés par un troisième partage de la Pologne, et préféraient voir la France occupée par ses problèmes intérieurs. La Révolution et les idées qu'elle défendait et voulait répandre commençaient à les inquiéter. La tension internationale s'installa à propos des princes allemands dits « possessionnés d'Alsace » qui s'estimaient lésés par la fin des droits féodaux sur leurs terres alsaciennes.

La guerre

L'idée d'une guerre fit alors son chemin. Le roi et l'assemblée avaient en commun, selon la constitution, le droit d'en décider. Louis XVI considérait qu'un conflit malheureux lui permettrait de retrouver son pouvoir perdu, la Législative pensait que des victoires démasqueraient les traîtres, installeraient définitivement la Révolution et permettraient d'en répandre les bienfaits sur les peuples européens, encore asservis par des tyrans. Le roi choisit des ministres girondins, qu'inspiraient Mme Roland, et finalement le 20 avril 1792 la guerre était déclarée au roi de Bohême et de Hongrie, c'est-à-dire à l'Empereur, neveu de Marie-Antoinette.

Le 10 août 1792 et la fin de la monarchie

La campagne commença par des défaites, car les armées étaient mal organisées et mal commandées. Le peuple parisien en était d'autant plus inquiet et vigilant. Le gouvernement ayant décidé l'arrestation des prêtres réfractaires, Louis XVI opposa son veto. Pour l'obliger à céder, les Parisiens, le 20 juin, envahirent les Tuileries : le roi but à la santé de la nation, mais ne recula pas. Le 11 juillet, l'assemblée proclama la patrie en danger et les volontaires affluèrent : des Marseillais chantèrent à cette occasion le Chant de guerre pour l'armée du Rhin qui avait été écrit par Rouget de l'Isle et devint la Marseillaise. L'avancée des armées ennemies répandait la panique. Le duc de Brunswick, qui les commandait, voulut protéger la famille royale de la colère populaire et menaça dans un « manifeste » de livrer Paris à une « subversion totale » et de condamner aux « supplices » les révoltés s'il était fait le moindre outrage au roi, à la reine ou à leur famille. Cette menace provoqua une nouvelle insurrection le 10 août 1792. Des Parisiens et des volontaires prirent d'assaut les Tuileries, gardées par des gardes suisses. Louis XVI se réfugia à l'assemblée législative qui, sous la pression de la foule, vota l'arrestation et la déchéance du roi, et décida l'élection au suffrage universel d'une nouvelle assemblée, la Convention. Le pouvoir exécutif était confié à un conseil provisoire, bien vite dominé par Danton, un ancien avocat, fondateur du club des Cordeliers.

Les massacres de septembre

A Paris, une Commune avait pris le pouvoir et avait multiplié les arrestations : prêtres réfractaires, nobles, anciens ministres... avaient été entassés dans des prisons improvisées, souvent des couvents. L'annonce de la chute de Verdun qui ouvrait la porte de Paris entraîna des massacres de prisonniers, du 2 au 6 septembre 1792. Des simulacres de procès eurent lieu dans les prisons et ils se terminaient par la mort ou l'acquittement. Les autorités laissèrent faire. Il y eut plus de mille victimes. Ces morts suscitèrent l'effroi et la peur.

François Rude, Le *Départ des Volontaires de 1792*, plus connu sous le nom de *La Marseillaise*, sur l'Arc de Triomphe de l'Étoile (Paris). Groupe inauguré en 1836.

LA PREMIÈRE RÉPUBLIQUE

LE JOUR OÙ LA LÉGISLATIVE se sépara le 20 septembre 1792, l'armée française remportait une victoire au pied du moulin de Valmy : les généraux Dumouriez et Kellermann, en remportant cette modeste bataille face aux troupes prussiennes, montraient la détermination française, et ils sauvaient Paris et la Révolution. Le 21 septembre 1792, la République était proclamée et symboliquement, pour marquer cette ère nouvelle de la liberté, les actes publics seraient désormais datés de l'an I. Désormais l'initiative appartenait aux forces françaises qui, après la victoire de Jemmapes (6 novembre 1792), purent conquérir la Belgique.

LE PROCÈS DU ROI

La Convention qui avait proclamé la République avait été élue au suffrage universel, mais à peine un dixième des électeurs participa au scrutin. Dans cette assemblée les Girondins étaient majoritaires et étaient classés à droite ; ils avaient en face d'eux les Montagnards, plus à gauche, parmi lesquels Danton ou Philippe d'Orléans, cousin de Louis XVI. Entre les deux groupes, les députés « de la Plaine » arbitraient.

La grande affaire fut d'abord le procès de Louis XVI. Les défenseurs de Louis XVI, dont Malesherbes, plaidèrent l'inviolabilité royale, inscrite dans la constitution de 1791, et niaient les accords passés entre le roi et les souverains étrangers. Des documents semblaient prouver le contraire. Robespierre, un avocat d'Arras, élu aux États généraux, puis réélu à la Convention par Paris, résuma sa position : « Vous n'avez point une sentence à rendre pour ou contre un homme, mais une mesure de salut public à prendre. » Les Conventionnels votèrent la mort à une courte

Les adieux de Louis XVI à sa famille dans la prison du Temple, le 20 janvier 1793.

majorité (387 voix contre 334). Louis XVI fut guillotiné le 21 janvier 1793 (sur l'ancienne place Louis XV, devenue place de la Révolution, puis place de la Concorde en 1795). La guillotine avait été mise au point par le docteur Guillotin, et peut-être améliorée par le roi lui-même, afin d'abréger les souffrances des condamnés. Cette exécution interdisait aux conventionnels régicides de revenir en arrière : elle rompait avec une tradition monarchique ininterrompue depuis les origines de la France et elle défiait les princes européens qui se coalisèrent.

Exécution de Louis XVI sur la place de la Révolution, le 21 janvier 1793.

La patrie en danger

Cette coalition mit la patrie en danger. La décision de lever 300 000 hommes provoqua des résistances qui débouchèrent à l'ouest du pays, en Vendée, sur une véritable guerre civile. Dès le 11 mars 1793, les insurgés vendéens prirent Machecoul, où des massacres eurent lieu, bientôt Cholet, enfin Saumur. Dumouriez, battu à Neerwinden (mars 1793) passa à l'ennemi. Les Montagnards firent alors adopter à la Convention des mesures d'urgence (avril 1793) : jugement accéléré des suspects, confiscation des biens des émigrés, emprunts forcés sur les riches, envoi de représentants en mission dans les départements. Un comité de Salut public fut institué pour appliquer sans délai et sans faiblesse les décisions de l'assemblée. Les Girondins étaient inquiets des atteintes aux libertés individuelles et à la propriété privée. Ils tentèrent de résister : le journaliste Marat fut arrêté, mais triomphalement acquitté.

La rue trancha entre les factions à la Convention. Les « sans-culottes » parisiens qui la surveillaient, c'étaient des artisans ou des petits commerçants, installés dans les faubourgs. Ils détestaient les « culottes de soie » portées par la noblesse et revendiquaient l'égalité entre les citoyens. Le 2 juin, sous leur pression, la Convention vota l'arrestation des députés girondins et les Montagnards prenaient le pouvoir.

Le Comité de Salut public

A l'appel des Girondins, des villes et des régions entières se soulevèrent contre la dictature parisienne. Toulon et la Corse appelèrent les Anglais. A l'ouest du pays, les « Blancs » s'étaient rendus maîtres des campagnes et des villes dans plusieurs départements (Vendée, Loire-Inférieure, Maine-et-Loire, Deux-Sèvres) : nobles et prêtres réfractaires y animaient la lutte contre la Révolution. En juillet 1793, Marat était assassiné dans la baignoire, où il soignait une maladie de peau, par une jeune royaliste, Charlotte Corday. Le Comité de Salut public, avec Robespierre et Saint-Just, reçut de la Convention la direction d'un pays menacé de l'intérieur et de l'extérieur. L'arme que le Comité utilisa, ce fut la Terreur. Des comités de surveillance, affiliés au club des Jacobins, délivrèrent des « brevets de civisme » ou désignèrent les « suspects » qui étaient traînés devant des tribunaux révolutionnaires - il y eut 20 000 condamnations à mort. Marie-Antoinette, les Girondins et bien d'autres furent ainsi guillotinés. Pour gagner des soutiens populaires,

Élisabeth-Louise Vigée-le-Brun, *Marie-Antoinette*, 1778. Château de Versailles (Yvelines).

le gouvernement révolutionnaire proclama l'abolition des droits féodaux sans indemnités (17 juillet 1793), le maximum des prix que réclamaient les sans-culotttes (1er octobre 1793), l'abolition de l'esclavage (4 février 1794), la distribution des biens des suspects aux pauvres, le droit à l'instruction, au travail et à l'assistance. Pour remplacer l'influence spirituelle de l'Église, Robespierre voulut développer une morale civique, créer un calendrier révolutionnaire (octobre 1793) qui fît oublier les fêtes chrétiennes, instituer la célébration des martyrs révolutionnaires, enfin susciter un culte de l'Être suprême.

Cette dictature signifiait surtout une mobilisation : la levée en masse d'août 1793 permit de constituer une armée de 800 000 hommes. De jeunes généraux, comme Jourdan et Hoche, firent des prodiges et dès l'automne 1793 les frontières françaises étaient dégagées.

La guerre de Vendée

L'armée républicaine des Bleus intervint dans l'ouest, à partir de l'automne 1793. Les Blancs furent battus à Cholet (17 octobre 1793). Après la victoire de Savenay (23 décembre 1793), le général républicain Westermann écrivit : « Il n'y a plus de Vendée, elle est morte sous notre sabre libre... J'ai écrasé les enfants sous les pieds de chevaux et massacré les femmes... » Les « colonnes infernales » de Turreau quadrillèrent la Vendée, à partir de janvier 1794, en pratiquant la terre brûlée. A Nantes, le représentant en mission Carrier fit noyer près de 3000 détenus dans la Loire. Au total cette guerre de Vendée fit quelque 400 000 morts, 180 000 Blancs et 220 000 Bleus.

Le 9 thermidor

Ailleurs en France les villes furent reprises et un jeune Corse, Napoléon Bonaparte, reprit Toulon aux Anglais, ce qui lui valut d'être nommé général de brigade. Ces succès n'avaient pas mis fin à la contrainte politique. Robespierre put, avec l'appui de Danton, venir à bout des Enragés, puis il se retourna contre Danton et les Indulgents qui furent guillotinés. Une nouvelle loi des suspects (22 prairial an II, 10 juin 1794) déclencha la Grande Terreur. Mais le 26 juin, Jourdan remportait la victoire décisive de Fleurus qui permettait la reconquête de la Belgique. La dictature de Robespierre devenait insupportable : les 27-28 juillet 1794 (9 thermidor an II), des représentants en mission qui craignaient pour leur tête et les députés de la Plaine réussirent à éliminer Robespierre et ses amis, aussitôt guillotinés.

La réaction thermidorienne

Alors commença une période de soulagement après des années de dictature. Les prisons se vidèrent et les émigrés purent peu à peu rentrer en France. « Merveilleuses » et « incroyables » se singularisèrent par leurs extravagances pour oublier la peur. Les Jacobins furent à leur tour l'objet de poursuites et, dans le sud-est, les royalistes se livrèrent à une véritable Terreur blanche. Les succès militaires continuèrent - la Belgique était occupée, plus tard annexée, et la Hollande transformée en une république batave - et permirent de signer la paix (traités de Bâle, avril et juillet 1795). L'Angleterre et l'Autriche restaient en guerre. Les Vendéens déposèrent les armes par des accords signés à La Jaunaye (17 février 1795), et le retour à la liberté des cultes apaisa les conflits religieux, même si une guérilla « chouanne » persista dans l'Ouest jusqu'à l'Empire. Un travail important fut réalisé pour l'enseignement : des écoles centrales pour remplacer les collèges -une par département- et de grandes écoles : l'Ecole normale (supérieure) le 30 octobre 1794, l'Ecole centrale des travaux publics (future Ecole polytechnique), le 28 septembre 1794.

1- Napoléon 2- Robespierre 3- Louis Saint Just 4- Danton 5-La Fayette 6- Mirabeau

Le 13 vendémiaire

La question qui se posait aux Thermidoriens, c'était l'avenir du régime. Comment stabiliser la Révolution, en sauver les acquis fondamentaux et en protéger les acteurs, sans favoriser un retour vers la monarchie ? Une nouvelle constitution fut élaborée, précédée d'une déclaration des droits et des devoirs. Elle prévoyait deux assemblées, le Conseil des Cinq Cents et le Conseil des Anciens, élues au suffrage censitaire : « Nous devons être gouvernés par les meilleurs ; ce sont les plus instruits et les plus intéressés au maintien des lois » déclara Boissy d'Anglas. Ces deux conseils désignaient un Directoire de cinq membres. Lorsque les royalistes voulurent faire un coup de force le 5 octobre 1795 (13 vendémiaire an IV), le conventionnel Barras demanda au jeune général Bonaparte (qui avait été lié aux Robespierristes) de l'aider à réprimer l'émeute : celui-ci fit venir des canons pour garder la Convention et il devenait l'un des sauveurs de la République. Il se maria avec Joséphine de Beauharnais, et reçut bientôt le commandement d'une armée pour l'Italie. Le 26 octobre 1795, la Convention se sépara après avoir voté une amnistie générale.

7- Fouché 8- Talleyrand 9- Camille Desmoulins. Tableau collection particulière.

Le Directoire

Le Directoire fut dominé par Barras, issu de la noblesse provençale, qui avait sauvé deux fois la Convention, en thermidor et en vendémiaire.

Il fallut faire face à une situation financière catastrophique, l'assignat perdant une grande partie de sa valeur et étant abandonné en février 1796. Finalement le 30 septembre 1797, l'État fit banqueroute. Comme la guerre avait repris, le régime dépendit de plus en plus des généraux qui faisaient des conquêtes et envoyaient à Paris une partie du butin qu'ils accumulaient. Bonaparte remporta en Italie du nord des victoires éclatantes, en innovant avec audace. Il administra avec autorité et talent ses conquêtes, renfloua les caisses de l'État et signa la paix avec l'Autriche (octobre 1797). Une république cisalpine était créée autour de la Lombardie.

Les difficultés financières entraînaient aussi une crise morale et sociale, car des fortunes rapides se construisaient grâce au marché noir, aux trafics et à la spéculation. C'est dans ce contexte qu'éclata la conspiration des Egaux. François (dit Gracchus) Babeuf proposait une société égalitaire et communiste : « Plus de propriété individuelle, la terre n'est à personne ; les fruits sont à tout le monde ». Les conjurés furent dénoncés et arrêtés en mai 1796, jugés et exécutés, et cela n'aurait été qu'une péripétie si ce programme n'avait effrayé les propriétaires et s'il n'avait été scruté comme un signe avant-coureur des systèmes collectivistes.

Le temps des coups d'État

Le Directoire dut surtout en permanence lutter contre une double opposition, royaliste et jacobine. Comme les élections étaient favorables aux royalistes et que le général Pichegru était gagné à leur cause, trois directeurs, soutenus par Bonaparte, alors en Italie, n'hésitèrent pas à se mettre dans l'illégalité le 4 septembre 1797 (18 fructidor an V), en cassant les élections et en déportant des députés et les deux autres directeurs. Puis le 11 mai 1798 (22 floréal), il fallut frapper à gauche et ce furent des députés jacobins qui furent invalidés. Comme Bonaparte, par ses succès en Italie, devenait trop encombrant, les directeurs choisirent de l'éloigner et de lui proposer une conquête de l'Egypte pour couper à l'Angleterre la route terrestre des Indes. En ne respectant pas la constitution et les élections, le Directoire s'était discrédité.

Louis-Albert-Ghislain Bacler d'Albe (1761-1824), *Le Général Bonaparte* - v. 1796-97. Musée de Malmaison (Hauts-de-Seine).

LE CONSULAT ET L'EMPIRE

En 1799, les Français étaient fatigués de dix ans d'incertitudes politiques et de la désorganisation générale du pays : ils n'avaient plus confiance dans le Directoire qui était devenu très impopulaire.

Les affaires extérieures pesaient lourdement sur la vie nationale depuis que la Belgique et la rive gauche du Rhin avaient été annexées par la France et qu'il fallait défendre des républiques sœurs -en Hollande, en Suisse et dans une bonne part de l'Italie. L'armée tenait donc une place importante en France, d'autant plus qu'elle était intervenue à plusieurs reprises pour rétablir l'ordre et soutenir le gouvernement.

Le coup d'État du 18 Brumaire

Bonaparte, auréolé de ses victoires et de son aventure égyptienne, apparaissait comme un recours. Rentré en France, il prépara avec Sieyès, devenu Directeur, un coup d'État. Le 18 brumaire an VIII (3 novembre 1799), un faux complot fut annoncé. Les assemblées furent transférées à Saint-Cloud, Bonaparte placé à la tête des forces armées à Paris et les Directeurs neutralisés. Le lendemain, Bonaparte se présenta devant les députés qui le reçurent mal et voulaient le mettre hors-la-loi. Mais Lucien Bonaparte qui présidait l'assemblée des Cinq-Cents réagit vite : il alla déclarer aux soldats qu'un complot menaçait la République et le général Bonaparte. Les grenadiers entrèrent dans la salle de réunion et chassèrent les députés : le coup d'État avait réussi.

Bonaparte écarta Sieyès, devint Premier consul et choisit à ses côtés deux autres consuls : un régicide, Cambacérès, et un royaliste, Lebrun. Ainsi naissait un nouveau régime, inspiré de l'Antiquité, le Consulat, et Bonaparte montrait d'emblée sa volonté de réconcilier la France ancienne et la France révolutionnaire.

L'aigle, symbole de Napoléon. Musée de Malmaison (Hauts-de-Seine).

Jacques-Louis David, *Le Premier Consul franchissant les Alpes au col du Grand Saint-Bernard*, 1801. Musée de Malmaison (Hauts-de-Seine).

Le Premier Consul

Bonaparte imposait une constitution (dite de l'an VIII) qui lui donnait tout le pouvoir. Il nommait les ministres et avait l'initiative des lois que le Conseil d'État était chargé de préparer et de rédiger. Trois assemblées étaient prévues : le Tribunat discutait les projets de lois, mais ne les votait pas, le Corps législatif les votait sans les discuter, le Sénat devait veiller au respect de la constitution. Le suffrage universel était habilement rétabli, mais il ne s'exerçait que pour les plébiscites - où les électeurs répondaient par oui ou non. Les membres du Tribunat et du Corps législatif étaient choisis par le

Sénat sur une liste de notabilités et les membres de ces assemblées furent pour l'essentiel des hommes de la Révolution, ce qui marquait la continuité politique. Bonaparte dut rétablir une situation militaire qui était devenue difficile. Ce fut la seconde campagne d'Italie (Marengo, 14 juin 1800), tandis que le général Moreau remportait des succès décisifs en Allemagne (Hohenlinden, 3 décembre 1800). Le régime dépendait de ses succès à l'extérieur. Un attentat contre Bonaparte, rue Saint-Nicaise à Paris, le 24 décembre 1800, montra que le régime était suspendu à la vie de Bonaparte comme à un fil.

L'Angleterre continuait seule la lutte parce qu'elle refusait l'annexion de la Belgique, menace permanente sur Londres, mais elle accepta la paix d'Amiens (27 mars 1802), et cette paix générale, après dix ans de guerres, fut accueillie avec enthousiasme, en particulier dans les milieux populaires. Elle ne dura qu'un an.

Le Concordat de 1801

Le Premier Consul s'efforça de réconcilier tous les Français. Un nouveau Concordat fut négocié avec Rome et signé le 15 juillet 1801, pour fixer les relations entre l'État français et la papauté. Les évêques étaient nommés par le Premier Consul et recevaient du pape l'institution canonique : c'était un retour à l'équilibre de l'Ancien Régime. En revanche, désormais, tous les ecclésiastiques étaient payés par le gouvernement à qui ils prêtaient un serment de fidélité. Bonaparte trouva dans le clergé un soutien solide et les Français furent satisfaits de cette réorganisation de l'Église. Les négociations avec les Chouans et le retour des émigrés eurent pour corollaire l'octroi aux anciens révolutionnaires d'emplois et d'honneurs.

La réorganisation administrative et monétaire

La recherche d'un assentiment national passa par une importante réorganisation du pays qui acheva l'œuvre de la Révolution. Si les divisions administratives élaborées depuis 1789 (départements, arrondissements, communes) furent conservées, elles eurent à leur tête des hommes qui n'étaient plus élus, mais qui étaient nommés par le gouvernement et qu'il pouvait renvoyer : préfets, sous-préfets, maires. Les juges étaient aussi nommés par le gouvernement, mais ils étaient déclarés inamovibles, ce qui leur garantissait l'indépendance. Vingt-neuf cours d'appel étaient créées, ainsi qu'un Tribunal de cassation.

Anonyme, *Allégorie du Concordat* (détail). Musée de Malmaison (Hauts-de-Seine).

La réorganisation fut aussi fiscale, et monétaire. Une banque privée, la Banque de France, recevait le droit d'émettre des billets de banque (février 1800). La monnaie était stabilisée : le franc correspondait à 5 grammes d'argent (17 germinal an XI, 7 avril 1803) : ce franc, dit Germinal, conserva sa valeur jusqu'en 1914, c'est dire à quel point cette stabilisation était réussie et nécessaire à la fois.

Les masses de granit : Légion d'honneur, Lycées, Code civil

Bonaparte inventa aussi une distinction, la Légion d'honneur. A l'origine, elle devait rassembler les élites sociales, peut-être une noblesse liée au Premier Consul. Ce ne fut qu'une marque d'honneur, une croix, que Bonaparte aimait accrocher lui-même à la poitrine de soldats valeureux ou de civils talentueux. Le Directoire avait tenté de reconstruire l'enseignement secondaire avec des écoles centrales : elles furent remplacées par des lycées dont la discipline était toute militaire, les élèves portant l'uniforme et se rassemblant au son du tambour.

Le droit français, bouleversé par la Révolution, trouva une expression nouvelle à travers le Code civil, publié en mars 1804. Les règles qui régissaient les libertés et la propriété, les relations entre les individus et entre les membres d'une même famille étaient désormais écrites et valaient pour toute la France, à la différence des coutumes de l'Ancien Régime. Des principes clairs étaient énoncés : « ... ce sont les bons pères, les bons maris, les bons fils qui font les bons citoyens. » Les acquis de la Révolution étaient reconnus : l'égalité de tous devant la loi, le droit pour chacun d'accéder à tous les emplois selon sa compétence. Le Code insistait aussi, sous l'influence de Bonaparte, sur l'autorité du père dans la famille - « Le mari doit protection à sa femme, la femme obéissance à son mari » et sur la propriété, réputée intangible « La propriété est le droit de jouir et de disposer des choses de la manière la plus absolue... ». Pour faciliter le contrôle du monde artisanal, le carnet ouvrier, qui existait au XVIIIe siècle, fut rétabli : l'employeur y inscrivait les séjours que le travailleur faisait chez lui.

L'exécution du duc d'Enghien

Paix à l'extérieur, paix à l'intérieur ! Bonaparte posa en août 1802 la question aux Français : « Napoléon Bonaparte sera-t-il Consul à vie ? ». La réponse fut claire: 36 millions de oui, 8 374 non. Mais la paix n'était qu'une illusion. Le conflit reprenait avec l'Angleterre, qui ne pouvait accepter cette France prépondérante sur le continent. A l'intérieur, les royalistes s'agitaient et un chouan, Cadoudal, vint à Paris pour assassiner Bonaparte, mais fut arrêté. Le Premier Consul prit alors une décision grave. Il saisit le prétexte de ce complot et fit enlever un Bourbon qui se trouvait près de la frontière mais hors de France, le duc d'Enghien, et après une parodie de procès, le prince fut fusillé (21 mars 1804). Ainsi la rupture était définitive avec le sang royal, et Bonaparte montrait qu'il ne voulait pas d'un retour des Bourbons. Il rassurait tous ceux qui avaient profité de la Révolution - hommes politiques et possesseurs de biens nationaux - et qui ne voulaient pas d'un retour de l'Ancien Régime.

NAPOLÉON IER

Mais il fallait que le régime fût solide et que l'ordre fût assuré. Une nouvelle monarchie parut la meilleure solution : en mai 1804, Napoléon Bonaparte fut proclamé Empereur par le Sénat sous le nom de Napoléon Ier. Le 2 décembre 1804, eut lieu le sacre de Napoléon. Le pape avait accepté d'y assister, mais ce fut l'Empereur lui-même qui posa sur sa tête la couronne, avant de couronner sa femme Joséphine. Le pouvoir de Napoléon était d'abord militaire et s'appuyait sur une forte armée qu'il avait héritée de la Révolution. L'Empire avait aussi besoin de victoires face aux coalitions européennes et allait entraîner la France dans des guerres sans fin.

Jacques-Louis David, *Le sacre de Napoléon* (détail). Musée du Louvre (Paris).

De Boulogne à Austerlitz

Napoléon méditait, après la paix d'Amiens, un débarquement en Angleterre, et reprenait les nombreux projets qui avaient été élaborés depuis la fin du XVIIe siècle. Une flotille fut préparée à Boulogne pour traverser la Manche. Mais l'amiral Villeneuve ne réussit pas à écarter durablement la flotte de l'amiral Nelson qui menaçait toute opération : la conquête de l'Angleterre se révélait impossible. Comme l'Angleterre entraînait derrière elle l'Autriche et la Russie (ce fut la IIIe coalition), Napoléon réagit très vite, constitua à Boulogne sa Grande Armée et marcha vers l'Allemagne à marches forcées. La ville d'Ulm capitula (20 octobre 1805). Le lendemain, Villeneuve quitta Cadix où il s'était réfugié, et affronta Nelson, près du cap Trafalgar. Ce fut une terrible défaite qui laissait aux Anglais une maîtrise totale de la mer, même si Nelson avait été tué dans le combat. Napoléon continuait sa progression vers l'Autriche, pénétra à Vienne et affronta les armées russes et autrichiennes près d'Austerlitz (2 décembre 1805) : cette victoire fut un chef d'œuvre de stratégie et contraignit l'Autriche à la paix. Ce fut alors au tour de la Prusse d'entrer en

Page de droite : la colonne Vendôme (Paris), revêtue du bronze des canons pris à Austerlitz.

L'Arc de Triomphe de l'Étoile (Paris), dont l'édification fut décidée par Napoléon pour célébrer les victoires de la Révolution et de l'Empire.

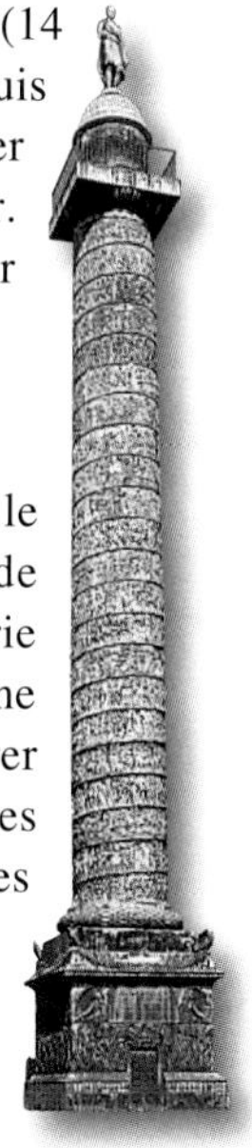

guerre (IVe coalition). Les victoires d'Iéna et d'Auerstaedt (14 octobre 1806) permirent aux Français d'entrer dans Berlin, puis après la difficile bataille d'Eylau contre les Russes (8 février 1807) et de Friedland (18 juin), le tsar accepta de traiter. Napoléon et Alexandre de Russie se rencontrèrent à Tilsit sur un radeau, au milieu du Niémen, en juillet 1807.

Le blocus continental

Pour accabler l'Angleterre, Napoléon décida d'instaurer le blocus continental qui interdisait toute importation de marchandises anglaises : en ruinant le commerce et l'industrie anglais, ne serait-il pas possible de forcer Londres à signer une paix durable ? L'alliance avec le tsar de Russie laissait espérer ce dénouement. Mais le blocus supposait une surveillance des côtes, la lutte contre la contrebande, et entraîna de nouvelles conquêtes, en Espagne et dans les États du pape. Napoléon se sentait porté par ses talents de stratège et par ses immenses armées, et il voulait dominer le continent. Mais l'hostilité de l'Angleterre ne faiblit jamais : elle prépara et finança des coalitions contre la France dont elle refusait l'extension géographique, en Belgique surtout, et la concurrence économique. Les monarchies européennes restaient opposées à tout ce qui rappelait la Révolution et Napoléon en était l'héritier. Enfin dans la plupart des pays vaincus, des réactions nationales se firent jour pour préparer la revanche. Le philosophe Fichte s'adressait ainsi aux Allemands : « Si vous reprenez courage, vous verrez naître autour de vous une race qui assurera aux Allemands la mémoire la plus glorieuse ».

L'affaire d'Espagne

Malgré la docilité du souverain espagnol, Napoléon le força à abdiquer à Bayonne en mai 1808 et il installa sur le trône son propre frère Joseph. Le peuple espagnol resta fidèle à son ancien roi et Madrid se souleva le 2 mai 1808. Le 3 mai la répression fut terrible. La résistance des Espagnols conduisit à la capitulation du général Dupont à Baylen - pour la première fois, une armée de Napoléon n'était pas invincible. Les Anglais profitèrent de ce front nouveau pour débarquer au Portugal des troupes commandées par Wellesley (futur Lord Wellington). Pour contenir cette offensive,

Napoléon dut laisser en Espagne une importante armée. Pour améliorer le blocus continental, comptant sur la faiblesse du pape, Napoléon envahit ses États. Le pape l'excommunia, puis fut arrêté et déporté. Ce conflit détacha de nombreux catholiques du régime impérial.

Le mariage avec Marie-Louise

Les difficultés rencontrées par Napoléon encouragèrent l'Autriche à reprendre les armes en 1809 (ce fut la Ve coalition). La bataille de Wagram (6 juillet 1809) permit de soumettre l'Empereur d'Autriche dont Napoléon épousa en 1810 la fille Marie-Louise, après avoir répudié Joséphine. Le roi de Rome naquit en mars 1811 : l'avenir de la dynastie napoléonienne semblait assuré. Napoléon avait donné un nouveau visage à l'Europe : un royaume de Hollande avait été confié à son frère Louis, comme l'Espagne à Joseph. Un royaume de Westphalie fut créé et attribué à un autre frère, Jérôme. Napoléon avait le royaume d'Italie avec Milan et Venise, et son beau-fils Eugène de Beauharnais en était le vice-roi. A Naples, Joseph avait laissé la place à Joachim Murat, époux de Caroline Bonaparte. Une autre sœur, Elisa, était reine d'Etrurie. La Pologne connut une renaissance sous la forme d'un Grand-Duché. Le Saint-Empire romain germanique avait laissé la place à une Confédération du Rhin - le souverain autrichien avait renoncé au titre électif d'Empereur et avait pris le titre héréditaire désormais d'Empereur d'Autriche

Andrea Appiani (1754-1817), *Le prince Eugène*, vice-roi d'Italie - 1810. Musée de Malmaison (Hauts-de-Sein

Chambre de l'Impératrice Marie-Louise, au château de Compiègne (Oise).

Le despotisme

La guerre ininterrompue fit évoluer le régime impérial qui devint de plus en plus despotique. Napoléon gouvernait par senatus-consulte ou par décrets. Les libertés furent limitées et la presse surveillée : la censure était rétablie et même le théâtre était contrôlé. La police de Fouché, un ancien professeur de collège et conventionnel, joua un rôle de plus en plus grand et la détention arbitraire réapparut. Le gouvernement voulut diriger les esprits en contrôlant étroitement l'enseignement, en inquiétant les écrivains trop indépendants aussi. En 1806, le catéchisme impérial était introduit dans le pays pour « la défense du pays et du trône ».

En revanche, l'administration impériale s'efforça d'introduire des cultures nouvelles (betterave à sucre et pomme de terre), de faciliter les innovations industrielles, ainsi pour la soie de Lyon, l'utilisation du métier Jacquard, enfin d'améliorer les voies de communication. Malgré le blocus et des crises momentanées, grâce aussi à la domination militaire de la France et aux débouchés qu'elle offrait, l'Empire fut un temps de croissance économique.

Napoléon fut tenté de donner à l'Empire les traits d'une monarchie comme les autres, en créant une noblesse d'Empire, en s'entourant d'une Cour - où régnait une froide étiquette et où l'on s'ennuyait-, en instituant de grandes dignités : à côté des maréchaux d'Empire, un archichancelier, un grand chambellan... L'Empereur s'appuyait aussi sur les « notables », tous ceux qui avaient su gagner un rang social grâce aux événements révolutionnaires, mais aussi grâce à leurs talents commerciaux ou financiers.

L'armée napoléonienne

L'armée avait une place à part dans un système où la guerre était primordiale. La conscription avait rendu le service militaire obligatoire pour tous les jeunes Français de 20 à 25 ans, mais le recrutement se faisait par tirage au sort et il était possible d'être exempté si l'on pouvait se payer un remplaçant. Les vétérans étaient chargés de former les jeunes - c'était l'amalgame. L'avancement se faisait toujours par la valeur au combat. Avec le temps, les besoins changèrent ces réalités. Les pays dépendants durent fournir des contingents militaires qui ne furent pas fidèles jusqu'au bout. Comme l'intendance ne suivait pas toujours, les soldats vécurent sur le pays conquis et commettaient des pillages. Néanmoins la carrière militaire restait enviable et les maréchaux se constituèrent de solides fortunes. Tous les soldats vouaient un véritable culte à l'Empereur dont la silhouette familière, la redingote grise, la bonhomie déchaînaient l'enthousiasme.

La retraite de Russie

Comme le tsar de Russie restait son rival sur le continent, Napoléon se décida à envahir la Russie en 1812. L'armée des vingt nations était mal commandée et les Russes menèrent contre elle une guerre nationale, en pratiquant la tactique de la terre brûlée. Napoléon prit le chemin de Moscou, pénétra dans la ville, mais la cité fut ravagée par un gigantesque incendie. Le tsar ne demandant pas la paix et l'hiver arrivant, il fallut décider la retraite. Elle fut dramatique car la nourriture et les vêtements faisaient défaut. Le passage de la Bérésina en novembre en fut l'épisode le plus dramatique. Sur 600 000 hommes qui étaient entrés en Russie, seulement 100 000 revinrent en Allemagne. Le désastre était total.

Campagne d'Allemagne et campagne de France

Les souverains, dominés par Napoléon, redressèrent la tête. La campagne d'Allemagne de 1813 fut marquée par sa défaite à Leipzig face aux armées

Salon de l'empereur. Plus connu sous le nom de salon de l'Abdication, car c'est sur le guéridon que Napoléon signa sa première abdication en 1814. Fontainebleau (Seine-et-Marne).

coalisées. L'Allemagne, l'Espagne, l'Italie furent évacuées : c'était la fin du Grand Empire. Les armées alliées pénétrèrent en France. Alors Napoléon retrouva ses qualités de stratège et il sut faire évoluer avec rapidité ses troupes, composées de jeunes recrues, et il remporta encore de belles batailles : face au Prussien Blücher, à Champaubert et à Montmirail, face à l'Autrichien Schwarzenberg, à Montereau. Les généraux alliés décidèrent d'éviter de livrer bataille et d'avancer vers Paris qui capitula. Installé à Fontainebleau, l'Empereur aurait voulu continuer le combat, mais il se heurta au refus de ses maréchaux et abdiqua le 6 avril 1814. Les puissances alliées lui laissaient le titre d'Empereur et la souveraineté de la petite île d'Elbe. Le premier traité de Paris faisait perdre à la France l'essentiel de ses conquêtes.

La première Restauration et les Cent jours

Talleyrand, qui avait longtemps dirigé la diplomatie de Napoléon et n'avait pas hésité à le trahir persuada les souverains alliés de faire appel au frère de Louis XVI qui était devenu l'héritier de la maison de Bourbon après la mort, en 1795, à la prison du Temple, de son jeune neveu et avait alors pris le nom de Louis XVIII. Le nouveau roi ignorait tout de la France nouvelle. Il accorda une Charte libérale à son royaume et accepta les conquêtes sociales de la Révolution. Mais il remplaça le drapeau tricolore par le drapeau blanc, renvoya les vétérans de l'armée, laissa les royalistes effrayer les détenteurs de biens nationaux. Napoléon, qui s'ennuyait sur son île, voyait grandir le mécontentement contre les Bourbons. Il décida de débarquer en France en mars 1815. Tout au long de sa route, il fut accueilli avec enthousiasme et les régiments, envoyés pour l'arrêter, se rallièrent à lui. Les Alliés, qui négociaient à Vienne et redessinaient la carte européenne, reprirent la guerre. Napoléon, le 18 juin 1815, fut battu à Waterloo, par Blücher et Wellington. C'était la fin des Cent jours. Napoléon demanda l'asile à l'Angleterre qui le déporta sur l'île de Sainte-Hélène, au large de l'Afrique, où il mourut en 1821. La légende napoléonienne naquit lorsque Las Casas publia en 1823 le *Mémorial de Sainte-Hélène*, un texte inspiré par Napoléon : il y livrait l'image qu'il voulait laisser à la postérité.

Tombeau de Napoléon, aux Invalides (Paris).

LA RESTAURATION ET LA MONARCHIE DE JUILLET

Après la défaite de l'Empereur, les monarques européens s'efforcèrent de reconstruire l'Europe que la Révolution française et l'Empire avaient transformée.

Le congrès de Vienne

Le chancelier d'Autriche Metternich souhaitait retrouver l'équilibre des puissances qui existait sur le continent avant 1789 et instituer une sécurité collective pour maintenir la paix et enrayer les révolutions. Les vainqueurs étaient réunis au congrès de Vienne, où Louis XVIII fut représenté par Talleyrand : il défendit l'idée que la France était restée malgré tout royaliste et profita des divisions entre les alliés. Ceux-ci voulaient ôter à la France toute velléité révolutionnaire et conquérante. Le pays fut occupé par plus d'un million de soldats qui, venus de toute l'Europe, se livrèrent à des violences et à des pillages. Le 20 novembre 1815, après Waterloo, le second traité de Paris ramenait la France à ses frontières de 1790 : les conquêtes - Belgique et rive gauche du Rhin - étaient perdues, mais la France n'était pas amputée, même si elle sortait très affaiblie de ce cortège de guerres. Le pays perdait des forteresses qu'il avait conservées en 1814 et qui gardaient ses frontières. Une lourde indemnisation était accordée aux coalisés.

Un bilan

Les pertes humaines avaient été importantes, environ 1,4 million de morts dus aux guerres de la Révolution et de l'Empire. La vie rurale avait été transformée par la fin des droits seigneuriaux et féodaux et par la vente des biens nationaux, ce qui devait favoriser la petite exploitation et la petite propriété. Les guerres et le blocus continental avaient bouleversé les relations économiques internationales alors que le XVIIIe siècle avait fondé sa prospérité sur le grand commerce. L'industrialisation avait fait des progrès, mais la France entrait dans l'âge industriel avec la sensation d'un retard sur l'Angleterre et d'une infériorité économique. Les Français restaient très divisés après ces drames politiques. Les anciens privilégiés appelaient de leurs vœux le retour de la monarchie, l'Ouest et la vallée du Rhône étant restés royalistes. Seuls, en 1815, certains milieux populaires regrettaient l'Empereur.

La Charte

Après ses erreurs de 1814, Louis XVIII adopta une attitude habile, en maintenant la fiction d'une monarchie ininterrompue et d'une souveraineté absolue, avec les formes de l'Ancien Régime - la Cour par exemple - et le drapeau blanc, mais en garantissant aussi les libertés acquises pendant la Révolution. Il n'acceptait pas qu'on lui imposât une constitution, mais il octroyait à son peuple une « charte » dont il trouvait la tradition dans une histoire quelque peu mythique de la France. Le roi disposait du pouvoir exécutif et il partageait le pouvoir législatif avec deux assemblées : une chambre des pairs, nommés par le monarque, qui eut l'habileté de mêler seigneurs et dignitaires de l'ancienne France et élites nouvelles, et une chambre des députés, élus au suffrage censitaire - seuls les plus riches, environ 90 000 personnes, étaient électeurs. Les Chambres ne contrôlaient pas le gouvernement.

La Chambre introuvable

En 1815 et 1816, les représailles se multiplièrent contre les anciens jacobins, tantôt spontanées, tantôt légales : massacres dans le Midi, épurations de fonctionnaires, emprisonnements, déportations. Les régicides, et parmi eux Cambacérès, Fouché ou le peintre David, durent partir en exil. C'était la Terreur blanche. Elle fut favorisée par l'élection d'une « Chambre introuvable », selon la formule du roi lui-même, qui était composée d'ultra-royalistes : ils vouaient une haine passionnée à la Révolution. Le maréchal Ney, qui avait promis de ramener Napoléon prisonnier lors de son retour de l'île d'Elbe et s'était rallié à lui, fut condamné à mort par la Chambre des pairs et fusillé. Louis XVIII, effrayé par de tels excès, dissout cette chambre peu docile sur les conseils de Richelieu qui dirigeait le gouvernement et de Decazes qui avait gagné la confiance du souverain.

L'assassinat du duc de Berry

Une Chambre plus libérale permit une politique modérée de réformes qui donnèrent en particulier une liberté certaine à la presse. Decazes voulait « nationaliser le roi et royaliser la nation ». L'assassinat du duc de Berry, neveu du roi, en 1820, par un ouvrier nommé Louvel, fut interprété par les Ultras comme une conséquence de cette attitude libérale. Descazes fut renvoyé. Le duc de Berry eut un fils posthume qui fut plus tard l'héritier des Bourbons de cette branche aînée.

L'influence des Ultras et d'une société secrète royaliste, les Chevaliers de la Foi, se fit alors sentir par une loi qui suspendit la liberté individuelle : une personne suspecte de complot pouvait être maintenue en détention pendant trois mois sans qu'il y ait intervention d'un juge. La liberté de la presse fut limitée en 1822. L'opposition se réfugia dans des organisations secrètes, comme la Charbonnerie, venue d'Italie, qui provoqua des soulèvements ou des complots vite réprimés. Les élections de 1824 furent un triomphe pour les Ultras.

La France était réintégrée dans le concert des monarchies. Les gouvernements européens confièrent même à l'armée française le soin de rétablir le régime absolutiste du roi d'Espagne qui était prisonnier des libéraux.

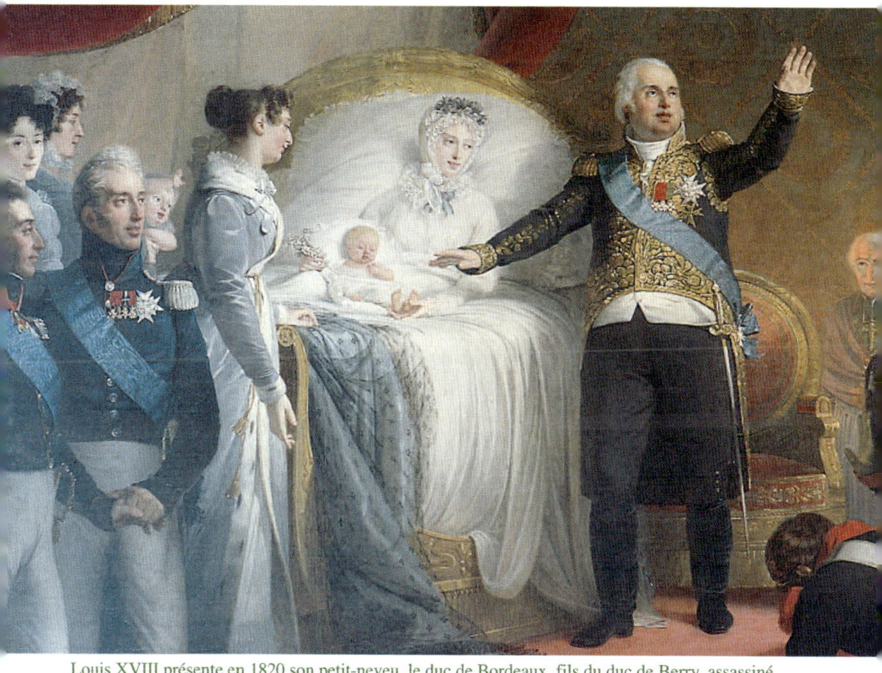

Louis XVIII présente en 1820 son petit-neveu, le duc de Bordeaux, fils du duc de Berry, assassiné quelques mois auparavant. Château de Chambord (Loir-et-Cher).

Charles X et les Ultras

Lorsque Louis XVIII mourut en 1824, son frère, le dernier frère de Louis XVI, devint Charles X. Il choisit de se faire sacrer à Reims pour renouer, non sans anachronisme, avec les rites anciens. Sous son règne, les Ultras triomphèrent. En 1825, le gouvernement fit voter une loi qui permettait d'indemniser les anciens émigrés dont les biens avaient été confisqués pendant la Révolution (ce fut la loi du « milliard des émigrés »). L'Église retrouva sa place dans l'État, par le contrôle de l'enseignement. La loi du sacrilège condamnait à mort toute personne volant avec effraction un objet du culte. Villèle qui dirigeait le gouvernement et qui prit ces mesures semblait renouer avec l'Ancien Régime et le mécontentement grandissait. Après avoir demandé la dissolution de la Chambre et avoir pris acte des médiocres résultats, il dut se retirer.

Les quatre ordonnances

Le ministère Martignac tenta une politique libérale, mais Charles X préféra recourir à des méthodes autoritaires et violentes. Il nomma à la tête du gouvernement, en août 1829, le prince Jules de Polignac qui symbolisa l'Ancien Régime et l'ancienne cour de Versailles. Le roi espérait que l'expédition lancée contre Alger rendrait du prestige au régime - il fallut près de vingt ans pour conquérir l'Algérie. Comme les élections de 1830 furent un échec pour lui, le roi choisit le coup de force et quatre ordonnances furent publiées le 26 juillet 1830 : la liberté de la presse était suspendue et la censure rétablie, la nouvelle chambre dissoute, la loi électorale modifiée, les élections auraient lieu en septembre.

Les Trois Glorieuses

Les journalistes, derrière Thiers du *National*, nouveau journal patronné par Talleyrand, protestèrent et décidèrent que les journaux paraîtraient le lendemain. Le préfet de police faisant détruire les presses des journaux, l'émeute éclata le 27. Le 28, le drapeau tricolore fit son apparition à l'Hôtel-de-Ville. La troupe peu nombreuse de Marmont ne put rétablir l'ordre. Le 29, les barricades surgirent et la capitale était aux mains des émeutiers. Le gouvernement se replia à Saint-Cloud. Ces trois journées ont été désignées comme les « Trois Glorieuses ». A Paris, des députés libéraux, autour du banquier Lafitte, désignèrent La Fayette pour diriger la garde nationale et ils étaient favorables à une solution « orléaniste ».

Eugène Delacroix, *La Liberté guidant le peuple*. Musée du Louvre (Paris). Le tableau évoque les journées révolutionnaires de 1830.

La monarchie de Juillet

Il s'agissait d'établir une monarchie réellement constitutionnelle, imitée de celle d'Angleterre, qui respectât les libertés essentielles et qui fût à l'écoute des élites nouvelles. Un prince semblait tout désigné pour assumer le pouvoir : le cousin de Charles X, Louis-Philippe d'Orléans, né en 1773. C'était le fils de Philippe-Egalité qui avait voté la mort de Louis XVI et il avait combattu dans les armées de la Révolution avant d'émigrer : simple de goût et d'allure, entouré de ses huit enfants, il était connu pour ses idées libérales. Il accepta le pouvoir et alla à l'Hôtel-de-Ville où La Fayette se résigna à cette solution. Charles X abdiqua le 2 août et prit lentement le chemin de l'exil. Louis-Philippe accepta d'être roi des Français et non de France, il reconnaissait la

Charte, sans réserves. Il adoptait le drapeau tricolore et accordait le droit de vote à un plus grand nombre d'électeurs, mais les assemblées ne contrôlaient toujours pas le gouvernement. Louis-Philippe devait aussi incarner le « roi bourgeois » ouvert au progrès économique.

Le temps des émeutes

Le début du règne fut difficile avec une agitation endémique à Paris et des émeutes sociales : à Lyon, en novembre 1831, les canuts, les ouvriers de la soie, se rendirent maîtres de la ville que le maréchal Soult dut reprendre par la force. Le régime se stabilisa avec Casimir Périer en 1832 et prit d'emblée une allure conservatrice. Le roi incarnait la continuité et l'ordre, le gouvernement, avec le soutien d'une majorité à la Chambre, exerçait le pouvoir. Mais le nouveau régime se heurtait à une double opposition. Les légitimistes étaient favorables à la branche aînée de la maison de Bourbon au nom de sa « légitimité » plus grande. La duchesse de Berry débarqua alors en France pour défendre les droits de son fils, le duc de Bordeaux, mais elle fut finalement arrêtée dans des conditions romanesques (1832). Les partisans d'une République n'acceptaient pas la monarchie dite « de juillet » et s'organisèrent secrètement autour de la Société des droits de l'homme. A l'occasion des funérailles du général Lamarque, une insurrection fut lancée par de jeunes républicains les 5 et 6 juin 1832 et réprimée dans le sang. De nouvelles émeutes éclatèrent à Lyon et à Paris en 1834 et il fallut à 13 000 soldats quatre jours de combats sanglants pour venir à bout des émeutiers. Tous les habitants d'un immeuble, rue Transnonain, d'où un coup de feu avait été tiré, furent massacrés. La répression s'abattit sur les républicains.

L'entente cordiale

Ces gouvernements, qui menaient une politique répressive, avaient néanmoins un programme réformateur. Une loi électorale organisa les conseils généraux, ce qui signifiait un début de démocratisation locale. François Guizot, à l'Instruction publique, fit voter une grande loi sur l'instruction primaire en 1833, obligeant chaque commune à entretenir une école, en laissant à tout individu qui en avait la capacité le droit d'enseigner (qu'il soit laïc ou congréganiste) tout en insistant sur la présence de la religion dans la formation des élèves. Louis-Philippe travailla à rompre l'isolement où se trouvait la France après les Trois

Louis-Philippe. Château de Versailles (Yvelines).

Glorieuses. Il se montra très prudent au moment où la Belgique devint indépendante et, à cette occasion, se rapprocha de l'Angleterre. Thiers mena encore une politique belliqueuse en 1840 à propos de l'Egypte, mais Louis-Philippe le renvoya et, avec Guizot, fit triompher une politique de paix et d' « entente cordiale » avec l'Angleterre de la reine Victoria.

Guizot

A partir de 1840, jusqu'à 1848, Guizot, historien, professeur à la Sorbonne, allait imposer ses idées. Il refusait le monarchie absolue comme la démocratie absolue, ce qui le condamnait à l'immobilisme politique à l'intérieur, mais ce qui facilitait une politique de paix à l'extérieur. Surtout il espérait du développement économique et social une amélioration de la vie des Français, d'où sa formule en 1843 : « Eclairez-vous, enrichissez-vous, améliorez la condition morale et matérielle de notre France ». Le gouvernement comptait sur la bourgeoisie pour engager le pays dans l'industrialisation. Une nouvelle mutation des transports s'esquissait avec la construction de routes et de canaux, et le réseau ferré français commençait à s'élaborer, bouleversant peu à peu la circulation des marchandises et des hommes.

La campagne des banquets

Pourtant la monarchie de Juillet ne réagit pas lorsqu'une grave crise économique apparut en 1846-1847, et le mécontentement diffus s'ajouta à la revendication des classes moyennes qui demandaient un élargissement des droits politiques, et surtout du droit de vote. Le régime ayant interdit les réunions, cette défense fut contournée par une grande campagne de banquets où les discours devenaient politiques. Un nouveau banquet étant prévu pour le 22 février 1848, le gouvernement l'interdit, une manifestation d'étudiants et d'ouvriers eut lieu et la garde nationale fraternisa avec la foule. Louis-Philippe prit alors la mesure de la colère populaire et renvoya Guizot. Le soir du 23, comme les manifestants qui fêtaient ce recul s'en étaient pris à un poste de garde, une fusillade eut lieu et fit 16 morts. Toute la nuit, les cadavres furent promenés dans Paris qui se souleva. Lorsque les insurgés s'attaquèrent aux Tuileries, le vieux Louis-Philippe décida d'abdiquer en faveur de son petit-fils puisque son fils aîné était mort dans un accident. Cependant, l'âge de cet enfant rendait nécessaire une régence.

Lamartine à l'Hôtel de Ville de Paris, en 1848.

DE LA DEUXIÈME RÉPUBLIQUE AU SECOND EMPIRE

LA FOULE AVAIT ENVAHI le Palais-Bourbon où siégeait la Chambre, et les républicains s'imposèrent : pour eux, la monarchie devait disparaître. Un gouvernement provisoire fut acclamé dont la principale personnalité était le grand poète Lamartine.

L'ESPRIT DE 1848

Par ses discours lyriques, il incarna bien cette république nouvelle qui voulait établir la fraternité entre les hommes et cet « esprit de 48 » qui se répandait dans toute l'Europe et renouait avec la Révolution de 1789. Imposée par le peuple de Paris, la République fut en apparence acceptée

par tous et, dans un climat d'unanimité, en présence des autorités civiles et religieuses, on planta partout des arbres de la liberté. Cet accord dissimulait des tensions parmi les républicains : les uns étaient favorables à la liberté politique, mais ne voulaient pas changer l'ordre de la société, les autres voulaient des réformes sociales profondes pour améliorer le sort pitoyable du monde ouvrier. Il fallut l'éloquence de Lamartine pour que le drapeau tricolore fût préféré au drapeau rouge.

Les libertés

Après la proclamation de la République, le gouvernement prit une série de mesures politiques audacieuses : il proclama le suffrage universel et la France était la première démocratie à en faire l'expérience, l'esclavage dans les colonies fut aboli - ce fut l'œuvre de l'écrivain républicain Victor Schœlcher. La peine de mort était supprimée. La liberté de presse, de réunion, de religion était établie et ce fut l'occasion d'une grande effervescence politique, en particulier dans des clubs. Ce libéralisme politique fut complété par un décret du 25 février, qui fut rédigé par le socialiste Louis Blanc, membre du gouvernement provisoire, et qui proclamait le « droit au travail ». Le gouvernement créa dans cet esprit des Ateliers nationaux qui prolongeaient les traditionnels ateliers de charité mais qui offraient de meilleurs salaires.

L'Assemblée constituante

Il était prévu qu'une assemblée constituante fût élue et les révolutionnaires parisiens comprirent que le suffrage universel pouvait leur confisquer la révolution. En effet la France était encore rurale et les paysans suivaient volontiers les recommandations du curé ou du châtelain - la noblesse ayant retrouvé une partie de son influence dans les campagnes, même si peu à peu les idées républicaines se diffusaient dans les villages. Face aux républicains, les conservateurs ne tardèrent pas à reconstituer un front uni, un « parti de l'ordre ». Les élections eurent lieu (23-24 avril 1848) : certes les républicains libéraux l'emportaient, mais les monarchistes étaient nombreux et les républicains socialistes ou « démo-soc » étaient battus. La nouvelle assemblée craignait la menace que faisaient peser sur elle les manifestants parisiens et décapita le mouvement en faisant arrêter les meneurs : Raspail, Barbès, Blanqui et l'ouvrier Albert qui avait fait partie du gouvernement provisoire.

Raspail proclamant la République devant l'Hôtel de Ville de Paris. Place Denfert-Rochereau (Paris).

Les journées de juin

Comme les ateliers nationaux étaient jugés improductifs et dangereux - les 115 000 chômeurs restaient désœuvrés et étaient soumis à toutes les propagandes - la Commission exécutive, qui jouait le rôle de gouvernement, décida leur fermeture (21 juin). Ce fut aussitôt l'émeute. L'est de la capitale se couvrit de barricades. Les combats durèrent trois jours, firent plusieurs milliers de morts. Le général Cavaignac, républicain convaincu, rétablit l'ordre et, devenu Président du conseil, apparut désormais comme l'homme fort de la république libérale et conservatrice. L'assemblée put travailler à la constitution qui s'inspirait de celle des États-Unis et fut adoptée le 4 novembre 1848 : face à une assemblée unique qui avait le pouvoir législatif, un président de la République serait élu pour quatre ans au suffrage universel, lui aussi, et ne serait pas rééligible.

L'élection de Louis-Napoléon Bonaparte

Si Cavaignac fut le candidat des républicains, un homme bouleversa la situation : Louis-Napoléon Bonaparte, un neveu de l'Empereur. Il avait tenté à deux reprises des coups d'État et avait été emprisonné, il avait défendu des idées sociales en publiant l'*Extinction du paupérisme*. Son nom évoquait aussi une politique étrangère prestigieuse qui ferait oublier les humiliations de 1815. Les conservateurs, soucieux de défendre l'ordre social face au péril rouge, soutinrent ce candidat dont le nom était connu dans les campagnes : « ... mon nom se présente à vous comme un symbole d'ordre et de sécurité » déclarait le « neveu de l'oncle ». Il trouva un accueil favorable également chez ceux qui pensaient que l'« ordre moral » pouvait protéger de la révolution sociale et que l'Église avait un rôle à jouer en matière politique. Bonaparte fut élu le 10 décembre 1848.

La politique des conservateurs

En mai 1849, l'assemblée législative qui fut élue révélait le triomphe des monarchistes, mais aussi l'enracinement des républicains dans quelques départements ruraux. L'inquiétude que cette force républicaine inspirait à la majorité explique les mesures conservatrices que l'assemblée décida de prendre. La loi Falloux (15 mars 1850) cassait le monopole de l'Université sur l'éducation : la « liberté » de l'enseignement permettait à tous, et en particulier aux ecclésiastiques, d'ouvrir une école secondaire comme une école primaire. Cette loi laissait aussi l'Église catholique contrôler l'enseignement. La loi du 31 mai 1850 restreignit le suffrage universel en demandant aux électeurs une résidence de trois ans attestée par le paiement de la contribution mobilière : cela excluait nombre d'ouvriers qui circulaient à la recherche de travail et les pauvres qui ne payaient pas cet impôt.

L'émancipation du Président

Louis-Napoléon Bonaparte eut l'habileté de se désolidariser d'une telle politique. Il entreprit des voyages en province, au cours desquels il s'efforça de calmer le peuple, de rassurer la bourgeoisie et de glorifier l'armée. Car un conflit latent était né entre le président et l'assemblée. Il était clair que le président ne souhaitait pas se retirer alors que la constitution prévoyait qu'il n'était pas rééligible. L'assemblée aurait accepté une révision de cette constitution, si le président acceptait son programme conservateur, ce qu'il refusa de faire, préférant gagner les faveurs populaires par ses idées sociales, par l'origine révolutionnaire des Bonaparte, par sa politique étrangère favorable aux nationalités.

Le coup d'État du 2 décembre

Comme il n'y avait pas eu de révision de la constitution, il restait le coup de force qui fut préparé avec soin. Louis-Napoléon avait réussi à nommer un de ses fidèles pour commander les forces militaires de Paris. Chacun pressentait le coup d'État et il eut lieu dans la nuit du 1er au 2 décembre 1851, jour symbolique pour la tradition impériale. L'Assemblée nationale fut occupée et 78 personnes arrêtées, comme Thiers. Des députés conservateurs qui essayaient de réagir furent à leur tour arrêtés. Mais l'agitation continua. Le 4 décembre, la « fusillade des boulevards » fit plusieurs centaines de morts parmi des civils sans armes, souvent des bourgeois.

Le coup d'État de Louis-Napoléon Bonaparte, à la différence de celui de son oncle, avait fait couler le sang. Il avait mis fin à la république des conservateurs. Comme des soulèvements eurent lieu ensuite en province, dans les petites villes et même les campagnes, au nom de la légalité républicaine, le pouvoir bonapartiste frappa les républicains, se présentant comme une protection face au péril rouge. La naissance difficile du nouveau régime pesa lourdement sur son destin : que l'on songe seulement à la haine inexpiable de Victor Hugo qui prit le chemin de l'exil. La répression s'abattit sur le pays, avec son cortège de tribunaux d'exception, de déportations à Cayenne et en Algérie, de bannissements.

L'empereur Napoléon III, tapisserie des Gobelins d'après Winterhalter. Musée du Second Empire (Paris).

Les idées du Prince-Président

Un plébiscite approuva, à une écrasante majorité, le coup d'État, en permettant à Bonaparte de préparer une nouvelle constitution et de rester président pendant dix ans. Louis-Napoléon, intelligent et ambitieux, avait le goût du secret et restait indéchiffrable. Il était fier d'être un Bonaparte et avait toujours eu la conviction qu'il saurait restaurer l'Empire. Il n'hésitait pas à rappeler les principes de 1789 et le premier article de la nouvelle constitution (14 janvier 1852) rappelait que c'était la « base du droit public des Français ». Le « Prince-président », comme il fut désigné, vouait un culte au « peuple », volontiers idéalisé, mais réservait un solide mépris pour toute institution représentative à travers laquelle ce peuple pourrait s'exprimer. Le dialogue devait être direct entre la population et le chef de l'État grâce aux plébiscites. Si le bonapartisme n'était ni à droite, ni à gauche, il fut contraint de gouverner avec les forces conservatrices.

Napoléon III

Le Prince-Président établit une dictature personnelle. Il commandait l'armée, faisait la guerre et la paix, nommait à tous les emplois et la justice était rendue en son nom. Si le suffrage universel était rétabli, le Corps

Franz Xaver Winterhalter, *L'impératrice Eugénie entourée de ses dames d'honneur* (1855), détail. Château de Compiègne (Oise).

législatif, dont les membres étaient élus, n'avait qu'un rôle consultatif. Pour les élections, le pouvoir proposait des candidats officiels auxquels il accordait tout son soutien. C'est le Conseil d'État qui rédigeait les projets de lois. Toutes les libertés publiques étaient suspendues : il n'y avait plus ni liberté de réunion, ni liberté d'association, ni liberté de presse. Finalement le glissement vers l'Empire se fit par un sénatus-consulte du 7 novembre 1852 : « Louis-Napoléon Bonaparte est empereur des Français sous le nom de Napoléon III ».

L'Empire autoritaire

Si la population fut étroitement encadrée et surveillée, si toute opposition fut muselée et traquée - ce fut le temps de l'Empire « autoritaire » - le régime fut néanmoins populaire. Napoléon III eut le souci de relancer l'économie et d'en favoriser le développement et la modernisation à travers le réseau ferroviaire, à travers les banques, à travers l'agriculture. Il eut aussi le souci d'améliorer la condition ouvrière. Il voulut faire oublier la contrainte politique derrière une vie de cour brillante que présidait sa femme, la belle Eugénie de Montijo : ce fut la « fête impériale ».

Une politique extérieure ambitieuse

L'Empereur mena une politique extérieure ambitieuse. Il souhaitait faire de nouveau de la France une grande puissance. L'expansion coloniale fut continuée au Sénégal, en Algérie, en Cochinchine où Saïgon fut occupée, et plus tard au Cambodge. Napoléon III voulut jouer le rôle d'arbitre entre les puissances européennes. Il intervint en Crimée aux côtés de l'Angleterre contre la Russie qui voulait établir un véritable protectorat sur l'empire ottoman. La prise de Sébastopol en septembre 1855 marqua cette nouvelle présence française en Europe. Le congrès de paix eut lieu à Paris en 1856 et fut comme une revanche sur le congrès de Vienne. Au nom des nationalités, Napoléon III signa une alliance avec le Piémont où régnait Victor-Emmanuel II et dont Cavour voulait faire l'instrument de l'unité italienne. Il fallait pour cela libérer l'Italie de la tutelle autrichienne. En 1859, les Autrichiens qui avaient déclaré la guerre furent battus par les Français et les Italiens, lors des batailles de Magenta et de Solférino. Inquiet des réactions européennes, Napoléon III abandonna son allié piémontais qui obtenait la Lombardie, mais pas la Vénétie, et qui laissait à la France ses possessions au-delà des Alpes : Nice et la Savoie. Surtout

Napoléon était soucieux des réactions des catholiques français face aux menaces qui pesaient sur les États du pape.

Les mécontentements

La politique internationale de l'Empire mécontenta une partie de l'opinion. Un traité de libre-échange avec l'Angleterre en 1860 irrita les milieux d'affaires. Les catholiques craignirent que l'unité italienne ne se fît au détriment des intérêts du pape, et en 1867 les troupes françaises durent protéger Rome contre les tentatives de Garibaldi. Le fusil Chassepot ayant été utilisé pour la première fois, la dépêche du commandait français qui déclarait : « Les Chassepot ont fait merveille » contribua à indigner les patriotes italiens. Enfin une crise économique en 1866-1867 avait accru les difficultés des Français.

L'Empire social

Napoléon III tenta de trouver une réponse politique. Il prit d'abord des initiatives dans le domaine social, en chargeant Victor Duruy de moderniser et de développer l'Instruction publique. L'Empereur tenta également de gagner la confiance des classes populaires en accordant le droit de grève aux ouvriers en 1864. Cette politique « sociale », audacieuse au demeurant, n'eut que peu de succès et ne provoqua guère de ralliements à l'Empire. Napoléon s'efforça donc de libéraliser peu à peu le régime en augmentant les pouvoirs du Corps législatif, mais si, à partir de 1867, les députés purent interpeller le gouvernement, la responsabilité de celui-ci n'existait pas. En 1868, des lois rétablissaient en partie la liberté de presse et la liberté de réunion. La bourgeoisie libérale ne fut guère séduite par cette discrète ouverture. Pourtant l'opposition républicaine progressait et s'affirma lors des élections de 1869, alors que l'agitation ouvrière se développait.

L'Empire libéral

Une dernière étape vers l'Empire libéral fut marquée par une réforme qui donnait de nouveaux pouvoirs au Corps législatif : si l'initiative des lois était partagée entre l'Empereur et le Corps législatif, les ministres étaient bien « responsables ». Un plébiscite en mai 1870 approuva cette mutation libérale qui avait été permise par Emile Ollivier, un républicain rallié à l'Empire. L'Empire semblait consolidé.

La capitulation de Sedan

La défaite balaya l'Empire. Si l'Empereur avait défendu le principe des nationalités et l'unité allemande, il dut bientôt faire face à la Prusse qui, après avoir battu l'Autriche à Sadowa en 1866, s'imposait comme une grande puissance militaire et préparait l'unité de l'Allemagne autour d'elle. La tension monta d'un cran lors d'une querelle à propos de la couronne d'Espagne pour laquelle un Hohenzollern, parent du roi de Prusse, avait été pressenti. La France obtint toute satisfaction dans cette affaire, mais, comme elle demandait des assurances pour l'avenir, le chancelier Bismarck rédigea une dépêche - la « dépêche d'Ems » - dans des termes qui provoquèrent la colère des Français et qui conduisirent Napoléon III à déclarer la guerre (19 juillet 1870). L'armée prussienne bien armée et bien commandée fut victorieuse. Le maréchal Bazaine se laissa bloquer dans Metz et l'armée française fut encerclée dans Sedan le 1er septembre. L'Empereur était prisonnier. Seul Belfort, avec Denfert-Rochereau, avait résisté.

L'opéra de Paris fut construit à partir de 1862 par Charles Garnier et inauguré en 1875.

LA IIIE RÉPUBLIQUE

DÈS QUE LA CAPITULATION de Sedan fut connue à Paris, le dimanche 4 septembre, la foule envahit le Palais-Bourbon. Gambetta monta à la tribune, proclama la déchéance de l'Empire et les députés républicains allèrent à l'Hôtel-de-Ville proclamer la République. Un gouvernement de Défense nationale se mit en place. La défaite militaire avait réduit à néant un régime qui s'était fondé sur le coup d'État, s'était renforcé par le prestige international, mais ne s'était pas enraciné dans les esprits et les cœurs.

LE SIÈGE DE PARIS

Les armées allemandes encerclèrent Paris le 19 septembre et bombardèrent la ville. Le gouvernement voulut rester dans Paris et continuer la lutte. Gambetta quitta la capitale en ballon pour mener la résistance en province. C' était un républicain « radical » qui, en se présentant aux élections de 1869 à Belleville, avait proposé un programme (dit de Belleville) politiquement avancé et socialement prudent. Il tenta de galvaniser les énergies et de gagner les Français à l'idée républicaine. Il organisa de nouvelles armées, mais elles ne

Alphonse-Marie-Adolphe de Neuville, *La Bataille dans le clocher*, épisode de combat entre soldats français et prussiens. Collection particulière.

purent dégager Paris, d'autant plus que Bazaine avait capitulé avec une armée intacte. Les tentatives pour rompre l'encerclement furent des échecs. Le siège de la ville fut terrible. La population subit la faim - on mangea du rat et les animaux du Jardin des Plantes-, le froid - l'hiver fut terrible et les combustibles manquaient-, la peur et le désespoir. La ville était aussi le cadre d'une lutte entre républicains et révolutionnaires.

La perte de l'Alsace-Lorraine

Il fallut négocier et signer, le 28 janvier 1871, une convention d'armistice alors que l'Empire allemand avait été proclamé dans la Galerie des Glaces de Versailles le 18 janvier 1871. Les élections de février 1871 eurent lieu dans ces circonstances dramatiques et désignèrent 400 députés monarchistes qui voulaient la paix, mais ne s'accordaient pas sur le candidat à la monarchie, et 250 républicains qui voulaient l'installation de la République mais qui ne s'accordaient pas quant à la poursuite de la guerre. Cette assemblée très conservatrice désigna Thiers, ancien ministre de Louis-Philippe, qui avait été hostile à la déclaration de guerre, comme « chef du pouvoir exécutif de la République française » : le mot « République » était employé même si la majorité préparait une restauration. Thiers fut chargé de négocier et le 1er mars 1871, les conditions imposées par Bismarck étaient acceptées : l'Alsace et une partie de la Lorraine étaient cédées à l'Allemagne, une indemnité de guerre de 5 milliards de francs-or devait être versée. Le siège du gouvernement fut fixé à Versailles, la ville de Louis XIV.

Adolphe Thiers.

La Commune

La capitale, qui avait résisté au siège et qui avait profondément souffert, ressentit la capitulation comme une humiliation terrible et comme une trahison. Thiers, ainsi que les députés conservateurs, craignait une insurrection. Il voulait désarmer les Parisiens, en particulier la garde nationale, soit 500 000 hommes qui avaient été armés pendant le siège. Le 18 mars, le gouvernement tenta de reprendre les canons de la butte Montmartre : deux généraux furent tués, l'émeute commençait. Les insurgés parisiens s'organisèrent et une Commune de Paris se mit en place le 26 mars 1871. Cette Commune a été présentée tantôt comme un modèle, une préfiguration des révolutions communistes du XXe siècle, tantôt comme la

Canon de la Commune aux barricades de la rue de Castiglione. Photographie Musée de Montmartre (Paris).

dernière des innombrables insurrections du XIXe siècle. Symboliquement, elle adopta le drapeau rouge. Elle déclara la séparation de l'Église et de l'État, abolit la conscription et les armées permanentes, adopta le principe de l'enseignement gratuit, laïc et obligatoire, mais les réformes sociales furent finalement modestes.

La semaine sanglante

Le gouvernement de Thiers et l'Assemblée décidèrent de reprendre Paris par la force et les républicains modérés, qui souhaitaient avant tout l'enracinement du régime républicain et ne voulaient pas effrayer, choisirent de laisser faire. Cette reconquête de Paris donna lieu à la semaine sanglante du 22 mai au 28 mai 1871. Face à l'avancée de l'armée régulière, commandée par Mac-Mahon, les « Communards » firent exécuter des otages comme l'archevêque de Paris et mirent le feu aux bâtiments publics, comme le palais des Tuileries. La lutte s'acheva au cimetière du Père-Lachaise, au « mur des fédérés », et l'armée des « Versaillais » mena une répression terrible avec sans doute 20 000 exécutions sommaires, 45 000 arrestations et 13 500 condamnations, souvent au bagne de Nouvelle-Calédonie. La République naissait dans le sang, mais l'ordre était

La chute de la colonne Vendôme. Photographie Musée de Montmartre (Paris).

rétabli en son nom, et cela rassurait ceux qu'elle effrayait encore. Pour les socialistes et pour les milieux ouvriers, la Commune représenta au contraire l'occasion manquée d'une révolution populaire.

L'impossible restauration

Thiers assuma cette répression et apparut comme un sauveur de l'ordre social. Or les députés monarchistes se divisaient entre légitimistes, favorables au comte de Chambord, petit-fils de Charles X, et orléanistes favorables à un descendant de Louis-Philippe. Le 6 juillet 1871, le comte de Chambord, dans un « manifeste » rendu public, déclarait sa fidélité au drapeau blanc, « l'étendard de Henri IV, de François Ier et de Jeanne d'Arc ». Une restauration s'avérait donc impossible dans l'immédiat. En attendant, les députés désignèrent Thiers comme Président de la République (31 août 1871, loi Rivet). Les républicains étaient divisés eux aussi, Jules Ferry et ses amis étant attachés au libéralisme politique, alors que Gambetta préférait une pratique plus autoritaire du pouvoir, tout en travaillant avec ardeur à enraciner la république. Il fut, dans les années 1871-1875, le « commis-voyageur de la république », multipliant dans toute la France les réunions politiques.

Thiers, quant à lui, sut réorganiser la France et réussit à payer l'indemnité de guerre : le dernier soldat prussien quitta la France en juillet 1873. Il évoluait lui-même vers la république : les monarchistes inquiets le renversèrent, le 24 mai 1873, et le remplacèrent par le maréchal de Mac-Mahon.

L'ordre moral

En fait la politique fut menée par le duc Albert de Broglie et c'était une politique dite « d'ordre moral », qui donnait à l'Église une place essentielle dans la conservation de la société. L'été 1873 fut encore consacré à des tractations entre monarchistes : le comte de Paris, prétendant orléaniste, accepta de s'effacer derrière le comte de Chambord qui n'avait pas de descendant et dont il pourrait recueillir la succession. L'intransigeance du prince à propos du drapeau et son refus des principes de 1789 firent une fois de plus échouer cette restauration qui n'aurait sans doute pas été facile. Les pouvoirs de Mac-Mahon furent donc prolongés pour sept ans : le septennat pour la Présidence de la République resta une tradition française.

Le Sacré-Cœur (Paris), dont la construction fut autorisée par l'Assemblée Nationale en 1873, pour « expier » les fautes de la Commune.

L'amendement Wallon

Il fallait sortir de l'incertitude et de l'ambiguïté, car l'Assemblée élue en 1871 avait un pouvoir constituant. Un compromis entre orléanistes et républicains modérés aboutit à une première étape : le 30 janvier 1875, l'amendement Wallon précisait que le président de la République serait élu à la majorité des suffrages du Sénat et de la Chambre des députés. L'existence d'un Sénat qui rappelait la Chambre des pairs plaisait aux orléanistes, tandis que le mot « République » était définitivement introduit dans les institutions. Des lois constitutionnelles furent adoptées au cours de 1875. Elles donnaient au Président de la République des pouvoirs très larges : il était élu pour sept ans par les deux Chambres, réunies en Assemblée nationale, il était rééligible, il nommait le Président du Conseil, il avait comme les deux Chambres l'initiative des lois, pouvait dissoudre la Chambre des députés avec l'accord du Sénat. C'était presque un roi constitutionnel et une telle constitution pouvait permettre une restauration orléaniste. Le Sénat, avec 75 sénateurs à vie et les autres élus au suffrage universel indirect, était au centre des institutions dont il était le gardien. Les ministres étaient solidairement responsables devant les deux Chambres.

Le 16 mai

En 1876, les élections sénatoriales et législatives furent favorables aux républicains. Mac-Mahon, toujours favorable à une restauration, refusa de choisir comme chef du gouvernement Gambetta qui apparaissait comme le vainqueur des élections. Il tenta des solutions d'attente. Gambetta attaqua à propos du rôle de l'Église dans le domaine politique : « Le cléricalisme, voilà l'ennemi ». Mac-Mahon invoqua le 16 mai 1877 son droit de choisir des conseillers qui penseraient comme lui et, comme la Chambre ne donnait pas la confiance à un ministère dirigé par Broglie, le Président décida de dissoudre la Chambre, avec l'accord du Sénat. La campagne électorale fut décisive. Gambetta la situa bien : « Quand la France aura fait entendre sa voix souveraine (...) il faudra se soumettre ou se démettre ». Aux élections d'octobre 1877, les républicains conservèrent la majorité. Mac-Mahon se soumit et finit par démissionner en janvier 1879.

La vraie naissance de la IIIe République

Le républicain Jules Grévy fut aussitôt élu et nomma un gouvernement républicain : la République était installée, la *Marseillaise* était son hymne et le 14 juillet la fête nationale. Ces épreuves politiques firent évoluer les institutions. Le Président de la République n'osa plus utiliser le droit de dissolution qui avait été utilisé par Mac-Mahon pour empêcher la victoire du régime républicain. Le rôle du Président de la République fut fortement amoindri après la crise du 16 mai. Ce fut le Président du Conseil qui mena la politique gouvernementale et il devait avoir la confiance des Chambres. La Chambre des députés, élue au suffrage universel direct, était au centre de la vie politique, le Sénat jouant seulement un rôle modérateur.

Dans ce cadre constitutionnel, des lois garantirent les libertés publiques :

en 1881, la liberté de réunion et de presse - ce qui supprimait la censure, puis en 1884 la liberté fut accordée aux seules associations professionnelles et ouvrières, ce qui fut à l'origine d'un puissant mouvement syndical, sans être étendue aux congrégations religieuses. Les maires furent désormais élus au suffrage universel et non plus nommés par le gouvernement, sauf à Paris où le préfet assurait les fonctions d'un maire (1882).

L'école de Jules Ferry

Jules Ferry, un avocat lorrain, constamment au pouvoir, soit comme ministre de l'Instruction publique, soit comme Président du Conseil, s'attacha à poursuivre l'œuvre scolaire et surtout à développer l'instruction : elle devait réduire les inégalités entre les hommes, former des citoyens responsables

Henri-Jules-Jean Geoffroy, *En classe, le travail des petits* (1889).
Propriété du Ministère de l'Éducation Nationale.

dans la République et des patriotes capables de se battre pour elle, enfin donner à la France une main d'œuvre qualifiée. En 1881, toutes les écoles primaires devenaient gratuites ; en 1882, l'école était déclarée obligatoire pour les enfants de six à treize ans et un jour de congé était prévu, en dehors du dimanche, pour pouvoir assurer l'enseignement religieux « mais en dehors des édifices scolaires ». La laïcité de l'enseignement public était ainsi proclamée, la religion quittait l'école publique, or l'État contrôlait quelque 80 % de l'enseignement primaire. Jules Ferry proposait une laïcité tolérante : « Demandez-vous si un père de famille, je dis un seul, présent à votre classe et vous écoutant, pourrait de bonne foi refuser son assentiment à ce qu'il vous entendrait dire ».

Dans les autres secteurs de l'enseignement, l'œuvre des républicains fut plus timide. Un enseignement secondaire public fut créé pour les jeunes filles alors que l'Église catholique dominait ce domaine. Les Facultés d'État furent seules habilitées à délivrer des diplômes. Les résultats de cet effort scolaire furent indéniables et l'analphabétisme disparut presque. Cette politique de laïcisation ne remettait pas en cause le concordat qui donnait à l'État un poids sur les cultes qu'il finançait.

Les forces politiques

Si la République et les idées républicaines s'enracinaient, les républicains cessèrent d'être unis à mesure que la menace monarchiste s'éloignait. Les républicains modérés furent qualifiés d'« opportunistes », car ils tenaient compte des réalités pour engager les réformes qu'ils jugeaient « opportunes ». Ce fut autour de la question sociale que les clivages devinrent plus nets : des sensibilités politiques nouvelles apparaissaient surtout à gauche qui demandaient une action plus décisive pour soulager les plus démunis : ce furent d'abord les radicaux dont le chef de file fut Clemenceau, un médecin vendéen, maire de Belleville, puis, plus à gauche encore, les socialistes, parfois influencés par le système imaginé par Karl Marx. Ces mouvements ou ces hommes s'intégrèrent avec le temps à la vie politique, voire aux gouvernements, abandonnant une part de leurs idées radicales ou révolutionnaires. Ils firent ainsi évoluer l'ensemble du monde politique qui assimila ces tendances de gauche et d'extrême-gauche.

A droite aussi, les mouvements royalistes laissèrent la place à un nationalisme antiparlementaire et autoritaire, dont le premier exemple fut la Ligue des patriotes, fondée en 1882 et menée par le poète Paul Déroulède.

Ce nationalisme prit un tour antisémite, accusant les juifs d'affaiblir l'identité nationale. Des hommes de lettres se mirent au service de cette idéologie avec E. Drumont et sa *France juive* (1886). En 1899, avec la *Revue de l'Action française*, Charles Maurras redonna de l'éclat à l'idée monarchique l'associant à la force de la famille, à la diversité locale ou régionale, à la dimension religieuse et au principe d'autorité. A l'inverse, le catholicisme évoluait et intégrait de plus en plus des préoccupations sociales et s'ouvrait à la société moderne.

Le général Boulanger

La République s'enracina malgré des crises graves. En 1886, le général Boulanger fut nommé ministre de la Guerre et il devint vite très populaire en se préoccupant de la vie des soldats : ils purent porter la barbe, eurent pour manger une assiette et une fourchette et non une gamelle, et les guérites pour la garde furent peintes en tricolore ! La belle prestance du général renforça cette popularité. En 1887, à propos d'un incident de frontière avec l'Allemagne, il apparut comme celui qui donnerait à la France sa « revanche » alors que le gouvernement réglait l'incident par la négociation. Le général devenant gênant et dangereux, il fut écarté du gouvernement et nommé à Clermont-Ferrand : gare de Lyon, la foule tenta de l'empêcher de rejoindre son poste. Autour de Boulanger, se rassemblaient tous ceux qui ne se reconnaissaient pas dans la république opportuniste, de la droite nationaliste de Déroulède à la gauche radicale - Boulanger n'avait-il pas déclaré, à propos d'une grève, que l'armée n'était pas au service de la bourgeoisie ? Il reçut même le soutien financier des milieux royalistes.

La solidité des institutions républicaines

Les républicains qui gouvernaient étaient alors embarrassés par le « scandale des décorations », le gendre du président Jules Grévy se livrant à des trafics. Grévy dut démissionner, la candidature de J. Ferry fut écarté et Sadi-Carnot élu à la Présidence de la République. Boulanger, qui avait été mis à la retraite, en profita pour se présenter à de multiples élections législatives partielles en 1888 et cette campagne se termina triomphalement par une élection à Paris en janvier 1889. Pourtant Boulanger n'osa pas ou ne voulut pas tenter un coup d'État. Désormais, le gouvernement avait pris la mesure du mouvement boulangiste. Le ministre de l'Intérieur réussit à effrayer le général en le menaçant de la Haute Cour pour atteinte à la sûreté de l'État. Boulanger s'enfuit en Belgique. Le boulangisme s'effondra et les républicains l'emportèrent nettement aux élections de 1889. Boulanger se suicida sur la tombe de sa maîtresse à Bruxelles en 1891.

Cette crise montra aussi la solidité des institutions républicaines. L'Église catholique accepta une telle évolution. Le pape Léon XIII qui avait montré ses préoccupations sociales dans son encyclique *Rerum novarum* (1891), encouragea le « ralliement » des catholiques français à la forme républicaine de gouvernement, au grand dam des royalistes.

Le scandale de Panamá

Une nouvelle crise, le scandale de Panamá, éclata en 1892. La Compagnie du canal de Panamá avait tenté d'éviter la faillite en achetant des députés et le scandale montrait les liens entre milieux d'affaires, journalistes et hommes politiques - Clemenceau qui avait reçu de l'argent pour son journal fut écarté de la vie publique.

Puis de 1892 à 1894, des attentats anarchistes frappèrent des personnalités européennes. E. Henry déclara devant les assises que les anarchistes faisaient à la bourgeoisie une « guerre sans pitié » et que l'anarchie était « une réaction violente contre l'ordre établi ». Le Président Sadi-Carnot fut assassiné à Lyon en 1894. Là encore le gouvernement sut réagir et profita de la lassitude des anarchistes eux-mêmes.

L'empire colonial

Les gouvernements républicains travaillèrent à rendre à la France, vaincue et humiliée en 1870, sa place de grande puissance en Europe en lui donnant un empire colonial dans le monde. J. Ferry fut un ardent défenseur de cette politique qui ne fut pas toujours bien comprise et acceptée. Pour lui, il fallait trouver des débouchés nouveaux pour l'économie française et des abris pour la marine française. Les Français imposèrent leur protectorat à la Tunisie (1881), et à partir du Sénégal, constituèrent l'Afrique occidentale française. Jules Ferry entreprit de 1883 à 1885 la conquête de l'Annam et du Tonkin. En 1885, son ministère tomba à la suite d'une fausse nouvelle à propos d'une évacuation de Langson, dans la guerre du Tonkin, ce qui montrait bien la défiance naturelle à l'égard de l'aventure coloniale.

La rivalité franco-anglaise : Fachoda

Après la pénétration au Laos, l'Indochine française naissait avec une colonie (Cochinchine) et quatre protectorats (Tonkin, Annam, Cambodge, Laos). La France s'était ainsi constitué un immense empire colonial, le second derrière celui de la Grande-Bretagne. La rivalité entre les deux puissances coloniales devint bientôt évidente. En Afrique en particulier, les Français menacèrent la vallée du Nil où les Anglais s'étaient installés. Une armée anglaise remonta le fleuve et rencontra en 1898 un petit corps expéditionnaire français à Fachoda où il s'était installé. Le capitaine Marchand ayant refusé d'évacuer le pays, la décision fut renvoyée aux capitales et le ministre des Affaires étrangères. Delcassé, était tenté de résister, ce qui signifiait la guerre. Finalement Marchand fut rappelé et le conflit évité, mais ce recul fut une humiliation profonde pour les Français.

La colonisation

L'expansion coloniale s'était faite avec des moyens limités, et longtemps la Chambre la jugea trop coûteuse. Néanmoins, peu à peu un « parti colonial » se constitua, regroupant de nombreux parlementaires, et la

Annam, porte d'entrée du Co mat. Ancienne colonie française (dans l'actuel Viêt-Nam).

droite nationaliste, hostile d'abord, se rallia à cette expansion coloniale. Etendu sur 11 millions de km², l'empire français était peu peuplé - 50 millions d'habitants. Sa mise en valeur restait limitée. L'exploitation très rude d'une main d'œuvre bon marché, la confiscation des meilleures terres, la répression de toute résistance, le mépris à l'égard des populations indigènes, considérées comme inférieures, étaient des traits communs de cette colonisation. Pourtant des explorateurs audacieux, comme Savorgnan de Brazza au Congo, des missionnaires, comme les Pères blancs du cardinal Lavigerie, des médecins, des officiers, comme Gallieni et Lyautey à Madagascar, des administrateurs, comme P. Doumer en Indochine, avaient une haute idée de leur mission : ils étaient soucieux d'équiper les colonies, de favoriser l'instruction, d'encourager l'agriculture et l'artisanat, d'élever le niveau de vie.

La condamnation du capitaine Dreyfus

La revanche face à l'Allemagne obsédait les hommes politiques comme les hommes de guerre. Tout ce qui pouvait affaiblir l'armée devait être combattu : l'inquiétude fut immense lorsque les autorités apprirent en septembre 1894 qu'un officier de l'état-major donnait des informations aux Allemands. Un texte manuscrit anonyme, un « bordereau » annonçant l'envoi de documents secrets, avait été trouvé dans une corbeille à papier par une femme de ménage de l'ambassade d'Allemagne, membre des services secrets français. En raison du climat d'antisémitisme, les soupçons se portèrent sur un officier, le capitaine Alfred Dreyfus, qui était l'un des rares juifs de l'état-major, et des experts reconnurent son écriture. Dreyfus, qui ne cessa de clamer son innocence, fut jugé par un conseil de guerre, et le Ministre de la Guerre ayant transmis aux juges un « dossier secret » accablant, dont la défense n'eut pas connaissance, il fut reconnu coupable à l'unanimité et condamné à la déportation perpétuelle le 22 décembre 1894. Il fut interné à l'île du Diable en Guyane.

L'Affaire

En 1896, le commandant Picquart découvrit qu'un officier français, Esterhazy, trahissait et, ayant mis la main sur le « dossier secret », il eut la conviction que le bordereau était de la main d'Esterhazy et que des faux avaient été fabriqués par le contre-espionnage français et glissés dans le « dossier secret ». Il se heurta alors à l'opposition du haut commandement qui ne voulut pas admettre qu'une erreur judiciaire avait pu être commise, sans doute parce qu'il jugeait que l'honneur de l'armée était en jeu. Picquart fut nommé en Tunisie et le lieutenant-colonel Henry livra un document accablant pour Dreyfus en novembre 1896.

Au cours de l'année 1897, des hommes politiques, alertés par Picquart, comprirent l'innocence de Dreyfus et bientôt la polémique fit rage. Les « dreyfusards » considéraient que la nation et l'armée ne pouvaient qu'être affermies par la révélation de la vérité, les « antidreyfusards » que la cohésion nationale et la réputation de l'armée ne devaient pas être ébranlées par l'intérêt particulier d'un homme, même innocent. Comme les soupçons pesant sur Esterhazy avaient été dévoilés, un conseil de guerre le jugea et l'acquitta.

J'ACCUSE

L'écrivain E. Zola publia, dans *L'Aurore* de Clemenceau, un article retentissant : « J'accuse... » le 13 janvier 1898. Parce qu'il mettait en cause la hiérarchie militaire, Zola fut condamné. En juillet, le ministre de la Guerre cita à la tribune le document transmis par Henry, mais peu après, la preuve fut apportée que c'était un faux : Henry avoua son crime et se suicida (31 août 1898). Il fallut encore un an pour qu'un nouveau procès eût lieu. En effet les milieux républicains étaient eux-mêmes divisés quant à l'attitude à adopter. Ils réagirent lorsqu'ils constatèrent que l'antisémitisme donnait une unité et une vitalité nouvelles à la droite nationaliste qui y puisait des forces pour entretenir l'agitation et abattre le régime. La presse catholique, surtout *La Croix,* vint la soutenir. Un procès eut lieu à Rennes pendant l'été 1899 : Dreyfus fut jugé coupable, mais avec des circonstances atténuantes, et finalement gracié par le président de la République. Le capitaine attendit 1906 pour être réhabilité ; Picquart fut nommé ministre de la guerre dans un ministère Clemenceau.

Portrait d'Émile Zola à Médan (Yvelines).

Directeur
ERNEST VAUGHAN

L'AURORE

Littéraire, Artistique, Sociale

Directeur
ERNEST VAUGHAN

J'Accuse...!

LETTRE AU PRÉSIDENT DE LA RÉPUBLIQUE

Par ÉMILE ZOLA

LETTRE
A M. FÉLIX FAURE
Président de la République

Monsieur le Président,

La une de *L'Aurore*.

Le gouvernement des radicaux

L'Affaire Dreyfus favorisa l'arrivée au pouvoir en 1902 des radicaux et radicaux-socialistes qui s'était constitué en parti en 1901 et qui dominèrent la vie politique jusqu'en 1940. Ils s'appuyaient sur les petits bourgeois, les commerçants et les artisans, les petits propriétaires fonciers, ils étaient favorables à des réformes sociales très modérées et hostiles à tout bouleversement ou révolution. Ils s'allièrent tantôt à droite, tantôt à gauche. Surtout leur programme politique trouvait sa cohérence à travers

Expulsion des Pères du monastère de la Grande Chartreuse (Dauphiné).

l'anticléricalisme, l'Église catholique ayant été liée à la monarchie et à l'Empire, et restant attachée à la droite. Avec Emile Combes, président du Conseil de 1902 à 1905, ce fut une offensive en règle. Les relations diplomatiques de la France avec le Saint-Siège furent rompues en 1904 et, le 9 décembre 1905, la loi de séparation de l'Église et de l'État faisait de la France un pays laïc: « La République ne reconnaît, ne salarie, ni ne subventionne aucun culte » (article 2). L'Église n'étant plus reconnue comme une « personne morale », les biens d'Église devaient être dévolus à des associations, organisées selon la loi du 1er juillet 1901, et devaient être l'objet d'inventaires. Le pape refusa la constitution de ces associations et les inventaires furent l'occasion d'incidents violents.

Les socialistes

L'évolution de l'industrie et du travail avait rendu plus aiguë la question sociale. Les syndicats s'étaient développés et en 1895 avait été créée la Confédération générale du Travail. Dans les années 1900, les grèves se multiplièrent et duraient longtemps. Georges Clemenceau, président du

Conseil d'octobre 1906 à juillet 1909 n'hésita pas à envoyer l'armée contre les grévistes. Il dut affronter aussi une vive agitation dans le midi viticole. Les difficultés sociales et la politique répressive ne pouvaient que donner plus d'écho au parti socialiste qui devint en 1905 la S.F.I.O. (Section française de l'Internationale ouvrière) et dont Jean Jaurès, professeur de philosophie et grand orateur, fut la grande figure, affirmant son opposition à Clemenceau, au colonialisme et à la guerre. Il fut assassiné le 31 juillet 1914.

La préparation de la revanche

Car la guerre menaçait l'Europe. Après la défaite française de 1870-1871, le chancelier Bismarck, avait réussi, par une alliance de l'Allemagne avec l'Autriche-Hongrie, l'Italie et la Russie, à isoler la France et à lui ôter ainsi toute possibilité de revanche. Mais la Russie et l'Autriche rivalisaient dans les Balkans. La France rechercha donc un rapprochement avec la Russie tsariste. Les banques françaises en financèrent le développement industriel en lançant des emprunts sur le marché français. Un accord politique fut signé en 1891, suivi d'une alliance défensive contre l'Allemagne. L'Angleterre était à son tour inquiète de la concurrence économique de l'Allemagne et elle se chercha des alliés. Le 8 avril 1904, l'Entente cordiale était établie entre la France et l'Angleterre et elle effaçait Fachoda. Une « Triple Entente » naissait avec la France, l'Angleterre et la Russie, face à une « Triple Alliance », ou Triplice, composée de l'Allemagne, de l'Autriche et de l'Italie.

Les heurts se multiplièrent. Entre Paris et Berlin, les frictions à propos du Maroc, où la France établissait son protectorat, faillirent conduire à la guerre en 1905 et 1911. Surtout, l'effondrement de l'empire ottoman, lors des guerres balkaniques de 1912 et 1913, mit face à face l'Autriche et la Russie, qui avait pris sous sa protection la Serbie indépendante. Chaque pays européen se préparait à la guerre et participait à une « course aux armements ». Les nationalismes s'exprimaient avec vigueur : cela signifiait tantôt des revendications de grandes puissances sur des territoires perdus, l'Alsace-Lorraine pour la France, tantôt l'affirmation de minorités, ainsi dans l'empire austro-hongrois. En France, Raymond Poincaré fut élu en 1913 à la Présidence de la République et il était décidé à ne plus rien céder à l'Allemagne. Il soutint la loi de trois ans qui allongeait le service militaire.

Face à ces périls, les gauches s'unirent et un gouvernement radical, soutenu par les socialistes, fit voter en 1914 l'impôt sur le revenu, mais surtout se prépara au conflit.

LA PREMIÈRE GUERRE MONDIALE

Le prétexte à l'entrée en guerre fut l'assassinat à Sarajevo, en Bosnie, de l'archiduc François-Ferdinand, héritier du trône d'Autriche-Hongrie, le 28 juin 1914. Vienne rendit la Serbie responsable de cet attentat, la Russie mobilisa pour défendre son allié attaqué (30 juillet). L'Allemagne, liée à l'Autriche, déclara la guerre à la Russie (1er août), puis à la France (3 août). L'Angleterre s'engagea à son tour le 4. L'engrenage des alliances avait entraîné l'entrée en guerre de toutes les grandes puissances européennes. L'Italie resta neutre en 1914. La France mobilisa 3 600 000 hommes et l'Allemagne un peu plus. Le soldat français portait le pantalon rouge trop voyant, alors que les Allemands avaient choisi un uniforme vert-de-gris. Le fusil était l'arme principale, et si les armées allemandes avaient une excellente artillerie lourde, l'artillerie légère française était bonne.

Dès le 2 août, les armées allemandes envahirent la Belgique, pourtant

La Grande Guerre 1914-15. « Parc de notre fameuse artillerie de 75 ».
Carte postale Collection particulière.

Le 24 octobre 1916, le fort de Douaumont fut repris par le régiment d'infanterie coloniale du Maroc, faisant partie des divisions Mangin. Ici entrée du fort. Photographie Collection particulière.

neutre, et pénétrèrent en France pour encercler les forces alliées dans un vaste mouvement tournant. Joffre organisa la retraite et, profitant de la fatigue des Allemands qui étaient tout près de Paris, il lança une contre-offensive, la bataille de la Marne (5-12 septembre). Un million d'hommes furent transportés depuis la capitale par camions et par les taxis parisiens. Le chef d'état-major allemand dut alors envoyer des troupes, vers l'est, contre la Russie et le 12 septembre, les Allemands durent reculer. Mais ils voulurent prendre les ports du Pas-de-Calais, et entre les deux puissances, ce fut alors la « course à la mer » qui ne donna aucun résultat. A l'est, l'offensive russe avait été arrêtée à Tannenberg par Hindenburg. En décembre les fronts se stabilisaient sans victoire décisive. Alors que la guerre devait être courte selon les prévisions de chaque camp, elle se prolongeait, et dans des conditions difficiles.

Pour maintenir leurs positions face à l'ennemi, les armées s'enterrèrent dans des tranchées, organisées en lignes parallèles, reliées par des boyaux, protégées par des mines et du fil de fer barbelé. Pour les attaques, le matériel allait

Les tranchées de Verdun (Meuse). Photographie Collection particulière.

prendre une importance de plus en plus grande avec l'utilisation de mortiers et d'engins à tir courbe (le « crapouillot »), de gaz asphyxiants et de lance-flammes, plus tard de chars d'assaut ou tanks. Cela impliqua une mobilisation de toutes les forces économiques des nations et les femmes durent souvent remplacer les hommes aux champs et dans les usines. Les gouvernements furent contraints d'augmenter les impôts et de multiplier les emprunts. La guerre devenait mondiale : le Japon et l'Italie s'engagèrent du côté de la France ; l'empire ottoman et la Bulgarie aux côtés des empires centraux.

En 1915, quatre offensives furent lancées par la France en Artois et en Champagne, mais l'échec fut total : le front n'avait été déplacé que de 4 km et les combats avaient fait 400 000 morts. Ce fut en 1916 le tour de l'Allemagne de lancer une offensive sur un point du front pour épuiser la France : de février

Lanterne anglaise retrouvée dans la Somme.
Collection particulière.

à juillet, tous les moyens furent mis pour accabler Verdun. Le général Pétain commanda pendant les combats et eut le souci de maintenir le contact avec Bar-le-Duc par la « voie sacrée ». Cette bataille fit 240 000 victimes du côté allemand et 275 000 du côté français. Verdun n'avait pas été pris et fut présenté comme le symbole de la résistance française. La bataille de la Somme, lancée par les Alliés, fut aussi un échec patent.

En France, Poincaré avait appelé dès le 4 août 1914 à l'« Union sacrée » contre l'agresseur. Le gouvernement intégra des socialistes, mais en revanche aucun membre de la droite catholique. Une fois le front stabilisé, le parlement revendiqua le contrôle de l'action gouvernementale qui obéissait de plus en plus aux injonctions du grand quartier général et de Joffre en particulier qui fut remplacé en 1916.

L'Allemagne, qui subissait un blocus économique insupportable, annonça en janvier 1917 qu'elle se lançait dans la guerre sous-marine à outrance. Elle attaquait les navires à destination de l'Angleterre dont les États-Unis étaient le principal partenaire commercial : ces derniers entrèrent en guerre le 2 avril 1917. Le Président américain Wilson déclara que la guerre menée par l'Allemagne était « contre l'humanité ». La révolution en Russie provoqua l'abdication du tsar en février 1917, mais, si l'armée russe se désagrégeait, le nouveau gouvernement avait encore l'intention de poursuivre la guerre. Or les armées françaises traversaient une grave crise. Une nouvelle offensive, préparée par Nivelle, avait conduit à des massacres au Chemin des Dames en avril. La lassitude des soldats entraîna des mutineries et il y eut des mouvements semblables en Allemagne. Un soldat écrivait : « Tous les soldats crient « A bas la guerre »... » La répression fut rude : 629 condamnations à mort et 75 exécutions. Pétain, nouveau commandant de l'armée française, affronta avec sang-froid ces mouvements, n'hésita pas à faire des exemples, mais s'efforça aussi d'améliorer la vie quotidienne des « poilus ». A l'arrière des grèves éclatèrent et le mouvement était surtout le fait des ouvrières. Les mouvements pacifistes se firent de nouveau entendre et les socialistes abandonnèrent l'Union sacrée. Face à cette crise, Poincaré fit appel à Georges Clemenceau comme président du conseil le 14 novembre 1917. Le « Tigre » imposa une politique autoritaire et lutta contre le défaitisme.

De fait, la situation était devenue difficile. La révolution bolchévique avait amené au pouvoir des hommes qui voulaient la paix : le 3 mars 1918 elle fut

La basilique d'Albert, théâtre de nombreux affrontements (Somme). Collection particulière.

signée à Brest-Litovsk et marquait le retrait russe. Les armées allemandes, libérées à l'est, pouvaient lancer à l'ouest de grandes offensives au printemps 1918. La guerre s'était transformée par l'utilisation des tanks, ainsi que par les combats et les bombardements aériens. Le 21 mars 1918, les Allemands firent une percée dans les Flandres et en Champagne. Les Alliés furent d'abord débordés, mais l'avancée allemande s'arrêta, faute de réserves. Foch avait été imposé par Clemenceau comme commandant en chef des armées alliées et il mena la contre-offensive fin septembre, bénéficiant du secours d'un million de soldats américains.

Menacée d'invasion, l'Allemagne demanda l'armistice qui fut signé à Rethondes le 11 novembre 1918.

ENTRE DEUX GUERRES

La France était parmi les nations victorieuses et elle retrouvait les provinces qu'elle avait perdues : l'Alsace et la Lorraine. Dès novembre 1918, Poincaré et Clemenceau s'y rendirent.

Le traité de Versailles

Clemenceau fut l'un des principaux négociateurs lors du congrès diplomatique qui fut réuni à Versailles et où ne siégèrent que les représentants des puissances victorieuses. Le président des États-Unis, Wilson, voulait imposer sa propre vision du monde et une diplomatie nouvelle qui serait organisée à travers une Société des nations : il vint en France pour participer à la négociation. En réalité les vainqueurs voulurent avoir des garanties contre l'Allemagne, en décidant son désarmement - une armée réduite, pas de flotte de guerre - et en occupant la rive gauche du Rhin. L'Allemagne étant jugée responsable de la guerre, elle devait payer des « réparations » financières. Cette question devait dominer les relations internationales des années 1920. Le traité fut signé par les Allemands dans la Galerie des Glaces du palais de Versailles, le 28 juin 1919, mais il ne satisfaisait personne. Les Français pensaient n'avoir pas été assez récompensés de leurs efforts, les Allemands ne rêvaient que d'effacer cette humiliation qui leur était imposée. L'Empire austro-hongrois avait disparu et laissé la place à des États diminués - Autriche, Hongrie -, à de nouveaux États - Tchécoslovaquie, Yougoslavie, autour de la Serbie - ou à des États agrandis - Roumanie. Cette métamorphose, voulue par les vainqueurs, était porteuse de tensions et d'instabilité. La Société des Nations, créée le 28 avril 1919, devait prendre ses décisions à l'unanimité, ce qui d'emblée la privait d'efficacité.

Une coûteuse victoire

La victoire française, qui fut célébrée les 13 et 14 juillet 1919, ne pouvait faire oublier le traumatisme que la guerre avait été pour les populations.

14 juillet 1919 : Fêtes de la Victoire. Photographie Collection particulière.

Les pertes humaines étaient immenses (1 322 000 métropolitains) et le souvenir de ce sacrifice fut entretenu par la construction, dans un grand nombre de communes de France, de monuments aux morts qui exprimaient la reconnaissance de la patrie. Une telle épreuve vint encore affaiblir un pays dont la démographie déclinait. Il fallait ajouter un grand nombre de blessés, de mutilés et les pertes civiles. Les anciens combattants, auréolés du prestige des combats, eurent désormais un rôle à part dans la vie publique. Le pays avait aussi 565 000 maisons détruites, et il fallut dix ans pour reconstruire.

Pour financer la guerre, le gouvernement avait multiplié les emprunts si bien que la situation financière était très difficile et tout le système monétaire mondial avait souffert. Alors que, depuis 1803, le franc avait vu sa valeur inchangée par rapport à l'or et que les billets étaient convertibles en or, le conflit avait entraîné la création de papier-monnaie, donc une hausse des prix, et la convertibilité avait été suspendue.

La chambre bleu horizon

La vie politique de la République reprit ses habitudes après la parenthèse de la guerre. Mais ce fut une majorité à droite et au centre, le « Bloc national », qui gagna les élections de novembre 1919 : c'était la « chambre bleu horizon », par allusion à l'uniforme du soldat, et elle se caractérisait par la crainte du bolchévisme et par un fort nationalisme. Comme les catholiques y tenaient une grande place, Clemenceau, qui était athée, ne

Affiche électorale « l'homme au couteau entre les dents », éditée pour les élections législatives de 1919. Collection particulière.

réussit pas à se faire élire président de la République - il quitta la vie publique et mourut en 1929. Le successeur de Poincaré fut Paul Deschanel. Ayant donné des signes d'aliénation mentale, il dut se retirer, laissant la place en 1920 à Alexandre Millerand : il voulut user de tous les pouvoirs que les textes constitutionnels donnaient au président de la République.

L'occupation de la Ruhr

La question des réparations pesait sur la vie politique. Or l'Allemagne payait irrégulièrement, alors qu'en France le Bloc national avait pour maxime : « L'Allemagne paiera ! ». Aristide Briand, socialiste indépendant, homme de négociation, fut président du conseil de janvier 1921 à janvier 1922 et ébaucha un rapprochement avec l'Allemagne, ce que la chambre ne pouvait accepter. Poincaré, l'ancien président de la République, revint aux affaires (janvier 1922-juin 1924) et proposa une attitude de fermeté en faisant occuper la riche région de la Ruhr comme « gage productif ». Les ouvriers allemands se mirent en grève : c'était la « résistance passive ». Ils furent remplacés par des Français, non sans heurts sanglants. Finalement le nouveau chancelier allemand Stresemann préféra négocier. Le plan Dawes, préparé par une commission internationale, organisa un nouveau calendrier des paiements allemands. Les accords de Locarno permirent de garantir les frontières de la France et de la Belgique. L'Allemagne, en reconnaissant la perte de l'Alsace et de la Lorraine, était réintégrée dans le concert des nations : en septembre 1926, sur proposition de Briand, elle était admise à la Société des nations. C'était le symbole de la réconciliation entre les ennemis d'hier et ce fut le début d'une grande espérance de paix.

Les tentations totalitaires

La révolution bolchévique de 1917 avait détruit l'empire des tsars et installé en Russie un régime « communiste ». Ce modèle devait exercer désormais une fascination très forte sur les autres peuples du monde car, si la dictature politique et les persécutions n'apparaissaient pas nettement, le rêve égalitaire s'incarnait dans une économie planifiée. L'U.R.S.S. devenait la patrie de cette espérance universelle que la célébration des dirigeants communistes, Lénine, puis Staline, venait soutenir. L'exemple russe ne pouvait que susciter des émules. Lors du congrès socialiste de Tours de décembre 1920, une majorité se dessina en faveur de l'adhésion à l'internationale communiste qu'avait organisée Lénine. Ainsi se mettait en place une pratique politique nouvelle avec un parti politique très centralisé, qui était étroitement lié au régime soviétique russe, et qui développait un programme révolutionnaire. Il cherchait dans le monde ouvrier son soutien essentiel, mais exerça aussi très longtemps une réelle fascination sur les intellectuels français. En 1930, Maurice Thorez devint secrétaire du bureau politique.

Une autre tentation parcourait l'Europe et ne pouvait qu'avoir des répercussions en France, celle du fascisme. En Italie, Benito Mussolini avait créé un mouvement ultra-nationaliste, le fascisme (du mot faisceau), en s'appuyant sur les déceptions nées de la guerre. Dès 1922, Mussolini s'était emparé du pouvoir et avait établi une dictature politique. Cet exemple fut imité : en partant d'une forte revendication nationaliste, un ambitieux, qui saurait galvaniser les foules, pouvait être tenté par un coup de force.

Le cartel des gauches

Les gouvernements ne parvinrent pas à redresser les finances publiques que la guerre avait affaiblies et que les réparations allemandes ne vinrent pas renflouer. La baisse du franc par rapport aux autres monnaies, surtout la livre anglaise, était le signe le plus évident de ces difficultés. Le mécontentement conduisit à la création d'un rassemblement électoral, le

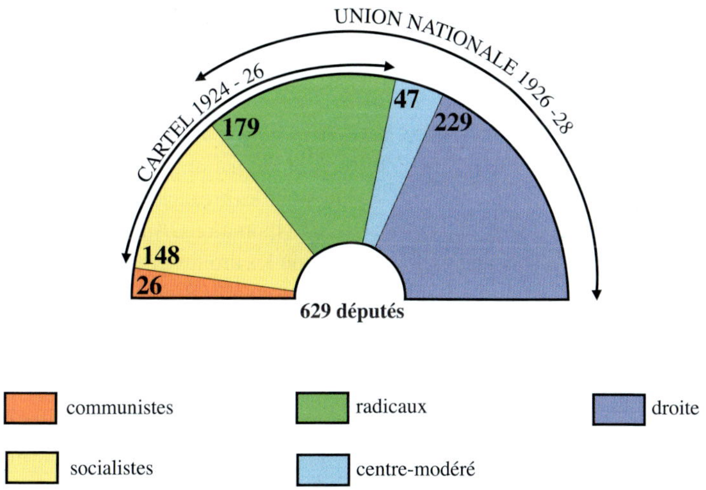

« cartel des gauches » qui regroupait socialistes, radicaux et radicaux-socialistes et qui remporta les élections de 1924. La nouvelle majorité obligea Millerand, jugé trop autoritaire, à démissionner et il fut remplacé à la Présidence de la République par Gaston Doumergue. Edouard Herriot, indéracinable maire de Lyon, président du parti radical, devint Président du Conseil : les socialistes le soutenaient sans participer au gouvernement et proposaient un impôt sur le capital. Herriot renoua avec une politique anticléricale en voulant appliquer la législation laïque à l'Alsace et à la Lorraine qui n'étaient plus françaises au moment de la loi de séparation de l'Église et de l'État et où le concordat était, et est encore aujourd'hui, en vigueur. Il annonça également la fermeture de l'ambassade au Vatican. Ces intentions suscitèrent une levée de boucliers et l'hostilité farouche des associations catholiques. Il fallut reculer. Herriot ne réussit pas non plus à résoudre les problèmes financiers et à gagner la confiance des banquiers et des épargnants, et il dut démissionner, attribuant son échec au « mur d'argent ».

Le Franc Poincaré

Finalement, c'est Poincaré qui, à partir de 1926, réussit à organiser une stabilisation financière. Il forma un gouvernement d'Union nationale, s'appuya sur les radicaux et les centristes, et, par son passé, il rassurait les républicains et les laïques. Mais en imposant une baisse des dépenses et en augmentant les impôts indirects, il rassurait aussi épargnants et banquiers. Néanmoins il ne put revaloriser le franc à sa valeur de 1914, mais il réussit à le stabiliser et sa valeur fut de nouveau rattachée à l'or, soit 65,5mg d'or pour un franc, c'est-à-dire 1/5 du franc-or : c'était le « franc à quatre sous », puisque le franc était traditionnellement divisé en vingt sous. Cette dévaluation de 80 % était une lourde perte pour les créanciers de l'État, mais elle restaurait le crédit public et favorisa les exportations. Après les élections de 1928, la nouvelle chambre des députés, où les droites avaient la majorité et soutenaient l'action de Poincaré, vota la stabilisation légale du franc (juin 1928).

L'instabilité ministérielle

Poincaré ayant été contraint de se retirer pour des raisons de santé en juillet 1929, la situation politique devint confuse. Des gouvernements de centre droit avec André Tardieu et Pierre Laval ne parvinrent guère à s'imposer et l'instabilité ministérielle s'installa, surtout parce que les radicaux, qui étaient au centre du système politique, n'admettaient pas la victoire de la droite. Néanmoins, en 1930 la loi sur les assurances sociales, préparée par Poincaré, fut votée qui permettait de couvrir les risques de la vie par des cotisations patronales et ouvrières. Ce système mettait en avant la solidarité à l'intérieur de la société française. Les allocations familiales furent créées un peu plus tard en 1932. En revanche les efforts politiques pour moderniser l'économie française à l'image de celle des États-Unis, par la concentration des entreprises et la rationalisation du travail, échouèrent.

Le rêve de paix

Tout au long de cette période, Briand, qui fut souvent ministre des affaires étrangères, maintenait la politique de dialogue avec l'Allemagne. Pour éviter le retour de la guerre, il s'agissait de mettre en place une sécurité collective : ce fut le 27 août 1928 le pacte Briand-Kellogg - ce dernier était le secrétaire d'État américain - qui prétendait mettre « la guerre hors la loi ». Briand proposa même en septembre 1929, à l'assemblée générale de la S.D.N. un « lien fédéral » entre les peuples d'Europe, des États-Unis d'Europe en quelque sorte. Cet enthousiasme généreux dissimulait une incapacité de la diplomatie française à trouver sa place dans les affaires européennes. En matière militaire, le choix était d'assurer la défense du pays à tout prix et dans les années 1930 s'édifia la ligne fortifiée Maginot, de la Suisse aux Ardennes. Tout tournait autour d'une stabilité de la paix en Europe. La crise économique, puis les tensions internationales balayèrent ce rêve de paix.

La crise économique

Le 24 octobre 1929, un vent de panique frappa la Bourse de New York, à Wall Street et ce krach fut le signe le plus clair de la crise économique qui frappa le monde. L'activité commerciale et industrielle connut une récession, les prix s'effondrèrent, le chômage augmenta vite. La France apparut longtemps comme un havre de prospérité, sans doute parce que le pays restait très rural et qu'il était protégé par des barrières douanières. La récession y apparut vraiment à la fin de 1931. Les faillites se multiplièrent. Néanmoins la crise fut plus limitée en France qu'ailleurs, le chômage moins massif (425 000 chômeurs en 1935) sans doute, paradoxalement, en raison même de l'archaïsme de l'économie française.

En 1931, Briand ne parvint pas à se faire élire à la présidence de la République. Paul Doumer lui fut préféré, qui fut assassiné peu après et remplacé par Albert Lebrun. Aux élections de 1932, une majorité de gauche l'avait emporté. Les gouvernements, qui se succédèrent de 1932 à 1936, durent affronter la crise. Ils eurent recours à des expédients, s'efforçant de limiter les importations en augmentant les droits douaniers. L'État intervint aussi pour limiter la production intérieure et enrayer ainsi la chute des prix. Enfin, comme, par respect de l'orthodoxie monétaire et par crainte de l'inflation, on refusait de dévaluer la monnaie, ce qui aurait permis de résister à la concurrence internationale, les gouvernements successifs tentèrent une politique de déflation par une limitation des dépenses publiques et par la diminution du salaires et du nombre des fonctionnaires. En réalité, ces mesures ne firent qu'affaiblir un peu plus encore l'économie française.

L'Exposition coloniale de 1931 fut préparée sous la direction du Maréchal Lyautey pour célébrer la diversité des cultures et des civilisations dans l'empire colonial français et les bienfaits de la colonisation.

Le pavillon du Cambodge - Exposition coloniale de Paris, 1931. Collection particulière.

Le temple d'Angkor Vat - Exposition coloniale de Paris, 1931. Collection particulière.

Le pavillon du Maroc - Exposition coloniale de Paris, 1931. Collection particulière.

La crise politique

Le monde politique semblait incapable de trouver des solutions qui permettraient de répondre aux difficultés de la vie quotidienne. Le mécontentement et le désespoir favorisèrent l'affirmation de ligues nationalistes - Camelots du roi, liés à l'Action française, Croix-de-Feu du colonel de La Rocque. Elles se signalaient par des démonstrations de rue, par le port de l'uniforme, demandaient des réformes institutionnelles et s'en prenaient au régime républicain, jugé responsable de tous les malheurs. Le 30 janvier 1933, Adolf Hitler devint chancelier en Allemagne avec l'aide du parti national-socialiste, imposant l'idéologie nazie et bientôt la dictature. Fascisme italien et hitlérisme allemand ne furent pas vraiment imités en France, car les revendications patriotiques et nationalistes ne pouvaient pas s'alimenter dans de grandes frustrations nationales. En revanche, les partis traditionnels furent secoués par des discussions et des crises internes, alors que la réforme de la constitution semblait de plus en plus nécessaire.

Le 6 février 1934

L'Affaire Stavisky mit le feu aux poudres. Stavisky était un escroc et il avait bénéficié longtemps du soutien d'hommes politiques et de l'indulgence des magistrats malgré les plaintes déposées contre lui. Sur le point d'être arrêté, il fut retrouvé mort et ce suicide apparut comme suspect : « Stavisky se suicide d'un coup de revolver qui lui a été tiré à bout portant » titrait le *Canard enchaîné*. Le gouvernement était éclaboussé par cette affaire qui provoqua la colère des ligues et la démission du président du conseil Chautemps. Daladier fut désigné pour lui succéder, mais les ligues appelèrent à une manifestation le jour de l'investiture de la nouvelle équipe, le 6 février 1934. La foule envahit la place de la Concorde et les affrontements violents avec les forces de l'ordre, qui barraient le pont conduisant à la Chambre, firent quinze morts et près de 1500 blessés. Daladier qui avait obtenu la confiance des députés préféra se retirer. L'émeute avait eu raison du ministère Daladier, mais n'avait pas renversé le régime républicain. Simplement le pouvoir exécutif tenta désormais de s'affranchir du contrôle de la Chambre en obtenant de prendre des mesures d'ordre législatif par décrets-lois, et en s'adressant directement aux citoyens grâce à la radio. L'ancien président de la République, Gaston Doumergue, fut chargé d'apaiser la situation et gouverna pendant quelques mois.

— Dans ce n° : NOUVELLES RÉVÉLATIONS SUR L'AFFAIRE STAVISKY — 0 fr.

GRINGOIRE

RAND HEBDOMADAIRE PARISIEN, POLITIQUE, LITTERAI

Directeur : H. de CARBUCCIA

e le répétez pas..

r où Sarrien forma son es ministres réunis chez u président du Conseil des consommations que t lui-même avec un sou-

te s'ouvre. Clemenceau, lé en consultation, entre. vous ? lui demande Sar- dans chaque main. épond Clemenceau d'un

o

rien Marquet, qui se fois Clemenceau, don Mussolini, fit l'autre soir solennelle dans le cabi- r. la possibilité de donner votre groupe, lui dit le e. 'Intérieur ou rien, répon- Marquet d'un ton pé-

Les deux polices.

Le public ignore généralement qu'il y a à Paris deux polices qui, si elles relèvent toutes deux du ministre de l'Intérieur, n'en constituent pas moins deux organismes absolument séparés, ayant chacun son chef : la préfecture de Police, boulevard du Palais, dirigée par M. Chiappe, et la Sûreté générale, rue des Saussaies, que commande M. Thomé.

Dans les souvenirs qu'il publie sur Stavisky, Joseph Kessel rapporte cette confidence que lui fit un jour l'escroc :

— J'aurai tous ceux qui me font du tort. Du côté de la Sûreté ça va, mais à la préfecture j'ai des ennemis. Chiappe n'est pas chic avec moi. Je le ferai sauter.

A la suite du scandale Stavisky, tous les services de police de la Sûreté générale et de la préfecture ont été enquêtés et les résultats de cette enquête confirment pleinement les propos tenus par Stavisky à Joseph Kessel

Le passeport Stavisky-Niemensko.

Divers journaux ont publié que Stavisky avait pu se faire délivrer un passeport à la préfecture de Police, le 23 décembre dernier, alors qu'il était déjà sous le coup d'un mandat d'arrêt. Mais, ainsi que nous l'apprend l'*Appel*, journal du parti socialiste de France, dirigé par M. Compère-Morel, qui s'est livré à une très sérieuse enquête à ce sujet — et qui ne peut être suspect de partialité — aucun passeport n'a été délivré à Stavisky, ni à la date du 23 décembre, ni un autre jour de ce mois.

Quant au passeport Niemensko trouvé dans les papiers de Stavisky à Chamonix, il avait été remis à l'escroc par Niemensko lui-même avec lequel il avait d'étroites relations.

Niemensko avait obtenu normalement, le 23 décembre, le renouvellement d'un passeport qui lui avait été délivré antérieurement.

Appelé à s'expliquer à la préfecture de Police, puis envoyé à la Sûreté générale

Enfin, au cours de l'été de missaire Simon, de la première bile — un honnête homme, c même à la Sûreté générale — yeux d'Hennett un rapport-m nant Stavisky. Dans ce rapp de Bayonne sont signalés c Hennett enfouit le document roir et, à chaque alerte sem manque pas de réfréner le zèl missaires.

o

Complétons la physionomie fonctionnaire dont la carrière singulières. Avant d'aller à C partenait à la brigade mobile Ferrand. C'est lui qui pataug tablement dans la fameuse af zel : on dut l'affecter à une

L'un de ses derniers coups sista à monter de toutes pièce ridicule contre les bandits cor

■ ■

Bonny.

La « une » de *Gringoire* (périodique d'extrême droite) : « Nouvelles révélations sur l'affaire Stavisky ».

Naissance du Front populaire

Les événements de 1934 suscitèrent une grande inquiétude car ils faisaient craindre un coup de force fasciste. Ils suscitèrent la mobilisation des forces politiques de gauche et d'abord des intellectuels au sein du Comité de vigilance des intellectuels antifascistes. Surtout, sous l'impulsion de Moscou, le parti communiste renonça à son isolement et à son hostilité aux socialistes, et dès l'automne 1934, Maurice Thorez appela de ses vœux un « front populaire » qui regrouperait communistes, socialistes et radicaux. Le 14 juillet 1935, un Rassemblement se constitua et les délégués prêtèrent même un serment, puis un cortège spectaculaire défila qui regroupait les forces de gauche. En septembre, la C.G.T., qui avait éclaté entre socialistes et communistes, fut réunifiée. Le programme que ces partis présentaient aux Français restait modéré, prévoyant par exemple la nationalisation des industries de guerre. Selon ce programme, le Front populaire voulait lutter « contre la misère, la guerre, le fascisme, pour le pain, la paix, la liberté ». Si certains projets visaient à donner des droits nouveaux aux « travailleurs », il s'agissait aussi de reprendre les idées appliquées par Roosevelt aux États-Unis, pour favoriser la reprise en stimulant la consommation.

Les initiatives de Hitler

L'évolution politique devenait de plus en plus préoccupante en Allemagne, puisqu'en octobre 1933, elle quitta la S.D.N. Hitler multipliait les initiatives : une alliance avec la Pologne, une tentative d'invasion de l'Autriche, arrêtée par Mussolini. Le ministre des Affaires étrangères, Louis Barthou, imagina une politique d'alliances pour isoler l'Allemagne, mais il fut victime d'un attentat à Marseille en octobre 1934 - aux côtés du roi de Yougouslavie. La diplomatie française parvint à négocier en 1935 un traité d'alliance défensive avec l'U.R.S.S. Cela n'empêcha pas Hitler de passer outre les articles du traité de Versailles et de décider le réarmement de l'Allemagne, puis la remilitarisation de la Rhénanie. La France, empêtrée dans ses affaires intérieures, fragilisée par l'instabilité ministérielle, occupée par les futures élections, ne réagit pas. La S.D.N. ne trouva pas non plus de solution politique efficace face à l'agression lancée par Mussolini contre l'Ethiopie et laissa faire.

Le gouvernement de Léon Blum

Le 3 mai 1936, les partis du Front populaire remportèrent une nette victoire électorale. Ce succès suscita une immense espérance. Des grèves, en grande partie spontanées, avec des occupations d'usines, éclatèrent dès la mi-mai et quelque 1,5 millions d'ouvriers participèrent à cette explosion sociale. Cette pression populaire accéléra les événements. Le chef de la S.F.I.O., Léon Blum, fut chargé de former le nouveau gouvernement, composé de socialistes et de radicaux, et soutenu par les communistes qui néanmoins n'y participaient pas. Alors que les femmes n'avaient pas le droit de vote, trois se virent confier des secrétariats d'État. Blum était un brillant intellectuel, issu de la bourgeoisie. Il s'était engagé dans la politique au moment de l'affaire Dreyfus et avait adhéré à la S.F.I.O.. Il dut agir vite face à cette situation dramatique. Il arbitra en personne la négociation entre le patronat

Vue générale de la plage de La Baule (Loire-Atlantique). 1936 marque le développement du tourisme balnéarie populaire qui s'ajoute à un tourisme d'élite déjà largement développé pendant la Belle Époque. Collection particulière.

Des enfants se baignant sur la côte à Saint-Nazaire (Loire-Atlantique). Collection particulière.

Début du discours de Léon Blum à la Chambre, le 6 juin 1936 :

Messieurs, le Gouvernement se présente devant vous au lendemain d'élections générales où la sentence du suffrage universel, notre juge et notre maître à tous, s'est traduite avec plus de puissance et de clarté qu'à aucun moment de l'histoire républicaine. Le peuple français a manifesté sa décision inébranlable de préserver contre toutes les tentatives de la violence ou de la ruse les libertés démocratiques qui ont été son œuvre et qui demeurent son bien.

Il a affirmé sa résolution de rechercher dans des voies nouvelles les remèdes de la crise qui l'accable, le soulagement de souffrances et d'angoisses que leur durée rend sans cesse plus cruelles, le retour à une vie active, saine et confiante.

Enfin, il a proclamé la volonté de paix qui l'anime tout entier. La tâche du Gouvernement qui se présente devant vous se trouve donc définie dès la première heure de son existence.

Il n'a pas à chercher sa majorité, ou à appeler à lui une majorité. Sa majorité est faite. Sa majorité est celle que le pays a voulue. Il est l'expression de cette majorité rassemblée sous le signe du front populaire. Il possède d'avance sa confiance et l'unique problème qui se pose pour lui sera de la mériter et de la conserver.

Il n'a pas à formuler son programme. Son programme est le programme commun souscrit par tous les partis qui composent la majorité, et l'unique problème qui se pose pour lui sera de le résoudre en actes. Ces actes se succéderont à une cadence rapide, car c'est de la convergence de leurs effets que le Gouvernement attend le changement moral et matériel réclamé par le pays. Dès le début de la semaine prochaine, nous déposerons sur le bureau de la Chambre un ensemble de projets de loi dont nous demanderons aux deux Assemblées d'assurer le vote avant leur séparation.

et les syndicats, au premier rang desquels la C.G.T. L'accord Matignon - du nom de l'hôtel Matignon, siège de la Présidence du Conseil - fut signé le 7 juin 1936. Les salaires augmentaient de 7 à 15 %, la liberté syndicale étaient reconnue et des conventions collectives étaient négociées. « Il faut savoir terminer une grève », déclara Maurice Thorez et le mouvement social s'éteignit peu à peu.

Pendant l'été 1936, plusieurs lois furent votées : la durée de travail fut ramenée à 40 heures par semaine, contre 48 auparavant, ce qui n'était pas prévu dans le programme électoral, quinze jours de congés payés furent institués, les prix agricoles étaient soutenus par l'État et, comme prévu, les industries d'armement étaient nationalisées. L'État prenait aussi le contrôle de la Banque de France, qui était encore privée : les 200 plus gros actionnaires, représentant les « 200 familles » ne pouvaient plus orienter la politique de l'établissement. Les congés payés permirent des départs en vacances et un effort fut réalisé en faveur de la pratique du sport et de l'organisation des loisirs - un sous-secrétariat aux Loisirs fut confié à Léo Lagrange.

La nécessité d'une pause

Cette politique sociale et culturelle, menée tambour battant pendant l'été 1936, allait bientôt rencontrer des résistances. Elles furent la conséquence de la logique économique. Les grèves, puis les mesures sociales inquiétaient les milieux financiers et la fuite des capitaux affaiblit la monnaie, d'autant plus que la hausse des salaires provoquait une hausse des prix. Léon Blum décida de dévaluer le franc Poincaré, le 1er octobre 1936, mais cette dévaluation, impopulaire, ne permit pas d'assainir la situation économique, car elle fut trop tardive et modeste. La loi des quarante heures n'avait permis qu'un recul limité du chômage. Au contraire elle aurait obligé les entreprises à réduire leur production. Les structures industrielles étaient trop archaïques pour répondre rapidement à la demande, amplifiée par la hausse des salaires. La reprise ne fut donc pas au rendez-vous. Le 13 février 1937, le président du Conseil dut annoncer une « pause » dans les réformes. Cette rupture était rendue nécessaire par la dégradation de la situation internationale : Blum décida de privilégier le réarmement du pays, au détriment des projets sociaux. Dès la fin de 1936, les dépenses militaires firent un bond en avant.

Les attaques contre le Front populaire

En effet les menaces s'accumulaient. La guerre civile en Espagne, après le coup d'État du général Franco du 18 juillet 1936, divisait les partisans du Front populaire. Les républicains demandaient l'aide de la France, mais Blum préféra ne pas intervenir, par crainte d'un embrasement général en Europe, les dictatures soutenant Franco. Cette « non-intervention » fut critiquée par une partie de la gauche.

Les attaques de la presse se firent virulentes contre le gouvernement. Elles venaient en particulier de l'extrême-droite, le gouvernement ayant décrété la dissolution des Croix-de-Feu. Déjà *Gringoire*, un périodique d'extrême-droite, avait accusé le ministre de l'Intérieur, Roger Salengro, de désertion pendant la guerre : il se suicida. Des partis et des organisations se constituaient pour lutter contre le communisme et certains, comme le P.P.F. (Parti populaire français) de Jacques Doriot, un ancien communiste lui-même, n'étaient plus très éloignés du fascisme.

La fin de l'expérience

Le Front populaire était ébranlé : les communistes s'opposèrent à Blum à propos de la guerre d'Espagne, les radicaux à propos de l'agitation sociale. En juin 1937, les sénateurs radicaux renversèrent le gouvernement. Le Front populaire survécut à la chute de Blum, mais, en avril 1938, Edouard Daladier, en formant un gouvernement radical allié à la droite, y mettait fin. Cette expérience apparaissait comme un échec. A gauche, chaque parti en accusait les autres et la droite reprocha au gouvernement de Léon Blum d'avoir divisé et affaibli le pays. Paul Reynaud, en autorisant le dépassement des quarante heures, revenait même sur les acquis sociaux de 1936.

Les coups de force de Hitler

La politique de Hitler visait d'abord à réunir toutes les populations germaniques à l'Allemagne, puis à donner à cette grande Allemagne un vaste « espace vital ». Le 12 mars 1938, l'armée allemande entrait en Autriche qui était rattachée au IIIe Reich : c'était l'Anschluss. Mussolini, qui s'était opposé une première fois à une telle opération, n'avait pas réagi. Le Führer s'intéressa ensuite au sort des Allemands des Sudètes (3 millions) qui vivaient en Tchécoslovaquie, un État créé par le traité de Versailles et clef de voûte de l'Europe centrale. Les exigences de Hitler étaient telles que la guerre semblait inéluctable. L'Anglais Chamberlain et le Français Daladier obtinrent de le rencontrer à Munich avec Mussolini (29-30 septembre 1938). Là ils cédèrent à la volonté allemande et un immense soulagement prévalut en Europe. La Tchécoslovaquie avait été sacrifiée par les démocraties : Prague fut occupée par les Allemands en mars 1939. Plus tard cette faiblesse fut reprochée aux « Munichois » qui avaient voulu sauver la paix à tout prix. Hitler, dans une nouvelle étape, voulait s'étendre à l'est, mais il se trouvait là en face de l'U.R.S.S., qui accepta de signer un pacte de non-agression avec l'Allemagne. Cette signature provoqua la stupeur dans le monde, mais signifiait aussi qu'un nouveau partage de la Pologne avait été secrètement prévu par les deux puissances. Hitler était convaincu que les démocraties libérales ne se battraient pas pour la Pologne. Le 1er septembre 1939, l'armée allemande entrait sur le territoire polonais. Le 3 septembre, la Grande-Bretagne, puis la France déclaraient la guerre au Reich.

LA SECONDE GUERRE MONDIALE

La drôle de guerre

Hitler fit porter, en septembre 1939, toute l'offensive contre la Pologne. La « guerre-éclair » (*Blitzkrieg*) aboutit en un mois à la victoire de l'Allemagne qui partagea ce territoire avec son allié soviétique. A l'ouest, ce fut une longue attente, difficile pour les soldats que cette « drôle de guerre » démoralisa. La stratégie française était seulement défensive : le territoire semblait à l'abri derrière la ligne Maginot et derrière les armées. Tout au plus les alliés s'efforcèrent-ils de préparer le blocus de l'Allemagne et de couper le ravitaillement en fer suédois par le port norvégien de Narvik. Cette opération provoqua la riposte de Hitler qui fit envahir le Danemark et la Norvège. Le corps expéditionnaire franco-anglais s'empara de Narvik, mais dut se rembarquer bientôt en raison de la défaite française.

L'offensive allemande

Après avoir attendu des conditions favorables, l'offensive allemande commença le 10 mai 1940 sur le front occidental. En nombre les forces militaires étaient à peu près égales, mais l'Allemagne avait fait porter ses efforts sur l'aviation, et sur les chars qui, au lieu d'être dispersés, étaient regroupés en divisions cuirassées (*Panzerdivisionen*) et devaient servir de « bélier stratégique ». Ce qui était favorisé, selon les idées du général Guderian, c'était une guerre de mouvement. Les avions devaient appuyer les opérations terrestres et frapper les voies de communication, les quartiers généraux et les cantonnements de troupes.

L'attaque eut lieu dans les Ardennes là où le système défensif était faible car ce massif avait été réputé imprenable. La percée faite à Sedan, les blindés se dirigèrent vers la mer. Comme les troupes allemandes avaient pénétré aussi en Hollande et en Belgique, les armées alliées s'étaient portées vers le nord. Le général Weygand, qui remplaça Gamelin à la tête des armées alliées, tenta de couper les lignes allemandes très étendues. En vain. Les armées du nord furent donc prises au piège. Les soldats refluèrent vers Dunkerque où, malgré les bombardements allemands, une flotille anglaise permit d'en évacuer une grande partie (28 mai-4 juin). Les autres furent faits prisonniers.

Weygand ne parvint pas à arrêter la progression des armées allemandes qui entrèrent dans Paris le 14 juin. Cette défaite militaire provoqua la fuite des populations civiles du nord de la France et de la région parisienne : l'« exode » de près de 8 millions de personnes, parmi lesquelles des vieillards et des enfants, révélait la peur et la panique générale et contribua à désorganiser le pays.

De gauche à droite : Hitler et Mussolini. Hitler posant devant la tour Eiffel. Les troupes allemandes descendant les Champs-Élysées. Photos extraites d'un livret de la Croix rouge allemande en juillet 1940. Collection particulière.

L'armistice

Daladier n'était pas parvenu à faire l'Union sacrée face à l'ennemi et à proposer une politique claire. Il laissa la place, en avril 1940 à Paul Reynaud, supposé plus énergique. Le maréchal Pétain, héros de la première guerre mondiale, était devenu vice-président du Conseil pour rassurer les populations et le général de Gaulle, qui avait prôné dans ses livres l'utilisation de l'arme blindée, était sous-secrétaire à la Guerre. Le gouvernement gagna Bordeaux alors que les discussions s'engageaient à propos de l'armistice. Les autorités politiques devaient-elles quitter la métropole, comme d'autres gouvernements ou souverains l'avaient fait devant l'avancée allemande, et se replier en Afrique du nord, pour continuer la guerre, tandis que l'armée serait contrainte à la capitulation et le pays livré à la loi du vainqueur ? Au contraire fallait-il arrêter les combats par un armistice et négocier avec l'ennemi ? Pétain fut chargé par le président Lebrun de remplacer Reynaud et de former un nouveau gouvernement le 16 juin. Le lendemain, il s'adressait aux Français : « ... je fais à la France le don de ma personne pour atténuer son malheur... »

Le Maréchal Pétain. Photo : Secrétariat d'État aux anciens combattants.

L'APPEL DU 18 JUIN

Le 18 juin 1940, le général de Gaulle qui avait rejoint Londres lança, sur les ondes de la B.B.C., un appel à poursuivre la lutte qui n'eut guère d'écho sur le moment : « Cette guerre n'est pas tranchée par la bataille de France... Quoi qu'il arrive, la flamme de la résistance française ne doit pas s'éteindre et ne s'éteindra pas... ». Pétain demanda l'armistice qui fut signé à Rethondes, là où l'avait été celui du 11 novembre 1918. La France était coupée en deux par une « ligne de démarcation » entre une zone nord, occupée par les Allemands, une zone interdite et une « zone libre » au sud. Néanmoins la France demeurait un pays indépendant, qui avait une représentation diplomatique, mais c'était un pays démembré. Que deviendraient ses forces armées et son empire colonial ? L'Angleterre qui portait seule désormais le poids de la guerre redoutait que l'Allemagne ne s'emparât de la flotte française. A Mers-el-Kébir, base navale sur la côte algérienne, une escadre anglaise détruisit des navires français, causant la mort de 1300 marins. La tension s'installait entre la France de Pétain et l'Angleterre.

L'APPEL DU 18 JUIN

Les chefs qui, depuis de nombreuses années, sont à la tête des armées françaises, ont formé un gouvernement.
Ce gouvernement, alléguant la défaite de nos armées, s'est mis en rapport avec l'ennemi pour cesser le combat.
Certes, nous avons été, nous sommes, submergés par la force mécanique, terrestre et aérienne, de l'ennemi.
Infiniment plus que leur nombre, ce sont les chars, les avions, la tactique des Allemands qui nous font reculer. Ce sont les chars, les avions, la tactique des Allemands qui ont surpris nos chefs au point de les amener là où ils en sont aujourd'hui.
Mais le dernier mot est-il dit ? L'espérance doit-elle disparaître ? La défaite est-elle définitive ? Non ! Croyez-moi, moi qui vous parle en connaissance de cause et vous dis que rien n'est perdu pour la France. Les mêmes moyens qui nous ont vaincus peuvent faire venir un jour la victoire.
Car la France n'est pas seule ! Elle n'est pas seule ! Elle n'est pas seule ! Elle a un vaste Empire derrière elle. Elle peut faire bloc avec l'Empire britannique qui tient la mer et continue la lutte. Elle peut, comme l'Angleterre, utiliser sans limites l'immense industrie des Etats-Unis.
Cette guerre n'est pas limitée au territoire malheureux de notre pays. Cette guerre n'est pas tranchée par la bataille de France. Cette guerre est une guerre mondiale. Toutes les fautes, tous les retards, toutes les souffrances, n'empêchent pas qu'il y a, dans l'univers, tous les moyens nécessaires pour écraser un jour nos ennemis. Foudroyés aujourd'hui par la force mécanique, nous pourrons vaincre dans l'avenir par une force mécanique supérieure. Le destin du monde est là.
Moi, Général de Gaulle, actuellement à Londres, j'invite les officiers et les soldats français qui se trouvent en territoire britannique ou qui viendraient à s'y trouver, avec leurs armes ou sans leurs armes, j'invite les ingénieurs et les ouvriers spécialistes des industries d'armement qui se trouvent en territoire britannique ou qui viendraient à s'y trouver, à se mettre en rapport avec moi.
Quoi qu'il arrive, la flamme de la résistance française ne doit pas s'éteindre et ne s'éteindra pas. Demain, comme aujourd'hui, je parlerai à la Radio de Londres.

LE RÉGIME DE VICHY

Pétain s'installa à Vichy. Il était porté par une immense popularité, les Français voyant en lui leur seule défense face aux Allemands. Avec Laval, vice-président du Conseil, il engagea un processus constitutionnel qui mettait fin aux institutions républicaines et à la IIIe République. Elle laissa la place à l'État français qui devait garantir les droits du Travail, de la Famille, de la Patrie. Le 10 juillet, une grande majorité de parlementaires vota les pleins pouvoirs au maréchal Pétain. Celui-ci devenait chef de l'État et rassemblait tous les pouvoirs entre ses mains, se gardant bien de réunir députés ou sénateurs. Une Cour suprême de justice fut chargée à Riom de juger, à partir de 1942, les ministres considérés responsables de la défaite, mais comme Pétain lui-même avait participé aux décisions de l'avant-guerre, le procès fut suspendu.

Pièce frappée sous le régime de Vichy. Côté pile : « Travail Famille, Patrie ». Côté face : la francisque.

La Révolution nationale

Le Maréchal était un vieillard de 84 ans. Toute une propagande se mit en place qui célébrait sa personne et ses actions, avec un hymne « Maréchal, nous voilà », une fête du Travail le 1er mai, jour de la Saint-Philippe. Aux Français anéantis par la défaite, il proposait et imposait une « Révolution nationale » qui fut préparée par des hommes politiques rescapés de la IIIe république, favorables à la paix et souvent au dialogue avec l'Allemagne, par des partisans de l'Action française ou par des « technocrates », soucieux de profiter du désastre pour moderniser la France et l'État. En réalité, il s'agissait d'un programme traditionaliste où dominait la nostalgie du passé et qui insistait sur la force de la civilisation rurale (« La terre, elle, ne ment pas... »), sur l'encadrement de la jeunesse dans les Chantiers de jeunesse, sur la formation des cadres à l'Ecole d'Uriage, sur la célébration de la famille et des familles nombreuses, sur l'organisation corporatiste du travail. Si certaines de ces idées ne furent pas sans influence à long terme, la Révolution nationale fut vite un échec.

Les persécutions

Le régime adopta rapidement des mesures cœrcitives. Il suspendit les partis politiques, contrôlait la presse et la radio. Les communistes avaient été déjà l'objet de poursuites dès 1939, après le pacte germano-soviétique. Dès le 3 octobre 1940, le régime élabora un statut des juifs qui les écartait d'un

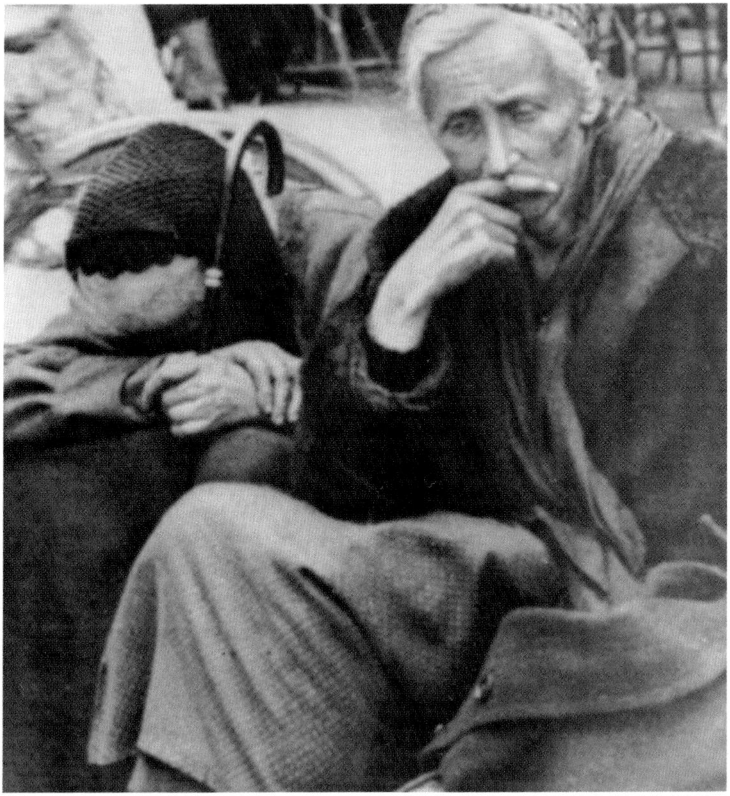

L'exode. Photo : Secrétariat d'État aux anciens combattants.

grand nombre de professions et, en 1941, fut créé un Commissariat aux questions juives. Le régime s'en prit aussi à la franc-maçonnerie, accusée d'être un État dans l'État. Ainsi la défaite militaire et le choc moral qu'elle avait entraîné, permit à Pétain, fort de son prestige personnel, et à une poignée d'hommes, de mettre fin aux institutions républicaines, de prendre tous les pouvoirs, de préparer un programme politique qui reprenait les idées de l'extrême-droite et conduisait à persécuter une partie des Français.

La collaboration

L'autre dimension de cette action politique, c'était le dialogue avec le vainqueur. Pour le gouvernement de Pétain, il fallait résister aux exigences de l'Allemagne qui disposait avec les prisonniers de guerre d'un redoutable

Scène de la vie quotidienne pendant l'Occupation. Photo : Archives départementales de Côtes-d'Armor.

moyen de chantage. Pétain rencontra Hitler le 24 octobre 1940 à Montoire. Pour donner une place à la France dans l'Europe allemande qui se dessinait, Pétain choisit de collaborer avec les Allemands. Néanmoins, irrité par le partage du pouvoir que lui imposait Pierre Laval, Pétain l'écarta le 13 décembre 1940, avant de le remplacer de février 1941 à avril 1942 par l'amiral Darlan, qui était désigné comme le successeur du maréchal.

L'Occupation

La collaboration n'empêcha pas le pillage économique du pays par les Allemands, ce qui rendit très difficile la vie quotidienne des Français. Le rationnement alimentaire fut l'aspect le plus commun avec des rations modulées en fonction de l'âge et de l'activité. Dès l'automne 1941, toutes les denrées étaient contingentées. Il fallait se contenter d'une maigre nourriture : ce fut le temps du rutabaga, le chou-rave, qui ne tenait guère au ventre. Seules étaient épargnées les populations des campagnes. Un marché noir très prospère se développa qui permettait de vendre à des prix élevés des produits devenus rares.

La rafle du Vel'd'Hiv'

Darlan ayant perdu la confiance des Allemands, Laval put devenir le 18 avril 1942 « chef du gouvernement » et il donna une impulsion nouvelle à la collaboration, affirmant que le rapprochement de la France et de l'Allemagne était la condition de la paix en Europe et que la victoire de l'Allemagne pouvait seule empêcher l'installation du bolchévisme. Pour faciliter l'action allemande contre les juifs, le gouvernement, représenté par René Bousquet, décide de faire participer les policiers et les gendarmes français à l'arrestation des juifs étrangers dans la zone nord. Cette « rafle » du 16 et 17 juillet 1942

L'ancien camp de concentration du Struthof (Bas-Rhin).

permit de concentrer 13 000 personnes au Vélodrome d'Hiver de Paris, puis de les conduire vers le camp de Drancy, d'où les Allemands les conduisirent par train vers les camps de concentration. Les juifs étrangers de la zone sud qui étaient déjà détenus dans des camps furent aussi livrés aux Allemands. Les juifs furent désormais contraints de porter une étoile jaune. Bientôt les déportations de juifs devinrent systématiques et continuèrent les années suivantes (au total 75 000 juifs sur un total de 5 100 000 pour toute l'Europe). Cette persécution, organisée par Vichy et son administration, qui avait précédé les volontés allemandes, choqua une partie de l'opinion qui s'éloigna du régime. La collaboration fut célébrée aussi par des écrivains comme Robert Brasillach et par des hommes politiques comme Doriot : une Légion des volontaires français contre le bolchévisme se constitua en 1941. Certains collaborateurs s'engagèrent même dans les Waffen SS pour combattre sur le front russe sous uniforme allemand. Cette collaboration active n'adoucit guère les rigueurs de l'occupation.

La France libre

A Londres, le général de Gaulle fut reconnu par le premier ministre anglais, Winston Churchill, comme le « chef des Français libres ». Si seuls les pêcheurs de l'île de Sein et quelques personnalités comme René Cassin et le général Catroux vinrent d'abord le rejoindre, des pans entiers de l'Empire français se rallièrent bientôt à la France libre. En revanche, une opération à Dakar échoua. En juin 1942, les forces de la France libre, conduites par le général Kœnig, purent remporter la victoire de Bir-Hakeim en Lybie, face à l'Afrika Korps, annonçant celle, éclatante, des Anglais à El Alamein. Ainsi, peu à peu, la France libre avait imposé sa présence, même modeste, sur le terrain militaire.

La résistance intérieure

Dans la France vaincue, des actes de résistance à l'occupant allemand étaient apparus très tôt. Ils s'organisèrent peu à peu : Combat (Henri Frenay), Libération-nord (Christian Pineau), Libération-sud (E. d'Astier de la Vigerie), Franc-Tireur (Jean-Pierre Lévy). Les communistes, convaincus par la détérioration des relations germano-soviétiques puis par l'attaque allemande contre l'U.R.S.S., entrèrent à leur tour dans la résistance, s'attaquant à des officiers allemands, ce qui entraîna en 1941 des représailles terribles. Les Francs-Tireurs partisans furent le bras armé

Scène de résistance en Bretagne. Photo : Archives départementales de Côtes-d'Armor.

de cette résistance communiste. Jean Moulin fut celui qui réussit à fédérer ces mouvements très divers en constituant le Conseil national de la Résistance qui, en 1943, reconnut l'autorité du général de Gaulle. Cinq lycéens du lycée Buffon de Paris furent arrêtés pour résistance et fusillés en 1943. Alors que l'action dans les villes restait limitée, des « maquis » se constituaient dans les zones rurales. La Gestapo allemande lutta contre la résistance avec l'aide de la police française, et de la Milice, à partir de 1943. Jean Moulin fut arrêté à Caluire, près de Lyon, en juin 1943 et mourut sous la torture.

A Vichy, après l'occupation de la zone libre à la fin de 1942, Pétain n'eut plus que l'ombre du pouvoir dont Laval s'était emparé avec l'appui des Allemands. A partir de 1943, le Service du Travail obligatoire contraignit des jeunes gens à travailler en Allemagne ou dans des entreprises travaillant pour l'Allemagne - au total 3,6 millions de Français. Les réfractaires au S.T.O. étaient tentés de rejoindre la résistance. Pétain eut des velléités de faire appel aux députés, mais l'occupant s'y opposa. Ce fut bientôt un temps de « collaboration totale » et les assassinats politiques, perpétrés par la Milice, se multiplièrent.

La guerre mondiale

La guerre était devenue mondiale. L'Angleterre avait tenu bon. Le Japon, allié de l'Allemagne, qui avait envahi l'Asie du sud-est, provoqua, en attaquant la base militaire de Pearl Harbour le 7 décembre 1941, l'entrée dans le conflit des États-Unis qui apportaient le poids de leur industrie, de leur recherche scientifique et de leur puissance militaire. L'Allemagne avait également échoué face à l'U.R.S.S. En 1941, Hitler avait lancé ses armées contre son ancien allié, mais il ne parvint pas à obtenir une victoire rapide, Staline choisissant la tactique de la terre brûlée. Finalement la Wehrmacht capitula le 2 février 1943 à Stalingrad. Désormais la contre-attaque commençait.

Giraud face à De Gaulle

Le débarquement anglo-américain en Algérie, l'opération Torch, en novembre 1942, en fut l'un des signes. L'amiral Darlan qui se trouvait en Algérie voulut assumer le pouvoir au nom du maréchal Pétain et avec l'accord des Américains, ce qui entretenait l'idée d'un double jeu du chef de l'État. Les Allemands répliquèrent en envahissant la zone libre. La flotte française de Toulon, intacte, se saborda pour ne pas tomber entre leurs mains. Darlan fut assassiné en décembre 1942. Deux hommes désormais s'affrontaient : le général Giraud, plutôt favorable à Vichy, soutenu par le président américain Roosevelt et le général de Gaulle, en qui Roosevelt ne voyait qu'un futur dictateur, mais qui était soutenu par la résistance intérieure. Au cours de 1943, De Gaulle l'emporta sur Giraud. Ainsi une personnalité française imposa aux puissances alliées l'idée qu'il existait une France libre qui ne se confondait pas avec le régime de Vichy, empêtré dans sa collaboration avec le nazisme et enveloppé dans son inéluctable défaite.

Le débarquement

Après le débarquement allié en Sicile (juillet 1943), les alliés débarquèrent en Normandie le 6 juin 1944. Pendant des mois, des bombardements avaient préparé cette offensive en France. Malgré le mauvais temps, l'opération Overlord, dirigée par le général américain Eisenhower, réussit et cinq têtes de pont furent établies sur la côte. Il fallut des combats difficiles, avec des pertes considérables, pour que la percée fût enfin réalisée à Avranches à la fin de juillet. Un débarquement fut organisé en Provence auquel participèrent les hommes du général de Lattre de Tassigny. Paris se souleva et fut libéré le 25 août 1944 par la deuxième division blindée du général Leclerc. De

Blockhaus construit par les Allemands pour constituer le « Mur de l'Atlantique » et empêcher toute tentative de débarquement.

nombreux mois furent encore nécessaires pour que les armées alliées vinssent à bout des forces allemandes qui capitulèrent sans condition le 8 mai 1945 - De Lattre reçut cette capitulation avec les autres commandants en chef alliés. L'utilisation de la bombe atomique contre Hiroshima et Nagasaki contraignit le Japon à la capitulation.

LA LIBÉRATION ET LA IVᴱ RÉPUBLIQUE

La défaite de l'Allemagne hitlérienne à laquelle le régime de Vichy s'était lié et la victoire des alliés qui avaient soutenu la France libre débouchaient sur une situation confuse. Le général de Gaulle rétablit dès le 9 août 1944 la légalité républicaine et forma un gouvernement d' « unanimité nationale » qui regroupait des démocrates-chrétiens (M.R.P., Mouvement républicain populaire), des socialistes et des communistes, ainsi que des membres de la Résistance. En 1944, les femmes obtenaient pour la première fois le droit de vote.

L'épuration

Des commissaires de la République furent chargés de rétablir l'ordre dans les départements car les règlements de compte et les exécutions sommaires se multipliaient : peut-être 9 000 dans l'été 1944. Des cours de justice furent alors instituées pour procéder à une « épuration » légale. Il y eut 7 000 condamnations à mort dont 767 exécutées. L'année suivante, Robert Brasillach et Laval furent condamnés à mort et exécutés ; Pétain fut aussi condamné, mais gracié par De Gaulle et emprisonné à vie.

La nouvelle constitution

Même si la continuité républicaine avait été incarnée par De Gaulle, un référendum montra la volonté des Français de changer de constitution. Les projets élaborés déplurent à De Gaulle, président du Gouvernement provisoire, qui préféra démissionner le 20 janvier 1946. La constitution de la IVᵉ République, approuvée le 13 octobre 1946, voulut éviter le retour à un régime autoritaire et garantir les droits de l'homme. L'Assemblée nationale était au cœur des nouvelles institutions. Le Président du Conseil devait obtenir l'investiture de la majorité absolue des députés. Le scrutin proportionnel favorisant les petits partis, ceux-ci se regroupaient dans des majorités de coalition, souvent éphémères, ce qui entraîna une grande instabilité ministérielle. Le Président de la

De Gaulle et Leclerc devant Notre-Dame. Photo : Musée de la Préfecture de Police (Paris).

République - Vincent Auriol, malgré ses efforts, puis René Coty - n'avait qu'un rôle discret dans la vie politique.

Si les gouvernements eurent bien des difficultés à définir une politique cohérente et continue, ils durent surtout affronter les nouvelles données internationales et surtout l'émancipation des colonies françaises.

Le contexte de guerre froide

La victoire sur l'Allemagne et le Japon laissait face à face les deux vainqueurs : les États-Unis, champion du système libéral et démocratique, et l'U.R.S.S. qui avait construit une société communiste, une économie planifiée et un totalitarisme politique. Comme tout conflit risquait de déboucher sur une guerre nucléaire, les deux puissances s'affrontèrent indirectement, dans un climat de grande tension. Ce fut la « guerre froide » qui entraîna une surenchère d'armement, un équilibre de la terreur. Bientôt l'Europe et le monde furent coupés en deux camps - la France appartenant à l'Union de l'Europe occidentale et à l'O.T.A.N., l'Organisation du traité de l'Atlantique nord, organisation militaire commune des pays européens de l'ouest et des États-Unis.

Les oppositions irréductibles au régime

Cela n'alla pas sans conséquence en France où les communistes, qui avaient participé à la Résistance et à la Libération, étaient liés à l'U.R.S.S. En mai 1947, les ministres communistes qui soutenaient les revendications sociales furent renvoyés du gouvernement par le socialiste Ramadier. Des grèves, parfois proches de l'émeute, paralysèrent le pays de juin à octobre, encouragées par le parti communiste et la C.G.T. Elles permirent au parti communiste de rappeler sa vocation révolutionnaire, dans le climat nouveau de guerre froide, suscitant ainsi une vague nouvelle d'anticommunisme. Elles débouchèrent sur une scission syndicale : Force Ouvrière naissait en se séparant de la C.G.T. Désormais le régime dut faire face à deux oppositions systématiques. D'une part le R.P.F., Rassemblement du peuple français, créé par le général de Gaulle à la fin de 1946, critiquait la faiblesse des institutions et le régime des partis - De Gaulle avait souhaité un exécutif fort dans son discours de Bayeux du 16 juin 1946. D'autre part le parti communiste attaquait le conservatisme et l'antisoviétisme des gouvernements successifs. Ce furent des coalitions de centre-droit, la Troisième Force, qui durent alors affronter la guerre d'Indochine.

En effet, la colonisation était remise en cause. Les empires coloniaux - depuis 1946, l'Union française regroupait la France et les pays d'outre-mer - étaient contestés à la fois par les élites des colonies, qui voulaient prendre le destin de leurs pays en main, et par les deux grandes puissances - États-Unis et U.R.S.S. - qui n'admettaient guère cette dimension mondiale de la présence européenne et qui, au nom de la liberté, soutenaient l'émancipation des peuples colonisés.

La reconstruction

Le pays avait souffert de la guerre : les pertes humaines avaient représenté 600 000 personnes, l'économie avait été pillée par les Allemands. La Libération permit l'application rapide du programme du Conseil national de la Résistance : des réformes économiques, un souci de modernisation de l'État, une inspiration sociale généreuse. Ce fut un train de nationalisations (Renault, mais aussi la Banque de France, les quatre principales banques privées, les assurances, le gaz et l'électricité, les houillères, les transports aériens...). Ainsi l'État devenait un acteur majeur de l'économie, dans une inspiration dirigiste, imprégnée des idées socialistes et communistes.

L'idée de planifier l'économie, à l'imitation des plans soviétiques, s'imposa et Jean Monnet, un expert économique, nommé Commissaire au Plan, fut chargé d'élaborer cette planification qui devait moderniser l'économie et qui fixait les priorités économiques de la nation.

La place des administrateurs était de plus en plus grande. Pour former les hauts fonctionnaires, l'Ecole nationale d'administration fut créée en 1945. Des ordonnances fondèrent aussi la Sécurité sociale à laquelle tous les salariés furent affiliés. Financée par des cotisations salariales et patronales, gérée par des représentants des salariés, elle couvrait les risques de la maladie, de l'invalidité et de la vieillesse. L'État organisait la prise en charge du chômage. En 1951 fut aussi instauré le S.M.I.G., le salaire minimum interprofessionnel garanti. Ainsi naissait ce qu'il est convenu d'appeler l'État-Providence.

La solution Pinay

La France connut dans ces années de l'après-guerre une croissance continue, mais la situation des populations resta longtemps difficile - il fallut attendre 1949 pour voir la fin des tickets de rationnement. La reconstruction fut accélérée par l'aide américaine, organisée à travers le Plan Marshall de 1947, et elle s'acheva vers 1952. Pourtant la croissance économique française resta inférieure à celle de ses voisins. Surtout elle souffrait du

Georges Bidault et Antoine Pinay. Photo D.R.

déficit budgétaire, de la faiblesse du franc et d'une grave inflation des prix. En 1952, Antoine Pinay, qui se présentait comme un Français moyen, « l'homme au petit chapeau », réussit à assainir les finances en réduisant les dépenses publiques et en ayant recours à l'emprunt, l'« emprunt Pinay » étant indexé sur l'or et rencontrant par là même un grand succès. Si Antoine Pinay acquit une grande popularité chez les épargnants pour qui il apparaissait comme un sage, les effets de sa politique ne furent que temporairement bénéfiques à l'économie.

Le Marché commun

L'après-guerre fut aussi favorable à une construction de l'Europe dont Jean Monnet fut l'un des ardents défenseurs. Comme la « guerre froide » entre les démocraties et l'U.R.S.S. était menaçante, cette union de l'Europe apparaissait comme une force face à la menace soviétique. Le rapprochement entre les pays européens, naguère ennemis, passait par des liens économiques : selon un projet de Monnet, repris par Robert Schuman, la C.E.C.A., Communauté européenne du charbon et de l'acier, créée en 1951, devait harmoniser les productions de la France, de la République fédérale d'Allemagne, de l'Italie et du Bénélux. Le 25 mars 1957, ces pays élargirent la coopération économique en signant le traité de Rome qui créait la Communauté économique européenne, un Marché commun où devaient disparaître progressivement les barrières douanières et s'élaborer des politiques économiques communes, d'abord dans le domaine de l'agriculture.

En 1950, un projet fut aussi présenté pour une Communauté européenne de Défense (C.E.D.). Ce plan suscita des discussions passionnées en France.

La décolonisation : la guerre en Indochine

Pendant la seconde guerre mondiale, Ho Chi Minh, qui avait milité au parti communiste français, avait créé un front uni de résistance, le Vietminh, et réussi à identifier le communisme à la cause nationale. En septembre 1945, dénonçant l'exploitation économique de son peuple et l'oppression française, il proclama l'indépendance du Vietnam à Hanoï. L'effondrement militaire de la France, l'occupation de l'Indochine par le Japon, puis sa défaite, avaient favorisé cette volonté de liberté. Longtemps le gouvernement français hésita entre la négociation et une politique de fermeté. Après le bombardement d'Haïphong, Ho Chi Minh gagna le maquis : la guerre commençait en 1946. Les Vietnamiens surent utiliser la guérilla et bénéficièrent après 1949 de l'aide de la Chine communiste : la guerre d'Indochine apparaissait comme un front de la guerre froide et les États-Unis à leur tour secondèrent la France. Les troupes françaises, composées de soldats de métier, connurent bientôt des revers. L'opinion publique en France était peu intéressée par ce conflit difficile et lointain. Le 7 mai 1954, 12 000 soldats étaient cernés dans la cuvette de Dien Bien Phu et durent capituler.

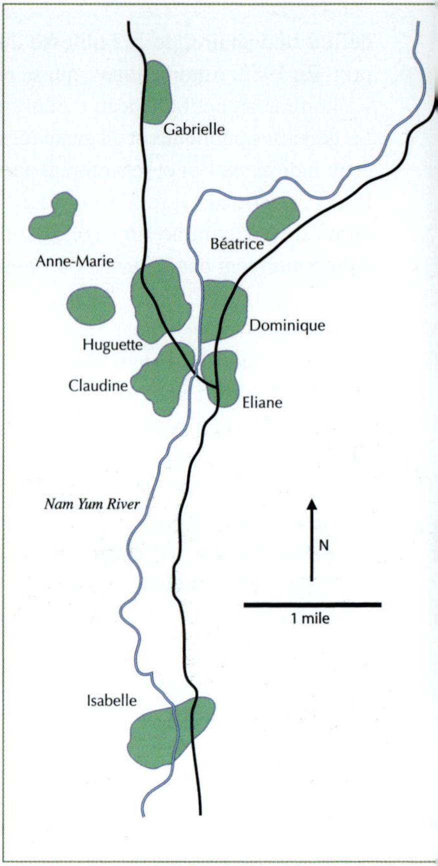

Plan du site de la bataille de Dien Bien Phu où les collines, fortifiées par les Français, portaient des prénoms féminins.

L'expérience Mendès-France

Pierre Mendès-France, radical-socialiste, un ancien de Londres, fut appelé à la présidence du Conseil car il demandait depuis longtemps de mettre fin à cette guerre. Partisan d'une nouvelle pratique politique, soutenu et célébré par le magazine *l'Express*, il forma un gouvernement sans négocier avec les partis, mais en y intégrant des gaullistes. Alors qu'une conférence internationale sur l'Asie s'était réunie à Genève, Mendès-France, comme il l'avait promis, parvint en un mois à la signature en juillet 1954 des accords, dits de Genève. Le 17e parallèle partageait le Vietnam en deux : au nord, la république démocratique, communiste, au sud, un gouvernement proaméricain, puisque les États-Unis, au nom du monde libre, prenaient la relève de la France. Laos et Cambodge devenaient indépendants.

Mendès-France se montra au contraire très prudent à l'égard de la C.E.D. et finalement le 30 août 1954 le projet fut enterré, ce qui provoqua la colère des Européens convaincus. Finalement, malgré un programme de modernisation, dont on retint surtout la promotion du lait, malgré l'indéniable confiance qu'il s'était acquise dans l'opinion, Mendès démissionna le 5 février 1955, en raison même des oppositions qu'il avait suscitées au Parlement.

La négociation en Afrique

Parallèlement, les mêmes aspirations d'indépendance s'exprimaient en Afrique. Le nationalisme était incarné tantôt par des autorités traditionnelles comme le sultan du Maroc, tantôt par des réformateurs laïcistes comme Bourguiba en Tunisie. Le gouvernement français accorda l'indépendance à la Tunisie et au Maroc en 1956. Il en fut de même en Afrique noire où des modérés comme F. Houphouët-Boigny en Côte d'Ivoire et L. Senghor au Sénégal portaient les espoirs nationalistes. La « loi-cadre » préparée par Gaston Defferre en 1956 généralisa le suffrage universel et institua des assemblées pour les affaires locales. En 1958, un référendum eut lieu qui ne prévoyait encore qu'une autonomie au sein de la Communauté française. Néanmoins dès 1960, l'indépendance des États africains était acquise, mais des liens solides, politiques, économiques et culturels étaient maintenus avec la France.

Un drame national : la guerre d'Algérie

En revanche en Algérie, ce fut une guerre difficile qui éclata en 1954. Les Européens au nombre d'un million avaient les exploitations agricoles modernes et formaient les classes moyennes des villes. Les musulmans, soit 8,4 millions de personnes, étaient plus pauvres et moins scolarisés. En 1947, le statut pour l'Algérie maintenait l'inégalité politique puisqu'il prévoyait l'élection d'une assemblée algérienne où les musulmans étaient représentés par le même nombre de députés que les Européens. Le nationalisme algérien était divisé entre partisans des réformes et partisans de l'action révolutionnaire. Le 1er novembre 1954, un Front de libération nationale se lança dans l'insurrection, mena des opérations contre des bâtiments civils et militaires et réclama la reconnaissance de la nationalité algérienne. Le gouvernement de Mendès-France, avec F. Mitterrand à l'Intérieur, se hâta de prendre des mesures de sécurité et rappela le lien particulier qui unissait l'Algérie à la métropole, mais proposa aussi des réformes. Néanmoins en août 1955, les insurgés massacrèrent, dans des conditions atroces, des civils européens et musulmans, provoquant la scission totale entre Européens et Algériens. L'armée fut chargée de rétablir l'ordre.

L'enlisement

En 1956, les élections portèrent au pouvoir un gouvernement dit de Front républicain : il était dirigé par le socialiste Guy Mollet qui mena une active politique sociale (troisième semaine de congés payés) et prépara la création de la C.E.E. Mollet avait fait de l'Algérie la première préoccupation du gouvernement. Il s'y rendit et dut affronter la colère des Européens d'Algérie. Finalement le gouvernement décida l'envoi des soldats du contingent et l'allongement du service militaire : la France s'enfonçait dans une nouvelle guerre. En réalité les Algériens n'eurent jamais la capacité de constituer une armée et se livrèrent à une guérilla, faite d'escarmouches et d'attentats. Ce fut aussi une guerre de propagande qui visait à émouvoir l'opinion internationale. Le F.N.L. sut mobiliser les populations musulmanes, parfois en les intimidant. En octobre 1956, en détournant un avion, les autorités françaises arrêtaient les dirigeants nationalistes, en particulier Ben Bella. L'expédition de Suez, menée par la France et l'Angleterre, soutenues par le jeune État d'Israël, contre l'Egypte de Nasser, qui avait nationalisé le canal, tendit les relations de la France avec les pays arabes et dut cesser sous la pression des États-Unis et de l'U.R.S.S. En 1957, un Gouvernement provisoire de la République algérienne, le G.P.R.A., se constitua à l'extérieur de l'Algérie pour diriger le soulèvement.

Le 13 mai 1958

La bataille d'Alger, dirigée par le général Massu, dura de janvier à octobre 1957, fut une victoire pour l'armée française, mais cette dernière avait utilisé des méthodes contestables, en particulier la torture, et « les Algériens apprirent à haïr le nom de la France » (C.-R. Ageron). Si les Français de la métropole s'inquiétaient du poids de cette guerre, les partisans de l'Algérie française, en Algérie même, se firent de plus en plus actifs et l'armée était tentée de prendre leur parti. Alors que les gouvernements successifs (M. Bourgès-

Alger en 1951. Photo Ray Delvert.

Maunoury, F. Gaillard, P. Pfimlin) apparaissaient comme fragiles, l'idée de faire appel au général de Gaulle faisait son chemin. Face au gouvernement Pfimlin, une grande manifestation à Alger des partisans de l'Algérie française eut lieu le 13 mai 1958 et aboutit à la formation d'un Comité de salut public, dont Massu eut la présidence : les forces militaires avaient pris le pouvoir. Le général Salan qui avait reçu du gouvernement les pleins pouvoirs en Algérie en appela au général de Gaulle qui s'était retiré de la vie politique depuis 1953 et vivait à Colombey-les-deux-Églises. Le 15 mai, De Gaulle annonçait qu'il était prêt à assumer les pouvoirs de la République. La métropole redoutait un coup de force de l'armée d'Algérie. Le 29 mai, le président Coty fit appel au général De Gaulle pour former un gouvernement qui fut investi le 1er juin.

LA FRANCE DE LA V[E] RÉPUBLIQUE

CHARLES DE GAULLE fit préparer une nouvelle constitution par l'un de ses fidèles, Michel Debré. Présenté le 4 septembre 1958, le texte, soumis à référendum, fut massivement approuvé par les Français le 28 septembre.

DE NOUVELLES INSTITUTIONS

Le rôle du Président de la République était renforcé : par l'article 16, il pouvait disposer temporairement de tous les pouvoirs. L'Assemblée nationale conservait le pouvoir de renverser le gouvernement, désormais dirigé par un « Premier ministre ». Les élections législatives permirent la victoire du parti qui regroupait les gaullistes et soutenait la politique de De Gaulle, l'Union pour la nouvelle République. Les partis de gauche étaient défaits. Le 21 décembre 1958, De Gaulle fut élu Président de la République, par un collège de 80 000 grands électeurs. Désormais la vie politique fut dominée par la personnalité du général de Gaulle qui s'imposa dans ses voyages en France ou à l'étranger, dans ses conférences de presse à l'Elysée ou, dans les circonstances graves, par ses interventions à la télévision qu'il sut utiliser avec talent. Michel Debré fut nommé Premier ministre.

VERS LES ACCORDS D'EVIAN

D'abord favorable à l'Algérie française, De Gaulle proposa au F.N.L. la « paix des braves » et des réformes économiques et sociales. En vain. Il reconnut alors le droit des Algériens à l'autodétermination et la pression internationale allait dans ce sens-là. Mais De Gaulle donnait l'impression de trahir ceux qui avait préparé son retour. Les Européens d'Algérie manifestèrent leur colère à Alger pendant la semaine des barricades de janvier 1960. L'autodétermination fut approuvée par le référendum du 8 janvier 1961.

Quatre généraux (Salan, Challe, Jouhaud et Zeller) tentèrent un putsch le 22 avril 1961. De Gaulle dénonça un « quarteron de généraux à la retraite » et le coup d'État fut un échec. L'Organisation armée secrète (O.A.S.) continua la lutte pour l'Algérie française en organisant des attentats en Algérie et en métropole.

Le général de Gaulle à Roanne, fêtant sa victoire au référendum. Photo D.R.

Finalement le gouvernement négocia avec le F.L.N. et le 18 mars 1962, les accords d'Evian étaient signés, approuvés par un référendum. L'Algérie devenait indépendante (5 juillet 1962). Les « pieds-noirs », Français ou Européens installés en Algérie parfois depuis plusieurs générations, préférèrent quitter le pays. Des Français ne pardonnèrent pas à De Gaulle l'abandon de l'Algérie.

La mutation présidentielle

Ayant échappé à un attentat de l'O.A.S. au Petit-Clamart le 22 août 1962, De Gaulle profita de l'émotion suscitée dans tout le pays pour proposer que le Président de la République fût élu au suffrage universel, ce qui fut accepté par le référendum du 28 octobre 1962. Ainsi un lien nouveau était tissé entre le Président et les Français. De Gaulle avait choisi en avril 1962 Georges Pompidou, un de ses proches collaborateurs, comme Premier ministre.

Dès 1958, le gouvernement s'efforça de lutter contre l'inflation, rechercha l'équilibre budgétaire et défendit la valeur du franc - symboliquement le nouveau franc fut créé qui valait 100 « anciens » francs. Comme le contexte économique international était favorable, les efforts accomplis depuis 1945 portèrent leurs fruits et la France connut la croissance la plus marquée et la plus longue de son histoire. La modernisation de l'économie se poursuivit : construction des premières centrales nucléaires, réseau d'autoroutes, complexes industriels et portuaires. L'État encourageait ces transformations par la planification et lançait des programmes ambitieux comme le paquebot France et le supersonique Concorde qui s'avérèrent des réussites techniques, mais aussi des échecs commerciaux. Ces mutations n'allèrent pas sans troubles sociaux, comme la longue grève des mineurs en 1963.

La politique de grandeur

En 1960, la France disposa de l'arme atomique. De Gaulle put mener cette politique de « grandeur » qu'il souhaitait et qui visait à redonner à la France, malgré ses défaites et ses déconvenues, un rôle de grande puissance internationale. De Gaulle prit ses distances à l'égard des États-Unis. En 1964, la France fut la première puissance à reconnaître la Chine communiste, puis en 1966 elle quitta l'O.T.A.N., tout en restant dans l'alliance atlantique. En 1966, au Cambodge, De Gaulle critiqua l'intervention américaine au Vietnam où la guerre s'intensifiait. Par de grandes tournées dans le monde, il essaya de développer la coopération entre la France et les pays en voie de développement. En revanche il était méfiant à l'égard d'une Europe qui serait supranationale. Si le dialogue fut fortifié avec la R.F.A., De Gaulle refusa l'entrée du Royaume-Uni dans la C.E.E.

La réélection de 1965

A l'intérieur du pays, la situation politique évolua. Une forte majorité gaulliste soutenait le gouvernement à l'Assemblée nationale. L'opinion semblait satisfaite de l'action du général de Gaulle. Pourtant celui-ci ne fut pas réélu en 1965 au premier tour comme il l'espérait. Le centre-droit avait préféré voter pour Jean Lecanuet et la gauche s'était unie pour soutenir François Mitterrand qui considérait la pratique gaulliste comme un « coup d'État permanent » et qui affronta le général au second tour, obtenant 45 % des voix contre 55 % au général. L'autorité de De Gaulle fut quelque peu ébranlée par ce demi-échec, et les élections de 1967 montrèrent une renaissance de la gauche.

François Mitterrand, candidat pour l'élection de 1965. Photo D.R.

La crise universitaire de mai 1968

La crise de mai 1968 allait éclater comme un orage dans un ciel tranquille. L'effervescence naquit sur le campus universitaire de Nanterre. Le nombre des étudiants avait été multiplié par 2,5 en sept ans et de nouveaux

« Sois-jeune et tais toi », l'un des slogans de mai 1968.

établissements avaient été installés en banlieue parisienne au début des années 1960. Si certains venaient de familles où la fréquentation des universités était une tradition, d'autres découvraient un monde qui ne leur était pas familier. Une extrême gauche anarchiste, trotskyste ou maoïste gagnait de l'influence. En s'appuyant sur des théoriciens politiques ou sur des exemples révolutionnaires (Che Guevara), les étudiants remettaient en cause l'ordre global de la société où ils voyaient asservissement et inégalité. Le mouvement du 22 mars fut lancé par Daniel Cohn-Bendit, parce qu'un bâtiment administratif avait été occupé par les étudiants ce jour-là. L'agitation se répandit dans les autres établissements universitaires parisiens. Le gouvernement réagit par la fermeté, faisant fermer Nanterre, puis parce qu'un meeting se tenait à la Sorbonne le 3 mai, y fit entrer les forces de police et arrêter les participants qui furent jugés. Les manifestations se multiplièrent pour obtenir leur libération et dans la nuit du 10 au 11 mai éclata une véritable bataille de rues avec barricades, voitures incendiées, charges de police. Le 13 mai, des manifestations eurent lieu dans de nombreuses villes de France.

Les surprises de mai

Bientôt cette crise estudiantine déboucha sur une crise sociale. Des grèves éclatèrent et en une semaine le pays fut paralysé. Les syndicats rejoignaient les étudiants. L'accent était mis sur des hausses de salaires, ainsi que sur la hiérarchie dans l'entreprise et dans l'université. De Gaulle qui ne voyait que « chienlit » dans ces revendications intervint à la télévision. Le calme ne revint pas : ce fut au contraire une nouvelle nuit de barricades. Georges Pompidou choisit de négocier avec les organisations patronales et syndicales (25-27 mai).

Les accords de Grenelle prévoyaient une hausse du S.M.I.G. et des salaires et d'autres mesures sociales. Mais les ouvriers en grève rejetèrent ces décisions, acceptées par les syndicats, qui étaient donc désavoués. Le pouvoir semblait à prendre. Une manifestation eut lieu au stade Charléty, le 27 mai, en présence de Mendès-France, puis d'autres le 29. F. Mitterrand annonçait qu'il serait candidat à la présidence si De Gaulle se retirait. Le 29 mai, on apprit que De Gaulle avait quitté Paris. Ce voyage était mystérieux - il s'était rendu en Allemagne auprès de Massu. Le 30 mai, le général annonçait la dissolution de l'Assemblée nationale et l'organisation d'élections anticipées : « ... je ne me retirerai pas. J'ai un mandat du peuple. Je le remplirai. » Le même jour, une immense manifestation eut lieu sur les Champs-Elysées pour montrer l'ampleur du soutien à de Gaulle. Les grèves et les occupations d'usines cessèrent progressivement et les élections législatives virent le triomphe des candidats gaullistes.

Que fut Mai 1968 ? Une révolution utopique qui a échoué ou le signe d'une crise de civilisation? Un rêve de la jeunesse des universités ou un soubresaut de la société de consommation ? Si les résultats furent minces par rapport à l'ambition des revendications, le mouvement laissa des traces profondes dans la vie culturelle, et d'abord universitaire, mais aussi dans la société.

Le référendum de 1969

A la suite de ces événements, De Gaulle écarta Pompidou et nomma comme Premier ministre Couve de Murville, qui avait été un inamovible ministre des Affaires étrangères. Soucieux de répondre aux aspirations du pays, il proposa une politique de régionalisation pour accorder davantage de pouvoirs aux élus des régions créées en 1964 et de participation afin d'associer les salariés aux bénéfices des entreprises. Le projet fut soumis au référendum. Il effrayait les conservateurs et les libéraux, sans satisfaire la gauche. Valéry Giscard d'Estaing, pour les Républicains indépendants, appela à voter non. Le « Non » l'emporta le 27 avril 1969. Charles de Gaulle démissionna aussitôt. Il mourut le 9 novembre 1970. Tandis qu'une cérémonie très simple de funérailles avait lieu à Colombey, les chefs d'État du monde entier vinrent lui rendre hommage à Notre-Dame de Paris.

La présidence de Georges Pompidou

Georges Pompidou fut facilement élu à la présidence de la République. Cet ancien normalien, après avoir été professeur et banquier, avait dirigé le cabinet de De Gaulle avant de se révéler un homme politique énergique et habile. A la fois soucieux de modernisation économique et culturelle, il était aussi prudent en matière sociale. Il choisit comme Premier ministre Jacques Chaban-Delmas, un gaulliste « historique ». L'État encouragea les industries de pointe : aéronautique, télécommunications, informatique, nucléaire, avec des projets européens : l'avion Airbus et la fusée Ariane. Chaban-Delmas

Georges Pompidou. Photo D.R.

proposa un projet de « nouvelle société » et lança une politique sociale novatrice où patrons et salariés devaient être des « partenaires sociaux ». Pompidou favorisa en 1972 l'élargissement du Marché commun à l'Angleterre, au Danemark et à l'Irlande. C'est sur cette politique européenne qu'il voulut être jugé par un référendum le 23 avril 1972. Le grand nombre d'abstentions apparut comme un semi-échec, ce qui conduisit Pompidou à écarter Chaban et à choisir Pierre Messmer.

Le programme commun de la gauche

Le gouvernement se heurtait à une opposition réorganisée. La S.F.I.O. tenta de se régénérer en 1969, mais surtout F. Mitterrand réussit en 1971 au congrès d'Epinay à prendre la direction du Parti socialiste. Il s'allia au parti communiste avec lequel il signa en juin 1972 un programme commun de gouvernement. Lors des élections de 1973, l'U.D.R., le parti gaulliste perdait des députés, mais conservait la majorité absolue. Mais une grande incertitude planait sur la vie politique, parce que G. Pompidou était malade. Il mourut le 2 avril 1974.

Les Trente Glorieuses

Avec G. Pompidou, la France avait vécu la fin des « Trente glorieuses » comme l'économiste J. Fourastié a désigné ces années de croissance. La population française avait augmenté, et les villes dominaient nettement - cela signifiait le développement des banlieues qui posaient aussi des problèmes sociaux. Le secteur primaire ne représentait plus en 1975 que 10 % de la population active et déjà le secteur tertiaire dépassait les 50 %. La durée globale du travail avait diminué. La mortalité infantile avait presque disparu. La durée de vie moyenne avait augmenté. Le niveau de vie était passé, pour un indice 100 en 1938, de 87 en 1946 à 320 en 1975.

Vers une société libérale avancée

Ce fut V. Giscard d'Estaing qui fut élu face à F. Mitterrand, candidat unique de la gauche, et avec une très courte majorité. Le nouveau président choisit Jacques Chirac, un proche de G. Pompidou, qui avait appelé à voter pour lui contre le candidat gaulliste Chaban-Delmas. Giscard d'Estaing, issu de la grande bourgeoisie, polytechnicien, ancien élève de l'E.N.A., avait su donner de lui-

Portrait officiel du Président Valéry Giscard d'Estaing.
Copyright La Documentation française.
Photo Jacques-Henri Lartigue.

même une image de modernité. Il voulut « décrisper » la vie politique et préparer une « société libérale avancée ». D'emblée il réalisa un programme de réformes, en accordant la majorité à 18 ans, en autorisant l'interruption volontaire de grossesse, que Simone Veil défendit, non sans difficultés, devant l'Assemblée nationale, en faisant éclater l'O.R.T.F., l'office de radiotélévision française, en trois chaînes publiques. Certaines de ces mesures heurtèrent son électorat.

Européen convaincu, Giscard d'Estaing relança la politique européenne par l'élection au suffrage universel des membres de l'assemblée européenne (1979) et par la création du Système monétaire européen (1979) qui limitait les variations des monnaies européennes entre elles.

Le choc pétrolier

Le choc pétrolier de 1973 - les pays arabes utilisant l'arme du pétrole - accéléra une crise qui était latente. Le chômage augmentait (900 000 chômeurs), l'inflation aussi, la croissance stagnait. Jacques Chirac mena une politique de relance économique qui n'eut pas d'effets sensibles. Ses relations avec le président de la République devinrent difficiles ce qui le conduisit à démissionner en juillet 1976. Jacques Chirac prit alors le contrôle du parti gaulliste dont il fit le Rassemblement pour la République - le R.P.R.- et parvint à se faire élire comme maire de Paris contre le candidat soutenu par l'Elysée.

Raymond Barre, le nouveau premier ministre, était un professeur d'économie. Il lança un plan d'austérité en limitant les dépenses publiques, en rétablissant l'équilibre de la Sécurité sociale, en bloquant les salaires et les prix. Mais le second choc pétrolier ruina ces efforts : en 1979, l'inflation était de 13,4 % par an et il y avait 1,5 million de chômeurs.

L'opposition fut alors affaiblie par la rupture de l'union de la gauche en 1977, mais elle semblait en mesure de remporter les élections de 1978. Les partis de la majorité furent pourtant vainqueurs. En revanche, Giscard d'Estaing ne réussit pas à se faire réélire en 1981. F. Mitterrand était élu le 10 mai 1981 avec 51,7 % des voix.

Le 10 mai 1981

L'élection de F. Mitterrand suscita des manifestations d'enthousiasme. Le nouveau Président décida de dissoudre l'Assemblée nationale et une majorité de députés socialistes furent élus. Le gouvernement, dirigé par le maire de Lille, Pierre Mauroy, accueillit quatre ministres communistes. Le programme de Mitterrand fut appliqué rapidement. La peine de mort fut abolie. De nouvelles nationalisations vinrent renforcer le poids économique de l'État. La décentralisation, par la loi du 3 mars 1982, renforçait la responsabilité des élus dans les départements et les régions - le Président de l'assemblée régionale ou du conseil général avait désormais le pouvoir exécutif. Pour relancer la consommation, les socialistes augmentèrent le S.M.I.C. et les prestations sociales. Mais la politique économique fut un échec. L'achat accru de produits étrangers aggrava le déficit commercial et les mesures gouvernementales alourdirent le déficit budgétaire. L'inflation restait forte et le nombre des chômeurs s'accrut encore - 2 millions en 1983. Mitterrand voulut aussi marquer sa présidence par de grands travaux, le Grand Louvre, l'Opéra de la Bastille... et les radios privées locales furent autorisées.

Les résistances

Le gouvernement Mauroy institua donc la « rigueur » en bloquant prix et salaires et en augmentant les impôts. La popularité de Mitterrand s'effondra et l'opposition de droite remporta les élections municipales de 1983 et les élections européennes de 1984. Les communistes critiquaient aussi la politique du gouvernement. Une formation d'extrême-droite, le Front national, dirigé par Jean-Marie Le Pen, trouva une audience nouvelle en exploitant les thèmes de l'insécurité et des dangers de l'immigration et vint brouiller les cartes à droite.

Le projet scolaire d'Alain Savary qui insistait sur un service public laïc unifié de l'éducation apparut comme une menace pour l'école libre, c'est-à-dire confessionnelle, et l'inquiétude des familles provoqua d'immenses manifestations en 1984. Laurent Fabius, ancien normalien et ancien élève de l'E.N.A., proche de Mitterrand, âgé de 37 ans, remplaça P. Mauroy. La rigueur commençait à faire sentir ses effets : l'inflation était tombée à 5 % et le franc était stabilisé. Mais le gouvernement de L. Fabius fut embarrassé par les difficultés en Nouvelle-Calédonie, par l'affaire *Greenpeace* - un bateau de ce mouvement écologiste avait été détruit dans un port de Nouvelle-Zélande par les services secrets français - et par des prises d'otages au Liban. Les socialistes perdirent les élections de mars 1986, malgré le passage au scrutin proportionnel, qui eut pour conséquence l'élection de 35 députés d'extrême-droite.

La première cohabitation

Chef du premier parti de l'opposition, J. Chirac fut désigné comme premier ministre. Cette nouvelle situation politique fut désignée sous le nom de « cohabitation ». La politique nouvelle visait à rompre avec le dirigisme socialiste en restaurant le libéralisme économique et en s'inspirant de la leçon donnée par Margaret Thatcher en Angleterre. Des entreprises nationales furent privatisées, la liberté des prix était rétablie, les impôts directs diminués, les entreprises purent licencier sans autorisation préalable, et l'on supprima l'impôt sur les grandes fortunes établi par la gauche. Le gouvernement mit fin à une vague d'attentats, liés aux problèmes du Proche-Orient, et démantela des réseaux terroristes.

Malgré une faible inflation et une reprise de la croissance, le chômage ne diminuait pas. Des manifestations d'étudiants et de lycéens contre un projet de loi sur l'Université (fin 1986) et le krach boursier d'octobre 1987 affaiblirent le gouvernement. François Mitterrand apparut de nouveau comme un recours et fut élu contre J. Chirac en mai 1988 avec près de 54 % des voix, Jean-Marie Le Pen obtenant plus de 14 % des voix.

Le second septennat de François Mitterrand

Le Premier ministre choisi était Michel Rocard, inspecteur des finances, ancien dirigeant du P.S.U. qui avait voulu rénover la gauche à la fin des années 1960 et qui avait été le rival de Mitterrand avant 1981.

Après la dissolution de l'Assemblée nationale, les socialistes n'obtinrent qu'une majorité relative. Le gouvernement Rocard parvint à régler la question calédonienne, créa un R.M.I. (Revenu minimum d'insertion) pour les plus démunis et rétablit l'impôt sur la fortune, devenu Impôt de solidarité sur la fortune. Il créa aussi la C.S.G. qui établissait une taxe nouvelle sur tous les revenus quels qu'ils soient.

L'action gouvernementale sembla vite paralysée car l'ouverture vers les centristes avait échoué, le parti socialiste était divisé et la classe politique éclaboussée par des affaires de corruption, jusque dans l'entourage du Président de la République.

Les grands bouleversements dans le monde

Les ébranlements internationaux dominèrent cette période. Le 9 novembre 1989, la chute du mur de Berlin annonçait la désagrégation du système soviétique et communiste, et à terme la réunification de l'Allemagne en 1990. Après l'invasion du Koweit par l'Irak le 2 août 1990, la France participa à la guerre contre l'envahisseur au début de 1991 et, à cette occasion, se révélèrent les faiblesses d'une armée traditionnelle dans les nouveaux conflits contemporains. Peu après, Michel Rocard dut laisser la place à Edith Cresson, une proche de Mitterrand, la première femme à diriger en France le gouvernement (mai 1991). Ce gouvernement fut éphémère et Pierre Bérégovoy, lui aussi proche de Mitterrand, autodidacte d'origine modeste, fut nommé à Matignon en avril 1992. Il continua la politique du franc fort, maintenant une parité stable avec la monnaie allemande.

Le traité de Maastricht avait été signé le 7 février 1992 qui prévoyait le passage à une monnaie unique en Europe et une Banque centrale européenne. François Mitterrand décida de soumettre la ratification de ces accords à référendum. Une discussion politique s'engagea autour de l'Europe. Le 20 septembre 1992, l'avance du oui fut finalement très faible, avec un fort taux d'abstention. Le désenchantement à l'égard des gouvernements socialistes conduisit à une écrasante victoire de la droite aux élections de 1993.

Jacques Chirac Président

Jacques Chirac ne voulant pas renouveler l'expérience de 1988, laissa un de ses fidèles, Edouard Balladur, devenir premier ministre. Cet ancien collaborateur de Georges Pompidou gouverna en s'efforçant de ménager F. Mitterrand dont la santé déclinait et qui dut se justifier sur son attitude pendant la seconde guerre mondiale. Edouard Balladur, ayant su gagner la confiance d'une partie des Français, fut tenté de se porter candidat à la Présidence de la République, face à Jacques Chirac. Ce dernier dut tenir un discours très social, en insistant sur la nécessité de réduire la « fracture sociale » qui parcourait la société française, en raison du grand nombre de chômeurs. Une telle conviction permit à J. Chirac de rattraper l'écart qui s'était creusé avec Edouard Balladur et de le distancer au premier tour des élections présidentielles de 1995, enfin de l'emporter devant le socialiste Lionel Jospin. François Mitterand s'éteignit quelques mois plus tard, le 8 janvier 1996.

Jacques Chirac désigna un de ses fidèles, Alain Juppé, comme Premier Ministre, mais en raison de la situation économique, le gouvernement décida d'augmenter les prélèvements obligatoires pour limiter le déficit budgétaire : une telle politique de rigueur ne répondait pas aux espérances suscitées par les promesses de la campagne électorale. Des réformes importantes furent engagées, comme le contrôle du parlement sur le budget de la Sécurité sociale, mais des projets, en particulier à propos des retraites, inquiétèrent aussi les Français. Cela provoqua un large mécontentement : des grèves dans la fonction publique, à la SNCF et à la RATP – le métro parisien - paralysèrent en partie la vie du pays à la fin de 1995. Face à la convergence des oppositions, Jacques Chirac voulut donner une nouvelle légitimité au gouvernement en consultant les électeurs et décida de dissoudre l'Assemblée nationale le 21 avril 1997. Contre toute attente, les élections de mai–juin conduisirent à une défaite de la majorité sortante R.P.R.–U.D.F. et à la victoire de la gauche.

La gauche plurielle

Le 2 juin, Lionel Jospin, nommé Premier ministre, forma un gouvernement de « gauche plurielle » auquel participèrent à côté des socialistes, des communistes et des écologistes (les « Verts »). Ce gouvernement sut rassurer, ce qui favorisa la consommation des ménages et permit à la France de participer à l'embellie économique internationale. Cette situation et des mesures sociales conduisirent à une baisse du chômage qui passa à moins de 10 % de la population active. Pour accentuer cette évolution, au nom

Le premier ministre Lionel Jospin et le président Jacques Chirac.
« Service Photographique de la Présidence de la République ».

du partage du travail, le gouvernement décida de réduire la durée légale du travail à trente-cinq heures par semaine (1998). Si cette mesure fut appliquée sans trop de difficultés dans certaines grandes entreprises, elle fut accusée d'affaiblir les petites et moyennes face à la concurrence internationale et en raison des nouvelles difficultés dans l'organisation du travail. La « semaine des 35 heures » séduisit sans doute les cadres, mais bien des salariés constatèrent que la nouvelle « flexibilité » du travail pouvait être contraignante et que la réduction du temps de travail signifiait des salaires moindres. Le gouvernement soutint une proposition de loi visant à créer le pacte civil de solidarité (P.A.C.S.), qui introduisait, à côté et à l'image du mariage, une forme de contrat de vie commune, liant deux personnes qui peuvent être du même sexe et leur donnant des droits et des devoirs l'un à l'égard de l'autre. Un débat passionné s'engagea autour de cette loi, finalement votée le 13 octobre 1999.

L'Euro

Des « affaires » continuèrent à éclater et à scander le débat politique, lorsque des juges découvraient et dénonçaient les méthodes délictueuses employées par les hommes politiques pour se procurer de l'argent pour eux-mêmes ou pour financer leurs campagnes électorales. Peu à peu, on assista néanmoins à une modernisation des règles de la vie publique : contrôle du financement des partis et des dépenses en matière électorale, recherche d'une parité hommes-femmes dans les responsabilités politiques, réduction du mandat présidentiel à cinq ans (2000), limitation du cumul des mandats pour les élus, poursuite de la décentralisation… Les choix politiques nationaux durent aussi tenir de plus en plus compte des décisions prises en commun dans le cadre d'une Europe mieux structurée, avec un Parlement élu au suffrage universel, et également de l'évolution des autres pays européens. La CEE était devenue l'Union européenne à la fin de 1993. En 1995, la convention de Schengen entrait en vigueur, prévoyant la libre circulation des personnes dans l'Union. La Banque centrale européenne s'installa à Francfort et, le 1er janvier 2002, la monnaie européenne, l'Euro, fut mise en circulation. Le franc disparut le 17 février de la même année, alors que cette monnaie avait été le symbole même, depuis le Moyen Age, de la souveraineté. Une nouvelle étape s'engagea alors pour l'Europe qui compta bientôt vingt-cinq pays au lieu de quinze.

La défense nationale dut aussi se redéfinir pour une France qui, bien

Le siège du Parlement européen à Strasbourg.
Architecte : Architecture-Studio.

qu'étant une puissance moyenne,voulait avoir un rôle politique dans le monde. En 1995, J. Chirac décida la reprise des essais nucléaires, qui provoquèrent des réactions hostiles dans bien des pays et qui prirent fin au début de 1996. En mai 1996, le Président de la République annonça la suppression du service militaire et engagea le pays dans la voie d'une armée de métier, ce qui supposait une réflexion nouvelle sur la défense. La diplomatie française avait également bien du mal à s'affirmer dans un monde où des tensions nouvelles étaient apparues : la montée de l' « islamisme » (c'est-à-dire l'utilisation de la religion musulmane à des fins politiques) dans les pays arabes et dans d'autres, les menaces d'États en marge de l'ordre international qui cherchaient à obtenir et à développer les armes nucléaires, chimiques ou bactériologiques ou qui entretenaient les trafics de la drogue, les affrontements « ethniques » entre des populations proches mais hostiles, les guerres civiles en Afrique. La France dut s'adapter aux nouvelles relations internationales où seuls les États-Unis, s'appuyant sur le Royaume-Uni, pouvaient imposer leur politique, où l'Europe parlait rarement d'une seule voix, où la Russie se reconstruisait lentement, où, à tout moment, ,pouvaient éclater des crises locales, rendant nécessaires des opérations militaires, limitées et bien organisées. La France fut ainsi conduite à participer à l'intervention militaire de l'O.T.A.N. au Kosovo contre la Yougoslavie.

Les nouvelles inquiétudes

Des craintes nouvelles naissaient également dans le monde contemporain : ainsi autour de la viande de bœuf dont on redouta la contamination par le virus dit de la « vache folle », autour des plantes et des animaux génétiquement modifiés, autour des catastrophes écologiques en raison de l'impuissance face aux marées noires, par exemple celle de l'Erika en 1999, mais aussi en raison des inondations et des tempêtes, comme celle qui ravagea les forêts françaises à la fin de 1999. Surtout des attentats terroristes meurtriers ont frappé la France en 1995 et 1996. En Corse, ils restaient fréquents, revendiqués par des mouvements indépendantistes et un préfet, Claude Erignac, y fut assassiné en 1998. Cette forme de violence spectaculaire prit une nouvelle dimension, lorsque, le 11 septembre 2001, à New York, deux avions de ligne détournés provoquèrent l'effondrement des deux tours jumelles. La population civile pouvait être frappée désormais, par surprise, sans déclaration préalable, pour des raisons idéologiques ou pour des conflits lointains : chacun pouvait devenir une cible pour des intérêts qui lui étaient étrangers et qui le dépassaient. Les Français eurent aussi de plus en plus conscience d'une « mondialisation » de l'économie qui liait l'activité du pays à celle de tous les autres en raison d'une accélération des communications, de l'internationalisation rapide des échanges, du travail et des circuits financiers, et par une concurrence forte des pays dits émergents. Cette évolution fut parfois plus vécue comme un danger que comme une chance pour l'avenir. Il ne faut pas exagérer ces frayeurs. La population française adopta les nouvelles technologies : l'informatique, Internet, le téléphone portable ; une partie des Français se grisa aux jeux de la Bourse. Globalement, même si la vie moderne évoluait vers plus de contraintes et de tension quotidienne, les conditions de travail, le confort matériel, l'hygiène et la médecine s'amélioraient ; les loisirs se diversifiaient.

Les Français restaient pourtant sensibles à l'insécurité dans la réalité quotidienne, et en particulier à l'apparition dans les banlieues de zones où s'installait une violence diffuse. Le gouvernement de gauche n'apporta pas de réponse nette à ces inquiétudes diverses et diffuses, et, lors de l'élection présidentielle, le Premier Ministre Lionel Jospin ne parvint pas à s'imposer au premier tour, le 21 avril 2002, face à une multiplication des candidatures dans son propre camp. Au contraire, Jean-Marie Le Pen réussit à mobiliser des voix bien au-delà de l'extrême-droite – dans les milieux populaires effrayés par la montée de l'insécurité. Une large mobilisation des forces politiques entre les deux tours permit à Jacques Chirac d'être élu pour la deuxième fois, le 5 mai 2002, avec 82 % des suffrages exprimés. Il nomma Jean-Pierre Raffarin, un fidèle de l'ancien Président Giscard d'Estaing, comme Premier Ministre et les élections législatives donnèrent une large majorité à la droite qui se rassembla peu après en un parti, l'U.M.P.

Difficiles réformes et résistances violentes

La bonhomie souriante et le pragmatisme prudent de Jean-Pierre Raffarin séduisirent d'abord les Français et le gouvernement s'engagea dans la voie de réformes difficiles, afin d'alléger les charges pesant sur l'État, donc sur les contribuables, en particulier pour le financement des retraites. En effet, le système faisait face au nombre important de nouveaux retraités issus du baby-boom qui avait suivi la seconde guerre mondiale et de l'allongement rapide de la durée moyenne de vie. Le travail de la population active, proportionnellement moins nombreuse, devait permettre l'entretien de ces retraités, la formation de plus en plus longue de la jeunesse et la lourde indemnisation des chômeurs. Une loi, présentée par François Fillon, Ministre des affaires sociales, et préparée par de longues négociations avec les syndicats, tendit à homogénéiser les situations, en alignant d'abord à quarante ans le régime des fonctionnaires sur celui des salariés du secteur privé et en prévoyant un accroissement ultérieur du nombre des années de cotisations. A l'opposé, la réforme permettait aussi aux personnes ayant commencé à travailler très jeunes de prendre leur retraite au bout de quarante ans de cotisation, avant l'âge légal de 60 ans. Elle provoqua de fortes résistances et des manifestations de mécontentement, surtout dans les services publics, mais elle fut néanmoins votée et promulguée le 21 août 2003. En ce même été 2003, une vague de canicule provoqua un grand nombre de décès, surtout chez les personnes âgées, et le gouvernement donna l'impression d'avoir mal évalué le drame en cours et d'avoir réagi trop tard.

Les choix politiques en matière extérieure s'avéraient en même temps fort délicats. En effet, l'Afghanistan connaissait le régime islamiste et despotique des « talibans » (des étudiants en théologie qui avaient pris le pouvoir), condamné par l'ONU, et avait accueilli le milliardaire saoudien Oussama Ben Laden, chef du réseau Al Quaïda, responsable des attentats du 11 septembre 2001. En octobre 2001, les États-Unis et leurs alliés, dont la France, décidèrent d'y conduire une intervention armée : ils renversèrent le régime des talibans et établirent un régime démocratique : ils demeurèrent sur place pour tenter de rétablir partout la paix civile. Ensuite, le président américain George Bush et son administration accusèrent l'Irak de Saddam Hussein de préparer des armes dites « de destruction massive », chimiques ou nucléaires. Après une longue période de discussions, les États-Unis, soutenus par l'Angleterre et d'autres pays européens, se préparèrent à la guerre. En revanche, la France, peut-être fidèle à des liens anciens avec l'Irak et à sa diplomatie traditionnelle dans la région, s'opposait à un tel conflit. Le Ministre des Affaires étrangères, Dominique de Villepin, prononça un discours à l'ONU le 14 février 2003 pour contrer les desseins américains et il fut applaudi alors que l'assistance y reste d'ordinaire silencieuse. Jacques Chirac reçut le soutien de l'opinion publique française où s'installait un anti-américanisme diffus et acquit même une grande popularité dans les pays hostiles aux États-Unis. La France ne participa donc pas à l'offensive lancée par la coalition en Irak qui connut d'abord des succès et vit la chute de Saddam Hussein, mais qui ensuite affronta de grandes difficultés pour installer la démocratie et rétablir l'ordre public.

Le souci de diminuer les dépenses publiques en France indisposait les catégories sociales qui subissaient les conséquences de telles économies. Ainsi, les « intermittents du spectacle » jouissant d'une indemnisation particulière du chômage virent leur statut remis en cause et ils animèrent, de juin à décembre 2003, une fronde spectaculaire, car fortement médiatisée, puisqu'elle naissait dans le milieu des artistes du théâtre, du cinéma ou de l'audiovisuel. Au printemps 2004, les chercheurs à leur tour contestèrent les mesures limitant les crédits et les créations de postes dans la recherche, et l'opinion publique approuva leur contestation. Les électeurs ne tardèrent pas à montrer leur mécontentement, lors des élections régionales, en mars 2004 : la gauche obtint la présidence de 20 régions sur 22.

Jacques Chirac reconduisit le gouvernement de Jean-Pierre Raffarin qui continua ses réformes. François Fillon, Ministre de l'Éducation nationale, prépara celle de l'école, insistant sur un socle de connaissances : si elle suscita des mouvements de lycéens, hostiles à une simplification du baccalauréat, elle fut adoptée finalement le 24 mars 2005. À droite, Nicolas Sarkozy apparaissait de plus en plus comme un homme capable de proposer une politique de « rupture ». Il devint président de l'UMP en novembre 2004 et dut alors quitter le gouvernement, à la demande du chef de l'État, qui jugea incompatibles cette présidence et une mission ministérielle.

Le débat sur la constitution européenne s'engageait alors. En effet, sous l'impulsion de l'ancien président Giscard d'Estaing, un long texte avait prévu une nouvelle organisation politique de l'Union européenne. La discussion s'élargit et ce projet de constitution devint la cible de toutes les attaques. Si, globalement, la droite le soutint, l'extrême droite y vit un affaiblissement définitif de la France à travers la disparition de la nation française, tandis que l'extrême gauche et une partie des socialistes accusaient l'Europe de favoriser le libéralisme, accusé de tous les maux, en particulier de favoriser la compétition économique qui obligeait les entreprises à affronter une forte concurrence, à licencier leurs employés et à s'installer dans des pays à la main d'œuvre bon marché (en « délocalisant »). Le « non » l'emporta avec 54,68 % des voix le 29 mai 2005. Une majorité de Français refusait donc de faire un pas nouveau vers une Europe plus intégrée, d'autant plus que les hommes politiques avaient eu tendance à attribuer à l'Europe les transformations qui s'imposaient à l'économie et à la société, en oubliant de dire que les différents gouvernements participaient pleinement aux décisions européennes. De nombreux Français craignaient de perdre définitivement les protections que le cadre national semblait encore capable de fournir face aux menaces venues du monde entier. Ce débat passionné vit s'opposer deux visages de la France. D'un côté, s'affirmaient le goût de l'innovation permanente, la défense d'une modernité en perpétuel devenir et la confiance dans une croissance continue. Cela se marquait aussi dans le désir d'ouverture au monde entier et à sa diversité culturelle pour participer à la vie internationale, tout en faisant de l'Europe un acteur à part entière dans le monde. D'un autre côté, le pays défendait son identité singulière, son exception culturelle, sa longue histoire mouvementée et ses fortes traditions, pour y trouver des solutions et des références, exaltant aussi un modèle social français, soucieux de protéger les plus faibles.

Le président nomma, le 31 mai 2005, comme Premier ministre un de ses anciens collaborateurs à l'Elysée, Dominique de Villepin, Nicolas Sarkozy revint au gouvernement avec le ministère de l'Intérieur. A l'automne, après la mort accidentelle de deux jeunes gens poursuivis par la police, la violence éclata dans les banlieues de Paris et se répandit dans toutes celles des grandes villes françaises. Le phénomène existait depuis longtemps dans certaines cités où, chaque semaine, des voitures étaient incendiées, mais il se diffusa dans toute la France d'octobre à novembre 2005. Les affrontements entre les jeunes habitants des banlieues et la police eurent lieu chaque nuit, avec une sorte d'émulation pour le nombre des véhicules détruits et l'automne clément rendit plus faciles ces opérations nocturnes. Bientôt, les bandes s'attaquèrent à des écoles, à des gymnases, à des bâtiments publics. Une telle violence traduisait sans doute le malaise de villes où régnaient le chômage et les difficultés quotidiennes pour vivre, et le mal d'une partie de la jeunesse, souvent celle issue de l'immigration, à s'intégrer dans un monde moderne plus complexe et exigean. Cette violence exprima aussi un rejet spectaculaire et brutal de l'ordre social et des règles établies, où la jeunesse en difficulté ne se reconnaissait pas, qu'elle ne respectait pas et à laquelle elle opposait un mélange de fête et de révolte. L'absence de revendications précises, la forte dimension symbolique de cette explosion et le sang-froid des forces de police expliquent que les troubles violents cessèrent peu à peu.

Dominique de Villepin décida de centrer son action autour du chômage, jugé responsable du malaise social en France. Le gouvernement créa un Contrat nouvel embauche qui devait permettre aux entreprises de moins de 20 salariés d'embaucher facilement, dans la mesure où elles pouvaient aussi licencier

Nicolas Sarkozy.
« Service Photographique de la Présidence de la République ».

facilement, pendant deux ans sans justification. L'adoption sans contestation de cette mesure conduisit le gouvernement à l'étendre pour toutes les entreprises et pour les jeunes gens de moins de 26 ans, sous la forme d'un contrat première embauche. Des étudiants mécontents bloquèrent les universités dont ils paralysèrent le fonctionnement pendant plusieurs semaines ; ils furent rejoints par les lycées et reçurent le soutien de tous les syndicats que le Premier ministre n'avait pas consultés avant de préparer la loi. Après le blocage de nombreuses universités par les étudiants, l'occupation par eux de la Sorbonne, son évacuation par la police et sa fermeture pendant six semaines, après plusieurs grandes manifestations, assorties de violences entre la police et des « casseurs », la loi fut certes promulguée, mais le CPE fut abandonné.

Ces difficultés politiques et sociales affaiblirent le gouvernement de Dominique de Villepin qui se trouva lui-même enveloppé dans une ténébreuse affaire, l'affaire Clearstream. Des listes, dérobées à un établissement financier du Luxembourg, faisaient apparaître des comptes illégaux attribués à des personnalités, au premier rang desquelles Nicolas Sarkozy. Or, il fut vite établi que ces noms avaient été ajoutés pour nuire, en particulier à N. Sarkozy qui ne cachait pas sa volonté d'être candidat à la présidence de la République. Le Premier ministre, son rival possible, apparut alors comme le bénéficiaire potentiel de cette machination qui affaiblit sa position dans l'opinion.

Une pratique politique nouvelle

Le ministre de l'Intérieur se lança dans la campagne au début de 2007 par un discours qui appelait à la réforme dans tous les domaines, et d'abord dans l'État, à l'action et au changement dans la vie politique et se référait à tout l'héritage historique de la France. N. Sarkozy s'appuyait sur la forte cohésion de son parti, l'U.M.P., et joua de son indéniable habilité politique, de son éloquence persuasive et de sa grande expérience des médias. Face à lui, Ségolène Royal s'imposa comme la candidate du parti socialiste. Ancienne collaboratrice de F. Mitterrand, ministre dans le gouvernement de P. Bérégovoy, puis dans le gouvernement de L. Jospin, elle choisit de commencer sa campagne en s'efforçant de se rapprocher des citoyens. Cette confrontation passionna les Français. N. Sarkozy arriva en tête au premier tour, le 22 avril 2007, avec 31,18 %. Le leader centriste, François Bayrou, qui avait fait un bon score avec plus de 18 % des voix au premier tour, déclara ne pas voter pour N. Sarkozy, mais de nombreux élus du Centre se rallièrent au candidat de la droite, qui fut élu président de la République française avec 53,06 % des voix le 6 mai 2007. N. Sarkozy a séduit largement les électeurs, y compris une partie de ceux qui votaient pour Jean-Marie Le Pen, sans effaroucher les centristes. Aux élections législatives qui suivirent, l'UMP obtint la majorité absolue.

N. Sarkozy choisit comme Premier ministre François Fillon, qui avait soutenu sa candidature et accompagné son action. Le Président adopta une pratique politique où il se plaçait au centre de la décision et au cœur du débat, animant, jusque dans le détail, l'action gouvernementale. En donnant un tour plus présidentiel au régime, il laissait au Premier ministre un rôle peut-être plus effacé de coordinateur de l'action ministérielle et administrative, ce qui permit aussi à François Fillon de gagner la confiance de l'opinion publique. Le Parlement, c'est-à-dire les sénateurs et les députés réunis en congrès, accepta, le 21 juillet 2008, un important projet de révision de la Constitution, destiné à renforcer la discussion entre l'exécutif et le législatif. Le président pouvait désormais s'adresser directement à l'ensemble des représentants de la nation, ce qui lui était interdit jusqu'alors et ce qu'il fit en juin 2009.

Conformément à son programme, N. Sarkozy voulut opérer une métamorphose de la vie publique. Il essaya, au moins au début, d'établir la parité hommes-femmes au sein du gouvernement, qu'il ouvrit aussi à la « diversité » française, c'est-à-dire à des personnalités issues de familles venues du Maghreb et d'Afrique. En matière d'ouverture politique, il fit appel à des hommes ou des femmes classés à gauche, comme Bernard Kouchner choisi pour diriger les Affaires étrangères.

N. Sarkozy fit évoluer la politique étrangère de la France en soutenant plus nettement les Etats-Unis dans leurs interventions en Irak et en Afghanistan, en préparant la rentrée de la France dans l'OTAN, en se rapprochant d'Israël. Il voulut aussi que la France fût à l'origine d'initiatives audacieuses sur la scène internationale : ainsi, dans le prolongement des choix de Jacques Chirac, on assista, le 13 juillet 2008, à la naissance de l'ambitieuse Union pour la Méditerranée qui cherchait à établir de nouvelles relations entre l'Union européenne et les pays qui bordent cette mer (même si les conséquences de cette création ne se laissaient pas apercevoir tout de suite).

Une volonté de réforme

Le gouvernement lança également son chantier de réformes, dans de nombreux domaines à la fois, quitte à susciter la colère des intéressés, donc des mouvements sociaux. En même temps, Nicolas Sarkozy se montrait soucieux d'entretenir le dialogue avec les dirigeants syndicaux. Dès le mois d'août 2007, le gouvernement fit voter la loi sur l'autonomie des universités. Des mesures fiscales prises rapidement, l'opinion retint surtout un « bouclier fiscal », destiné à protéger les plus riches des Français, dont les contributions globales ne devaient plus dépasser 50 % de leurs revenus. Ensuite, le gouvernement se chargea des réformes sociales : l'établissement du service minimum dans les services publics, la fin des régimes spéciaux pour les retraites, qui suscita des grèves importantes, une souplesse renforcée dans la durée de la semaine de travail, sans remettre en cause la règle des 35 heures. La Garde des Sceaux, Rachida Dati, rencontra plus de difficultés pour établir une nouvelle carte judiciaire en France. En 2009, l'application de certaines dispositions de la loi sur les universités et une réforme de la formation des professeurs provoquèrent une longue grève et un profond mécontentement dans le monde des universités, alors que celles-ci subissaient la concurrence des grandes écoles et qu'elles devaient en même temps assumer un défi mondial. Le gouvernement s'employa à contrôler les flux migratoires en renvoyant dans leur pays les immigrés clandestins. Il tenta aussi de renforcer la sécurité en durcissant la répression.

Si certaines décisions visaient à faire des économies dans le fonctionnement d'un État qui avait des dettes et peu de moyens financiers, d'autres cherchaient à moderniser l'économie en y renforçant les règles du libéralisme, telles qu'elles s'appliquaient aux États-Unis ou en Angleterre. Ce libéralisme renforcé devait permettre de diminuer les charges sur l'entreprise en allégeant les dépenses de l'État, de libérer les énergies, d'encourager l'innovation et d'enrichir les Français, selon la maxime : « Travailler plus pour gagner plus ». De tels choix seraient un moyen de lutter avec succès contre le chômage, qui continuait à décroître lentement, le nombre de demandeurs d'emploi passant sous la barre des deux millions en 2007, pour la première fois depuis 1983. Cette politique mettait au centre l'entrepreneur qui prend des risques et l'entreprise qui crée de l'activité économique.

La politique gouvernementale explora également des voies inédites et Jean-Louis Borloo, ministre de l'Écologie, organisa un « Grenelle de l'environnement », une large concertation autour de l'écologie qui devait déboucher sur un ensemble de mesures pour protéger l'environnement, comme l'établissement d'une taxe sur l'émission de carbone.

Le président de la république multiplia les idées et les initiatives, s'efforçant de surprendre et de créer l'événement, pour précéder et imposer le débat politique, rompant avec l'immobilisme supposé des gouvernements qui l'avaient précédé. Il montrait sa confiance dans l'action politique, capable de préparer l'avenir et de répondre à des événements imprévus. L'opposition peina à réagir en trouvant des thèmes mobilisateurs ou en proposant des programmes alternatifs. Elle pouvait s'appuyer sur l'agacement que suscitait la personnalité de N. Sarkozy, puis, comme nous le verrons, sur l'inquiétude suscitée par la crise.

Si toute la vie politique tendit à tourner autour des propos et des initiatives du président de la république, son image souffrait de son goût apparent du luxe, de sa façon d'afficher sa vie privée, de dérapages verbaux en public et d'une forme de cynisme provocateur qui ne convenait plus à sa fonction présidentielle. N. Sarkozy travailla à reconquérir l'opinion et son mariage avec une chanteuse d'une grande beauté, Carla Bruni, y contribua. Lors de la présidence française de l'Union européenne dans le second semestre 2008, il se dépensa sans compter, alors que la crise s'installait, afin d'affirmer en permanence la nécessité de l'action et la décision politiques pour contrer les difficultés économiques.

L'impact d'une crise

Car les gouvernements du monde avaient désormais comme principale préoccupation le défi lancé par la crise qui devint brutale à l'automne 2008. Une de ses causes se trouvait dans l'abondance des liquidités, favorisée par des taux d'intérêt bas, ce qui facilitait le crédit. Les ménages investirent ainsi dans l'immobilier qui connut un développement spectaculaire. Le crédit permit aussi la spéculation, permettant à certains d'acheter pour revendre sans avoir de quoi payer la transaction initiale, dans la perspective d'une hausse ininterrompue de la valeur du bien. Un tel phénomène provoqua la hausse des actions en Bourse et celle des matières premières.

Les dangers apparurent lorsque les établissements financiers et bancaires aux Etats-Unis se trouvèrent en difficulté parce qu'ils avaient accordé trop de crédits, alors que le système financier amplifiait le phénomène et les risques. Les compagnies d'assurances se trouvèrent elles aussi en péril. Toute une importante activité financière à l'échelle du monde s'alimentait d'une forme de spéculation permanente que permettaient les nouveaux outils de communication et de calcul. Au départ, les débiteurs, souvent des ménages modestes qui avaient voulu acheter leur maison, grâce à des prêts à taux faible dans les premières années, puis à taux variable ensuite, ne purent assurer le remboursement d'une dette qui gonflait sans cesse. Tout l'édifice vacilla. Quelques faillites spectaculaires laissèrent croire que tout pouvait s'écrouler. Les difficultés des banques les conduisirent à limiter, voire à bloquer, les crédits. Par manque de confiance, les banques ne se prêtaient plus entre elles. Faute de crédit, les entreprises devenaient plus fragiles et voyaient leur activité menacée. On pouvait craindre une baisse de la consommation de la part des ménages. La crise boursière en découla et se marqua par l'effondrement de toutes les valeurs et de tous les actifs.

La réaction vint des gouvernements. Le groupe des vingt premières puissances mondiales, représentant 90 % de la richesse produite dans la monde, existait depuis 1999. Le 15 novembre 2008, pour la première fois, les chefs d'État ou de gouvernement participèrent à cette réunion à Washington, alors qu'elle était jusqu'alors limitée à des ministres, pour montrer une volonté commune d'endiguer la crise. Le « G 20 » se réunit à Londres et à Pittsburgh en 2009.

Les États choisirent d'apporter aux banques et aux établissements bancaires de l'argent pour éviter leur faillite et leur permettre de continuer à accorder des crédits aux entreprises et aux particuliers. Il fallait éviter que la crise ne se répandît de proche en proche en s'entretenant elle-même. On injecta massivement des liquidités en soutenant les banques sans compter. Car l'activité économique ne pouvait se maintenir que par la demande des ménages que l'État s'efforça d'encourager. Malgré tout, de nombreuses entreprises connurent une baisse des ventes, devaient réduire leurs effectifs, ou eurent recours au chômage partiel. Le nombre de demandeurs d'emploi augmenta de nouveau en France, comme dans de nombreux pays.

La crise vit donc l'État revenir au premier plan pour le sauvetage de l'économie. Ce choix contredisait les principes libéraux qui sous-tendaient en France le programme de la droite, mais renouait avec une vision ancienne de l'action étatique qui dépassait le simple arbitrage. Le paradoxe tenait aussi à ce que ces interventions ne faisaient que creuser la dette de l'État, alors que tout le discours politique insistait jusqu'alors sur la nécessité d'alléger le fardeau laissé aux générations à venir.

LES VISAGES DE LA FRANCE

La vie des Français a commencé à changer dans les années 1950, pour se métamorphoser rapidement dès les années 1970.

La France moderne

La circulation des hommes a été marquée par la vitesse : les voitures sont devenues très nombreuses, le train a évolué jusqu'au T.G.V., l'avion a cessé d'être réservé à une élite. Les télécommunications ont connu une évolution rapide et l'informatique est venue bouleverser le travail humain, qu'il s'agisse de rédiger une lettre ou de construire un satellite. Dans les maisons, les appareils ménagers ont, sur le modèle américain, apporté un confort nouveau, et l'hygiène a fait de grands progrès. La France a ainsi participé à la modernisation qui a caractérisé les pays développés. Elle y a apporté aussi sa contribution par des innovations ou des inventions, et des succès scientifiques et techniques ont été obtenus dans l'aéronautique ou le spatial, en particulier dans le cadre européen, mais sous l'impulsion française, ou dans la recherche médicale.

Le travail

Le travail a changé. Les femmes ont été de plus en plus nombreuses à avoir une activité professionnelle et représentaient en 1988 déjà 42 % de la population active. Les machines et l'informatique ont transformé l'industrie, qui a eu besoin de moins de main d'œuvre. Le secteur tertiaire est devenu le plus important, employant 64,2 % de la population active dès1990. Il a besoin d'employés qualifiés, ce qui a contraint l'enseignement à se transformer : les universités ont dû accueillir de plus en plus d'étudiants. Mais le pays souffre d'un chômage chronique. Des explications nombreuses et contradictoires sont proposées : la concurrence internationale très rude - la « mondialisation » des échanges -, la modernisation et la rationalisation de l'économie, la lourdeur des prélèvements sur les entreprises... Des solutions politiques ont été envisagées, mais l'absence de résultats visibles a contribué aux alternances politiques nombreuses des années 1980-1990.

L'État culturel

La télévision a transformé les loisirs et pour une part la culture commune des Français, en offrant, au sein du foyer, une information diversifiée, des images venues de tout l'univers, des œuvres d'imagination enfin, grâce à cette nouvelle création artistique que le cinématographe, inventé par les frères Lumière, a permise et que l'industrie américaine en particulier a développée. L'État contrôlait la télévision et n'a desserré son étreinte que progressivement. Il a continué à se préoccuper de culture, selon une tradition française, en créant des musées - le musée d'art moderne à Beaubourg, qu'a souhaité Georges Pompidou, le musée d'Orsay imaginé par V. Giscard d'Estaing, le musée des Arts premiers, créé à l'instigation de Jacques Chirac - ou des bibliothèques - la Bibliothèque nationale de France désirée par François Mitterrand. A travers les festivals de musique ou de théâtre, surtout en été, les grandes expositions ou les monuments historiques, l'État culturel, selon la formule de M. Fumaroli, a voulu atteindre de nouvelles couches de la population et démocratiser la culture.

Une nouvelle vision du monde

La vision du monde s'est aussi transformée au cours des dernières décennies. L'Église catholique a évolué et a insisté de plus en plus sur sa vocation mondiale et sociale. Néanmoins son influence sur la majorité des Français a sans doute décliné, comme en général la place de la religion. Le besoin de spiritualité n'en est pas moins profond. Il se pervertit parfois à travers l'attrait pour les sectes ou à travers des engagements extrémistes, mais il s'incarne aussi dans de grandes causes, comme le secours aux pauvres, aux persécutés, aux victimes de la guerre, ou la défense de la nature.

Cela a conduit à des changements dans la vie personnelle : la sexualité s'est libérée, en particulier grâce à la contraception et a évolué avec l'apparition du S.I.D.A., le divorce est devenu fréquent, les femmes ont lutté pour obtenir l'égalité, de droit et de fait, avec les hommes. La famille a ainsi évolué, mais a conservé toute son importance dans la vie sociale dont elle reste la base.

L'avenir

La France a connu au XXe siècle deux guerres mondiales qui l'ont ébranlé matériellement et spirituellement, elle a perdu la plus grande partie de l'empire colonial qu'elle avait construit un siècle plus tôt, elle n'est pas en mesure d'imposer ses solutions dans les affaires internationales, elle doit céder du terrain dans des zones où elle exerce encore une influence, ainsi dans une Afrique en pleine désorganisation. En participant à la construction de l'Europe, elle s'est donnée un projet et un but, mais ces choix ont rendu d'autant plus nécessaire la réduction des déficits publics. Ces perspectives claires ne doivent pas faire oublier les ombres qui pèsent sur cette Europe où la carte politique a été bouleversée en quelques années.

La France ne s'adapte qu'avec réticence aux nouvelles conditions de la vie moderne. Les hommes politiques eux-mêmes et, derrière eux, une partie des Français caressent l'idée d'un « modèle social français » qui s'inscrit en réalité au confluent de deux héritages historiques. Le premier, particulièrement vivace à droite, se nourrit de la confiance dans un État qui intervient dans tous les domaines depuis Louis XIV, de l'économie à la culture. L'État aurait la mission de diriger le travail de tous, d'intégrer dans le même moule tous les jeunes Français, et, parmi eux, ceux qui descendent d'immigrants, et d'assurer pour tous une harmonie entre les conditions de vie, quels que soient les acquis familiaux et sociaux. Le second héritage s'inspire des expériences socialistes et a prévalu après la seconde guerre mondiale, et il nourrit la réflexion à gauche. Il conçoit que le peuple a une unité et qu'il est possible de parler et d'agir en son nom. Toute l'action politique vise ainsi à distribuer les richesses de la nation, les dépenses publiques venant résorber les lacunes que le libre marché laisse s'installer et combler les fossés qui peuvent se creuser entre les groupes sociaux.

Collioure (Pyrénées-Orientales).

Ces deux inspirations connaissent aujourd'hui une crise. Dans un premier temps, il faut bien constater que l'État a du mal à contrôler la vie sociale et économique du pays. Bien sûr, il continue à former, à travers les écoles d'ingénieurs, les élites qui dirigent les entreprises du pays et, par là même, la vie quotidienne des Français. Bien sûr, les entreprises les plus performantes se sont construites sous l'impulsion et avec l'aide de l'État. Mais la logique a changé et les gouvernements ont été amenés à continuer la privatisation des entreprises publiques, afin de leur permettre de participer pleinement à l'économie mondiale. L'État lui-même connaît une crise, nombre des agents de l'État rencontrant beaucoup de difficultés pour s'adapter au monde moderne et se contentant alors de défendre des situations anciennes. L'économie moderne se développe avant tout grâce aux initiatives individuelles qui souffrent des cadres traditionnels hérités du passé : le libéralisme, qui prévaut dans le monde et permet la croissance économique, se nourrit d'un sens développé de la responsabilité qui se révèle en partie incompatible avec la direction étatique qui a longtemps prévalu. Néanmoins, le réflexe demeure très vivace de se tourner vers les pouvoirs publics dès qu'une activité connaît des difficultés ou lorsqu'une entreprise d'origine française passe sous le contrôle de capitaux étrangers : on invoque alors toujours un « patriotisme » économique pour justifier le recours à l'État. L'inquiétude surgit aussi face à la « délocalisation », car des entreprises françaises ne réussissent à maintenir leur force qu'en s'installant à l'étranger où elles réalisent leurs meilleurs résultats ou bien se transforment en important des produits fabriqués là où une main d'œuvre moins payée et des taxes moins lourdes permettent des prix moins élevés qu'en France, conduisant d'autres entreprises à la disparition. Or, face à ces interrogations, les syndicats, qui représentent en France une minorité des travailleurs, ont du mal à représenter le monde du travail et à se faire entendre dans les formes élaborées de dialogue telles qu'elles s'établissent dans d'autres contrées développées. Ainsi, là encore, l'État apparaît comme le seul recours et le dernier secours.

Dans un second temps, il convient de noter que l'action multiforme de l'État se nourrit de moyens financiers qui lui font de plus en plus défaut. Les prélèvements, lourds sur les particuliers et sur les entreprises, ne peuvent s'accroître sans risquer de ralentir la consommation des ménages et de pénaliser les entreprises qui sont susceptibles de donner de l'emploi. L'État, fortement endetté, se montre de plus incapable de réduire une dette dont il faut payer les intérêts et qui constitue un poids mort laissé aux générations qui suivront. À droite comme à gauche, le discours politique se heurte donc à ces réalités nouvelles.

Les principes qui ont organisé la réflexion politique sont donc attaqués de tous côtés. L'extrême droite pense résoudre les problèmes sociaux en favorisant les Français depuis longtemps installés en France et en dénonçant une immigration jugée dangereuse. L'extrême gauche conteste la validité de l'économie développée, nie la vertu d'une croissance économique continue et vante la décroissance. Un discours irrationnel et romantique laisse espérer un changement possible vers un autre monde auquel il est d'autant plus plaisant de rêver qu'il n'y a pas de nécessité à le justifier, à le prouver ou à le préparer. Les Verts soulignent les dangers nés des techniques nouvelles qu'il s'agisse de la pollution créée par les gaz d'échappement des voitures, des risques virtuels autour des centrales nucléaires ou de la difficulté à éliminer les déchets issus de l'activité industrielle.

Le contraste s'avère finalement grand entre une société qui se pense globalement plus pauvre, plus souffrante, plus fragile, et une réalité différente puisque, globalement, l'espérance de vie augmente, de nombreuses maladies aujourd'hui se guérissent grâce aux incroyables progrès de la médecine et de la science en général, le confort de chacun s'améliore, l'instruction, l'information et les distractions se démocratisent. L'État a contribué à cette évolution, parfois de façon déterminante avec ses trains, ses avions, ses ponts, ses autoroutes, ses centrales nucléaires, qui évitent à la population de dépendre du seul pétrole, et ses ports. Surtout, la population toute entière a travaillé dans ce sens, elle s'est ouverte à l'immigration pour tous les emplois qu'elle se refusait d'accomplir, elle a accepté le changement du travail, moins répétitif, plus inventif, mais aussi plus menacé par la conjoncture, elle s'est passionnée pour les nouvelles formes de communication, elle a économisé pour construire des maisons et des appartements, pour suivre les modes, pour voyager à travers le monde. Néanmoins, le monde moderne pèse à ceux qui en sont exclus parce qu'ils ne peuvent ou ne savent pas y entrer. Le pays se révèle incapable de donner de l'emploi à tous, ce qui explique les souffrances de nombreuses familles et l'inquiétude de presque toute la jeunesse. En même temps, la peur du chômage évite les remises en cause violentes en raison même de la crainte du lendemain. En revanche, le malaise crée des rancœurs qui s'expriment dans le recours à des doctrines extrémistes, à des comportements racistes, voire à des actes terroristes. Là encore, l'État

Le pont de Normandie sur l'estuaire de la Seine (entre Calvados et Seine-Maritime).

républicain doit périodiquement rappeler les règles fermes qu'il a établies et qui fondent la paix civile.

La tolérance fait pourtant, des progrès, protégeant les minorités longtemps opprimées ou maltraitées. L'ouverture au monde, à ses cultures multiples, se poursuit et accélère l'échange des idées, des goûts, des sentiments. Cela favorise la prise de conscience d'une humanité qui appartient à tous, d'une planète que chacun doit préserver, bref d'une communauté humaine à l'échelle de la terre. Le raz-de-marée, le tsunami dévastateur, en Asie, à la fin de 2004, provoque une émotion et un élan de solidarité universels. Les peurs prennent aussi cette dimension, comme le montre la crainte à l'égard des pandémies grippales. En réaction à cette internationalisation, certains craignent la perte d'une identité nationale, qui a permis à la France de se distinguer longtemps par son histoire et sa culture, ainsi que l'intégration dans un mode de vie et de pensée qui naît aux États-Unis et se répand ensuite ailleurs. D'autres préfèrent se replier sur une communauté bien structurée et définie qu'ils défendent comme un bien essentiel. Tout l'enjeu politique du XXIe siècle tient dans la capacité à répondre à ces craintes, ainsi qu'à ces espérances.

La France doit résoudre avant toute chose les difficultés sociales qu'entraîne la présence du chômage. Elle peut aussi trouver la voie d'une présence française nouvelle en Europe et dans le monde. En approfondissant les principes de liberté, d'égalité et de fraternité qui sont les siens, en alliant les acquis de la république et les exigences de la démocratie, les Français pourront préciser cette identité singulière qui, en s'appuyant sur le passé, et la richesse d'une histoire mouvementée, sera celle de l'avenir.

Table des matières

L'auteur et l'éditeur remercient chaleureusement le Musée Carnavalet, la Ville de Paris, l'Association Hermione La Fayette (Rochefort), la Ville de Clermont-Ferrand, ainsi que le Musée de Montmartre (Paris), qui grâce à leurs prêts d'iconographies ont permis la réalisation de cet ouvrage, contribuant ainsi grandement à leur mission de diffusion de la culture. Quel que soit le soin apporté à la photogravure et à l'impression de ce livre, rien ne remplace l'émotion devant l'œuvre originale, aussi nous vous encourageons vivement à visiter ces musées qui recèlent de vrais trésors souvent méconnus.

Imprimé et façonné par Pollina Luçon 85
n° d'impression : 84953
Imprimé en France

IMPRIM'VERT®